Tassilo Knauf, Gislinde Düx, Daniela Schlüter
Handbuch Pädagogische Ansätze

Dr. Tassilo Knauf ist Professor für Elementarerziehung und Primarstufenpädagogik an der Universität Duisburg-Essen, Mitbegründer und geschäftsführendes Vorstandsmitglied der Vereinigung zur Förderung der Reggio-Pädagogik in Deutschland: Dialog Reggio und Präsident der Gesellschaft für Jenaplan-Pädagogik.
Seine Arbeitsschwerpunkte sind u. a. Qualitätsmanagement in Kindertageseinrichtungen, Reggio-Pädagogik, Bildung, Erziehung und Betreuung unter 3-Jähriger, Gestaltung pädagogischer Räume, Beobachtung und Dokumentation, Kindergarten und Grundschule.

Gislinde Düx, Erzieherin, Dipl.-Sozialpädagogin, Diplompädagogin, arbeitet derzeit in der Fort- und Weiterbildung vorrangig für Erzieher/innen.

Daniela Schlüter ist Grundschullehrerin und hat an der Universität Bielefeld an einem Projekt zur naturwissenschaftlichen Bildung im Kindergarten mitgearbeitet.

Tassilo Knauf, Gislinde Düx, Daniela Schlüter
unter Mitarbeit von Petra Gärtner

Handbuch Pädagogische Ansätze

Praxisorientierte Konzeptions-
und Qualitätsentwicklung
in Kindertageseinrichtungen

Weitere Informationen finden Sie im Internet unter:
www.cornelsen.de/fruehe-kindheit

Redaktion: Sigrid Weber, Freiburg
Umschlaggestaltung: Claudia Adam Graphik Design, Darmstadt
Technische Umsetzung und Layout: Markus Schmitz, Büro für typographische Dienst-
leistungen, Altenberge
Titelzeichnungen: Getty Images, Inc., Dublin
Fotos: Gislinde Düx, Wuppertal

3. Auflage 2015

Druck: AZ Druck und Datentechnik GmbH, Kempten

ISBN 978-3-589-24509-3

PEFC zertifiziert
Dieses Produkt stammt aus nachhaltig
bewirtschafteten Wäldern und kontrollierten
Quellen.

PEFC
PEFC/04-31-2260   www.pefc.de

Inhalt

Einführung

Die Orientierung an pädagogischen Ansätzen gewinnt in der Arbeit von Kindertageseinrichtungen kontinuierlich an Bedeutung. Diese Entwicklung hat verschiedene, miteinander verknüpfte Ursachen. So befinden sich Kindertageseinrichtungen in einem Veränderungsprozess: Sie verstehen sich nicht mehr vorrangig als Betreuungseinrichtungen, sondern zunehmend als Bildungsstätten (vgl. Fthenakis 2003). Das Debakel der PISA-Studie und die öffentliche Diskussion um eine Intensivierung von Bildungsanstrengungen von Anfang an als nationale Aufgabe haben zu dieser Tendenz wesentlich beigetragen. Entsprechend der Beschlüsse der Kultus- und der Jugendministerkonferenzen in den Jahren 2001 und 2002 haben die Bundesländer dann auch — nach zum Teil aufwändigen Vorbereitungen und Erprobungen — „Bildungspläne" vorgelegt. Diese sollen die Neuprofilierung von Kindertageseinrichtungen als Bildungseinrichtungen herausfordern, unterstützen und begleiten. Damit könnte der Elementarbereich in der Bundesrepublik Deutschland Anschluss an die Entwicklungen in Skandinavien, England oder Neuseeland gewinnen, wo in den 1990er Jahren elementarpädagogische Curricula als Fundamente für individuelle Bildungsprozesse entstanden.

Parallel zu dieser bildungspolitischen Entwicklung bietet die neuere Hirn- oder neurobiologische Forschung eine Fülle von Befunden, die mit Nachdruck die außerordentliche Bedeutung früher Bildungsprozesse (vgl. u. a. Spitzer 2002) betonen. So entstehen Argumentationsketten wie: Wenn wir in den Kindertageseinrichtungen frühzeitig Bildungsprozesse stimulieren und fördern, wird es leichter sein, sich entwickelnde Kompetenzen und Bildungspotentiale von Kindern auch schulisch zu nutzen und auszubauen.

Solche und ähnliche Vorstellungen erreichen auch die Eltern jüngerer Kinder. Wenn sie für ihre Kinder nach einem Kindergartenplatz Ausschau halten, fällt die Wahl nicht mehr unbedingt auf die am nächsten gelegene Einrichtung, sondern immer häufiger auf einen Kindergarten, von dem man gehört hat, dass dort Kinder in ihrer Entwicklung, speziell auch in ihren kognitiven Fähigkeiten gefördert werden. Eltern sind wählerischer geworden. Vielerorts sind aufgrund der demografischen Entwicklung Anmeldelisten längst abgeschmolzen, und Eltern können aus einem breiten Angebot wählen. Die Marktlage hat sich zugunsten der Nachfragenden erheblich verbessert.

Der veränderte Markt hat den Wettbewerb zwischen den Einrichtungen verschärft. Das Null-acht-fünfzehn-Programm von Tageseinrichtungen, bei dem Bastelarbeiten und Freispiel im Vordergrund stehen, deckt die gestiegenen Ansprüche von Eltern oft nicht mehr ab; denn Eltern denken verstärkt an die schulischen, sozialen und beruflichen Perspektiven ihres Kindes. Qualität ist daher gefragt. Und pädagogische Qualität muss erkennbar und nachvollziehbar sein.

Pädagogische Qualität wird insbesondere durch die Orientierung an pädagogischen Ansätzen sichtbar. Denn diese wirken sich konkret auf die alltägliche Rolleninterpretation der Erzieherin, ihre Konzeptionalisierung von Handlungs- und Interaktionsstrukturen mit den Kindern und vor allem auch auf die Auswahl von Material und die Raum- und Zeitgestaltung aus.

Der Zusammenhang von pädagogischen Ansätzen und pädagogischer Qualität ist daher auch das Thema im ersten Kapitel des Buches. Darauf folgen die Kapitel, die sich mit den drei wichtigsten reformpädagogischen Ansätzen und den vier in den letzten Jahrzehnten entwickelten neueren elementarpädagogischen Ansätzen beschäftigen.

Das Schlusskapitel wendet sich der Frage nach den Umsetzungsstrategien für pädagogische Ansätze zu. Dabei wird auf ein Instrument zurückgegriffen, mit dem die Mehrzahl der Kita-Teams seit den 1990er Jahren Erfahrungen bei der Profilierung ihrer Einrichtung gewonnen haben: die Konzeption der Einrichtung und der strukturierte Prozess ihrer Entwicklung.

1 Pädagogische Ansätze als Qualitätsdimension

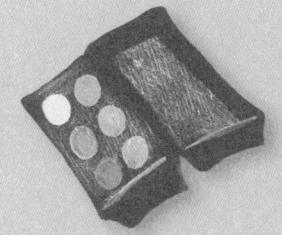

Qualitätsentwicklung und Qualitätssicherung sind in den letzten Jahren zu Schlüsselbegriffen der elementarpädagogischen Diskussion geworden (vgl. Fthenakis/Textor 1998). Eltern, Erzieherinnen, Kita-Leiterinnen, Fach- oder Praxisberaterinnen, Vertreter und Vertreterinnen der Jugendämter, der kommunalen Jugendhilfeausschüsse, der Träger sowie der pädagogischen Forschung haben allerdings oft ein unterschiedliches Verständnis davon, was die Qualität von Kindertageseinrichtungen ausmacht und was die Kita-Arbeit zur Entwicklungsförderung und zum gesunden Aufwachsen von Kindern beitragen kann. Es ist nicht leistbar, all diesen verschiedenen Normvorstellungen gerecht zu werden. Die Orientierung an elementarpädagogischen Konzepten kann einem Team helfen, die Frage nach der pädagogischen Qualität zu vereinfachen und für sich zu beantworten.

Pädagogische Ansätze geben bestimmte Entscheidungen innerhalb der Vielfalt möglicher Qualitätsnormen vor (vgl. Fthenakis/Textor 2000), nehmen dem Team aber nicht jede Diskussion um grundsätzliche wie um alltägliche Fragen pädagogischen Planens und Handelns ab.

Mit der Entwicklung einer pädagogischen Konzeption tritt das Team in einen Prozess ein, in dem es darum geht, sich für Prioritäten und erreichbare Ziele pädagogischer Arbeit zu entscheiden und diese nach außen transparent zu machen (vgl. Knauf 2007). Dabei fließen oft die Ideen verschiedener pädagogischer Richtungen in die Konzeptionsentwicklung ein. Sie können Klarheit und Sicherheit für pädagogische Entscheidungen geben.

Da alle pädagogischen Ansätze sehr einleuchtende, ja faszinierende Gedanken beinhalten, fällt es vielen Teams verständlicherweise schwer, sich ausschließlich für eine Richtung zu entscheiden. Deshalb greift man oft auf Ideen, Prinzipien und Handlungsanleitungen verschiedener Grundkonzepte zurück. Idealerweise findet das Team so sein spezifisches Profil, seine von allen Mitarbeiterinnen getragene pädagogische Unverwechselbarkeit und professionelle Identität.

Das vorliegende Buch soll pädagogischen Fachkräften eine Arbeitshilfe für Prozesse wie Konzeptions- und Qualitätsentwicklung bieten, soll Klarheit und Stimmigkeit in der alltäglichen Arbeit fördern und es Teams ermöglichen, die Konturen ihrer pädagogischen Grundüberzeugungen zu schärfen.

1.1 Zur Geschichte pädagogischer Ansätze

Ein pädagogischer Ansatz kann verstanden werden als ein definiertes System pädagogischer Überzeugungen. Es hat sich historisch entwickelt, setzt sich von anderen Ansätzen ab und hat Konsequenzen für die professionelle pädagogische Praxis (vgl. Knauf 1999).

In der Elementarpädagogik bezieht sich ein pädagogischer Ansatz oftmals stärker als in anderen pädagogischen Handlungsfeldern, z. B. der Schule, auf die Einrichtung als Ganzes und nicht nur auf die Arbeitsweise einzelner Mitarbeiterinnen und Mitarbeiter.

Pädagogische Ansätze sind vorrangig in Epochen entstanden, in denen sich Kritik an hergebrachten pädagogischen Alltagspraktiken mit der Neuentwicklung pädagogischer Ideen verband. Historisch gesehen können solche Epochen schon im Renaissance-Humanismus des 16. und 17. Jahrhunderts (Rabelais, Luther, Ratke, Comenius) und in der Aufklärung sowie im „Philanthropismus" des 18. und frühen 19. Jahrhunderts (Rousseau, Pestalozzi, Rochow, Salzmann, Campe, Humboldt, Schleiermacher, Herbart, Fröbel) ausgemacht werden. Im deutschsprachigen Raum waren vor allem zwei Epochen der Pädagogikgeschichte produktiv für die Entstehung elementarpädagogischer Ansätze (überdies auch für schulpädagogische Innovationen). Das war das erste Drittel des 20. Jahrhunderts, als im Rahmen der reformpädagogischen Bewegung folgende Konzepte entstanden:
* Montessori-Pädagogik
* Waldorfpädagogik
* Freinet-Pädagogik.

Die zweite Epoche bezieht sich auf die 60er bis 80er Jahre des 20. Jahrhunderts, als sich zum Teil im Anschluss an reformpädagogische Ideen folgende Ansätze ausprägten:
* Reggio-Pädagogik
* Situationsansatz bzw. der Situationsorientierte Ansatz
* Offene Kindergartenarbeit
* Ansatz des Waldkindergartens (zusammenfassende Skizzierungen finden sich bei Fthenakis / Textor 2000 sowie Knauf 1999).

1.2 Zur Verbindung von Qualität und pädagogischen Ansätzen

In Anschluss an die jüngere angelsächsische Forschung hat Wolfgang Tietze (1998, S. 21 f. u. 68 ff.; 2001, S. 54) die Kategorie der „pädagogischen Orientierung(en)" in die deutschsprachige elementarpädagogische Qualitätsdiskussion eingeführt. Dabei geht er von einem Qualitätsbegriff aus, der unter einer guten Tagesbetreuung eine Einrichtung versteht, die „das körperliche, emotionale, soziale und intellektuelle Wohlbefinden und die Entwicklung der Kinder in diesen Bereichen fördert und die Familien in ihrer Betreuungs- und Erziehungsaufgabe unterstützt" (Tietze 1998, S. 20).

Dabei unterscheidet er drei pädagogische Qualitätsbereiche, die zur Einrichtungsqualität beitragen:
- Pädagogische Prozesse (Prozessqualität)
- Pädagogische Strukturen (Strukturqualität)
- Pädagogische Orientierungen (Orientierungsqualität) (vgl. ebd., S. 21).

Mit der Kategorie der Orientierungsqualität erweitert Tietze die pädagogische Qualitätsdebatte um die strukturelle und prozessuale Dimension (vgl. u. a. Fthenakis 1998, S. 58 ff.). Unter pädagogischen Orientierungen versteht er die „pädagogischen Vorstellungen, Werte und Überzeugungen der an den pädagogischen Prozessen unmittelbar beteiligten Erwachsenen", deren „pädagogische Ziele und Normen" sowie „die Auffassungen der Erzieherinnen über pädagogische Qualität und die Aufgaben des Kindergartens" (Tietze 1998, S. 22). Er begreift sie als „zeitlich relativ stabile und überdauernde Konstrukte" (ebd.), die sich in „Normen und Überzeugungssystemen" sowie im „mentalen Klima" (ebd., S. 67) einer Einrichtung konkretisieren. Der von Tietze mehrfach verwendete Begriff Überzeugungssystem geht auf den in der US-amerikanischen Forschung entwickelten Terminus „belief system" zurück. Mit ihm soll deutlich gemacht werden, dass „[...] Vorstellungen, Ziele, Werte und Einstellungen nicht isoliert voneinander existieren [..., sondern] in einem breiteren Universum von Regeln, Normen, Vorstellungen und sozio-kulturell beeinflussten Werten angesiedelt [... sind]" (Tietze 1998, S. 68). Diese entstehen im Kontext „ko-konstruktiver Prozesse", sind „zum Teil bewusst reflektiert" oder auch „implizite ‚Theorien" (ebd., S. 69).

Die komplexesten elementarpädagogischen Überzeugungssysteme sind die historisch entwickelten pädagogischen Ansätze, die in Aus- und Fortbildung, durch Lektüre, mündliche Tradierung und vor allem auch durch unmittelbare Praxiserfahrung weiter vermittelt werden. Pädagogische Ansätze enthalten:

- Anthropologische Vorstellungen vom Kind als Kern eines Menschenbildes
- Vorstellungen, was die Entwicklung von Kindern fördern kann
- Vorstellungen von der „guten Erzieherin" und ihrer professionellen Rolle
- Vorstellungen von einer wünschenswerten Steuerung sozialer Interaktion und sozialer Erfahrungen
- Vorstellungen von der Bedeutung und der für Kinder förderlichen Nutzung der pädagogischen Kategorien Raum, Zeit und Material
- Werte, Normen und Regeln für die Gestaltung des Alltags in der Kindertageseinrichtung
- Werte, Normen und Regeln für das Selbstverständnis von Kindertageseinrichtungen und für die Gestaltung ihrer Beziehung zu Eltern, Nachbarschaft, Träger, zur erfahrbaren Umwelt und zu sozialen bzw. institutionellen Netzwerken.

1.3 Zum Sinn elementarpädagogischer Ansätze

Pädagogische Ansätze, wie etwa die Waldorf- oder Montessori-Pädagogik oder auch der Situationsansatz und die Reggio-Pädagogik, sind ganzheitliche Konzepte, die Gesellschaftsvorstellungen, Menschenbilder, Vorstellungen von der Entwicklung des Kindes, von der Erzieherinnenrolle und eine Fülle aufeinander bezogener Handlungsempfehlungen oder auch -regeln enthalten. Sie zeichnen sich einerseits durch Komplexität aus und können daher in sehr vielen Bereichen der elementarpädagogischen Praxis herangezogen werden; andererseits sind sie – mehr oder weniger eindeutig – auf wenige Grundannahmen zurückzuführen und insofern handlungsleitende Überzeugungssysteme. Zugleich integrieren pädagogische Ansätze auch zahlreiche Aspekte, wie sie in der aktuellen Diskussion den Dimensionen der Prozess- und Strukturqualität zugeschrieben werden (vgl. Fried 2007; Fthenakis 1998, S. 58 f.). Fthenakis (ebd.) führt z. B. als Elemente der Prozessdimension auf: Interaktion, pädagogisches Programm, Ziele, pädagogische Aktionsstile, räumliche Umgebung.

Damit können pädagogische Ansätze als Fokussierungen pädagogischer Qualitätsaspekte verstanden werden. Sie bündeln einzelne Qualitätselemente und stellen sie in einen *Sinnzusammenhang.* Auf diese Weise erleichtern sie auch die Entwicklung und Evaluation pädagogischer Qualität.

Pädagogische Ansätze und pädagogische Qualität haben, auf einer strukturellen Ebene betrachtet, spezifische Gemeinsamkeiten: Sie stellen zunächst eine sprachlich gefasste systematische Sammlung von Überzeugungen, Werten und Normen dar. Diese werden zum Teil mit wissenschaftlichen Erkenntnissen legitimiert. Pädagogische Ansätze und pädagogische Qualität haben jedoch nur einen Wert, wenn sie in Praxis umgesetzt werden, also wenn Einrichtungen pädagogische Ideen realisieren, wenn das Erzieherinnenhandeln pädagogisch reflektiert wird und wenn sich in Einrichtungen Qualitätsmerkmale ausprägen, die dem körperlichen, emotionalen, sozialen und intellektuellen Wohlbefinden der Kinder und ihrer Entwicklung zugute kommen (vgl. Tietze 1998, S. 20).

1.4 Elementarpädagogische Ansätze praktisch umsetzen

Die Umsetzung von pädagogischen Ansätzen im Alltag von Kindertageseinrichtungen ist ein ähnlich schwieriger Prozess wie die Sicherung pädagogischer Qualität. Dabei können mehrere idealtypische Schritte identifiziert werden, die jeweils noch weiter untergliedert werden können:
- Authentische und zugleich verständliche Vermittlung eines pädagogischen Konzepts
- Subjektives Verstehen der vermittelten Informationen auf Seiten der Akteure
- Herstellen kognitiver wie auch emotionaler Beziehungen zwischen Konzept und der eigenen Praxis
- Identifizieren, Formulieren und Hierarchisieren von Zielen zur Veränderung gewohnter Praxis
- Ausmachen eines konkreten Startpunktes und dessen Realisierung
- Kontinuierliche Weiterführung des Veränderungsprozesses unter Reflexion von Fehlern, Rückfällen, Stagnationsphasen
- Einbettung von Schritten der Praxisveränderung in ein Netz begleitender und unterstützender Kommunikation sowie der Selbst- und Fremdeinschätzung
- Dokumentation, Evaluation, Beratung, Weiterbildung und Öffentlichkeitsarbeit.

In der Praxis ergeben sich vielfältige Abweichungen von diesem idealtypischen Phasenschema. So hängt die Neigung für einen bestimmten Ansatz oft mit einrichtungsbezogenen Traditionen zusammen: Eine Einrichtung wurde als Waldorf- oder Montessori-Kindergarten gegründet; der Träger legt Wert auf eine Orientierung am Situationsansatz oder am Konzept der Offenen Kindergartenarbeit; die Leiterin engagiert sich vielleicht seit Jahren für die Reggio-Pädagogik und versucht mit dem Träger ein entsprechendes Team zusammen zu stellen.

Trotz vielfältiger Sondersituationen gibt es in den Umsetzungsprozessen pädagogischer Ansätze jedoch weitgehend typische, ja notwendige Handlungsschritte:

- Information
- Reflexive Auseinandersetzung
- Aufbau affektiver Identifikationen
- Verständigung über gemeinsame Grundannahmen im Team
- Kritische Auseinandersetzung mit Vorbehalten im Team
- Wahrnehmen von Handlungsdispositionen im Team
- Ausprägung konkreter Ziele
- Formulierung anvisierter Maßnahmen
- Klären von Verantwortlichkeiten, Ressourcen und Zeithorizonten der Umsetzung
- Erproben, Kommunizieren, Einschätzen von Elementen veränderter Praxis
- Evaluation veränderter Praxis.

1.5 Entwicklungsprozesse durch pädagogische Ansätze

Die Handlungsschritte bilden zusammen einen Entwicklungsprozess. Dieser kann theoretisch unterschiedlich interpretiert werden, zum Beispiel unter Bezugnahme auf

- Den Konstruktivismus
- Das Konzept des Projektlernens
- Die Organisationsentwicklung.

Mit einem *systemisch-konstruktivistischen Interpretationsmuster* lassen sich die komplizierten und mühevollen Vorgänge der Veränderung von Überzeugungen ebenso erklären wie die im Subjekt verankerte Tendenz der Lernresistenz und die hohe Bedeutung des subjektiven Bedürfnisses nach Problembewältigung (Viabilität) bei Veränderungsprozessen (vgl. Glasersfeld 1997; Huschke-Rhein 1998; Siebert 1999).

Das Konzept des *Projektlernens* geht konkreter auf Verbindung und Wechselbeziehung von Lernen und sozialer Praxis ein. Bis heute ist dieses Konzept wesentlich von der Erziehungsphilosophie John Deweys (1859–1952) geprägt. Er war der Ansicht, dass „denkende Erfahrung" der Weg des Menschen sei, sich selbst und die Welt zu verändern. Für ihn waren Erkennen und Tun untrennbar miteinander verbunden (vgl. Speth 1997, S. 22 f.). Ein Projekt als Prozess des Erkenntnisgewinns wie auch der Praxisveränderung sollte aus vier wiederkehrenden Grundelementen bestehen: Beabsichtigen, Planen, Ausführen, Beurteilen (vgl. Knauf 2001 a, S. 15 f.). Dieses Phasenschema ist in den letzten Jahren vor allem von Karl Frey (1998) erweitert worden. Frey geht von sieben Komponenten aus: Projektinitiative, Auseinandersetzung mit den Realisierungsmöglichkeiten der Projektidee, Projektplan, Projektdurchführung, Projektabschluss, Fixpunkte als organisatorische Schaltstellen und Metainteraktion als bewusst eingesetzte Situationen zur Klärung gruppendynamischer Probleme. Vor allem die Aspekte der Zielorientierung, Zielerreichung und Teaminteraktion in einrichtungsbezogenen Entwicklungsprozessen lassen sich mithilfe des Konzepts des Projektlernens interpretieren und steuern.

Das auf Erprobungen Kurt Lewins in den späten 40er Jahren des 20. Jahrhunderts gründende Konzept der *Organisationsentwicklung* geht davon aus, dass eine Organisation (z. B. eine Kindertageseinrichtung) ihre Effektivität nur dann verbessern kann, wenn alle Organisationsmitglieder in einen gemeinsamen Prozess der Überprüfung und Neubewertung von Handlungszielen und Arbeitweisen der Organisation eintreten. Dieser Prozess kann zwar von außen angestoßen und begleitet werden, ist aber primär ein Selbstreflexionsprozess, der die Organisation zu einer „lernenden Organisation" macht (vgl. Rosenstiel 1999). Dabei spielt eine Orientierung vermittelnde Phasenstruktur des Prozesses eine gewichtige Rolle: Ausgangspunkt ist eine Situationsanalyse, es folgen (Neu-)Definition von Zielen, Handlungsplanung, Umsetzung und Evaluation als erneute Situationsanalyse (vgl. Knauf 1997). Organisationsentwicklung ist ein bewährtes Modell für die reflektierte Strukturierung von Prozessen der Qualitätsentwicklung und in gleicher Weise geeignet, die Konzeptionsentwicklung von Kindertageseinrichtungen zu strukturieren.

Kindertageseinrichtungen können und sollen in der Konzeptionsentwicklung eigene Schwerpunkte setzen (vgl. Kubina / Vaupel 2001, S. 151) und ihr Profil in der Orientierung an pädagogischen Ansätzen schärfen. Dies geschieht nicht durch eine einzelne Aktion, die zu einem punktuell festgelegten Ziel führt und dann abbricht. Teams lernen davon auszugehen, „[...] dass Qualität kein statischer Zustand sein kann, sondern sich neu und weiter entwickelt [...]" (ebd., S. 152). „Bei dem Prozess der Gewinnung von eigenen Zielsetzungen, der Entwicklung von Schwerpunkten [...], die an konkreten Gegebenheiten vor Ort anknüpfen und damit der stetigen Weiterentwicklung von Qualität [...]" dienen, konkretisiert sich im Idealfall „[...] ein systematischer, absichtsvoll und sorgfältig geplanter Prozess mit längerfristiger, nachhaltiger Perspektive [..., der] auch geradezu zwangsläufig zu einer Reduzierung der Verzettelung [...] und für die Kolleginnen und Kollegen zu einer neuen Definition ihrer Rolle [...]" führt (ebd.).

Die von Kubina und Vaupel angesprochene Reduktion von Verzettelung und die damit verbundene neue Rollendefinition hängen eng damit zusammen, dass sich ein Team im Prozess der Konzeptionsentwicklung in der Vielfalt pädagogischer Ideen und Konzepte entscheiden muss, Präferenzen findet und sich zu dem einen oder anderen pädagogischen Ansatz bekennt. Diese Orientierung verhilft dem Team, Auswege aus der Beliebigkeit pädagogischer Vorstellungen und der Fremdsteuerung durch externe Erwartungen zu finden. Pädagogische Ansätze stellen dabei mit ihren Systemen an Überzeugungen, Erkenntnissen und Praxisfolgerungen Anforderungen an ein Team. Das Umsetzen eines pädagogischen Ansatzes verlangt Zielklarheit, Erprobungsenergie, Toleranz gegenüber Kritik und eigenen Fehlern. In der Regel stellt sich dies als ein von Krisen begleiteter längerfristiger Prozess dar.

Dieser Prozess kann als ein Qualitätsentwicklungsprozess verstanden werden, weil er auf Seiten der Akteure nur mit einem besonderen Niveau von Überzeugungen, Reflexions- und alltagsbezogener Handlungsintensität realisierbar ist. Das Erreichen pädagogischer Qualität setzt ebenso wie die Umsetzung eines pädagogischen Ansatzes einen Entwicklungsprozess voraus. In einem solchen Prozess werden die Strukturen einer weitgehend statischen Praxis, die sich aus der Reproduktion gesicherter Routinen ergibt, aufgelöst. Auch wenn der Prozess ausschließlich auf die Annäherung an einen pädagogischen Ansatz zielt, enthält er Elemente der Qualitätsentwicklung, denn:

- Qualität entsteht nur aus Veränderung (vgl. Rijn u. a. 1999, S. 158 u. 164): „Es wird hier der Zusammenhang zu Ulrich Becks Gedanken erkennbar, dass das Leben in der Moderne dadurch ausgezeichnet und zugleich belastet ist, dass nicht einfach vorgegebene Muster übernommen werden können, sondern das Richtige oft erst gesucht und ausgehandelt, gerechtfertigt und entschieden werden muss" (Messner 2001, S. 14)
- Bei der Annäherung an einen pädagogischen Ansatz ist der Veränderungsprozess nicht ziellos, sondern basiert auf der reflexiven Auseinandersetzung im Team mit pädagogischen Vorstellungen und Erwartungen und führt zu einer Klärung pädagogischer Überzeugungen, zu einer gemeinsamen Verständigung über zentrale theoretische und praxisrelevante Annahmen, zu einer Reflexion professioneller Rollen, Handlungsstrategien und deren Rahmenbedingungen in der pädagogischen Praxis.

1.5.1 Teamkommunikation und Corporate Identity

In einem provokanten Beitrag über „Qualität durch Partizipation und Empowerment" schreibt Heiner Keupp: „Der so notwendige Diskurs über Qualität muss aus dem ‚stählernen Gehäuse' der instrumentellen Vernunft, der sogenannten Sachzwänge, des Verfahrensfetischismus und der Geldlogik befreit werden" (Keupp 1999, S. 294). Als einen wichtigen Bezugspunkt für die Qualitätsdiskussion nennt er „die Nicht-Hintergehbarkeit der Subjekte und ihrer Lebensvorstellungen" (ebd.). In diese Richtung gehen auch Überlegungen eines der klassischen Qualitätsmanagment-Ansätze, des Total Quality Managements (TQM). Es gehört zu dessen Philosophie, eine funktions- und hierarchieübergreifende partnerschaftliche Kommunikation im Betrieb aufzubauen, partizipative, soziale, atmosphärische und personale Aspekte zu stärken und zugleich Qualitätsentwicklung als kontinuierlichen Prozess zu gestalten (vgl. Kamiske/Brauer 1999, S. 311 ff.). So kann sich ein Unternehmen, ein Betrieb „[...] als *Sinngemeinschaft* [verstehen], in der die Menschen miteinander verbunden sind und eine entsprechende Vertrauenskultur herrscht" (ebd., S. 140, Hervorhebung durch Verf.).

Die Orientierung eines Teams an einem pädagogischen Ansatz kann zur Entwicklung einer solchen Sinngemeinschaft und Vertrauenskultur beitragen. Denn der Prozess der Annäherung an einen pädagogischen Ansatz im Team verlangt die Regelmäßigkeit von:
- (Selbst-)Einschätzung über den Kenntnis- und Qualifikationsstand des Teams in Hinblick auf die Fähigkeit, pädagogische Ideen zu verstehen und zu praktizieren
- Austausch über Qualität und Erfolgsgrade der täglichen Anstrengungen, die Grundvorstellungen und Praxiselemente eines gewählten pädagogischen Ansatzes umzusetzen
- Diskussionen über Vorzüge, Sinn und Wertvorstellungen des gewählten pädagogischen Ansatzes, um so die gemeinsame Identifikation aller Teammitglieder mit einem pädagogischen Überzeugungssystem zu stabilisieren
- Kritischen (Selbst-)Prüfungen der Kongruenz von pädagogischen Zielsetzungen und eigener Praxis.

Diese notwendigen, wenngleich in der Praxis nicht immer durchgehaltenen, Unterstützungs- und Sicherungselemente für die Umsetzung pädagogischer Ansätze in Kindertageseinrichtungen sind zugleich wesentliche Faktoren der Qualitätssicherung pädagogischer Arbeit. Denn sie beziehen sich auf
- Stärkung der Professionalität im Team
- Befähigung zum fachlichen Diskurs im Team
- Selbstreflexivität im Team

- Annäherung an selbstevaluative Handlungsstrategien
- Stärkung der Profilbildung nach innen (gemeinsame Grundüberzeugungen) und nach außen (Erkennbarkeit, Unverwechselbarkeit).

Diese Faktoren sind etwa in der Philosophie des Total Quality Managements wesentliche mentale, motivationale Voraussetzungen für Qualitätssicherung (vgl. Kamiske 1994).

1.5.2 Schlüsselprozesse in der pädagogischen Arbeit

Ein vor allem im TQM als tragend herausgestelltes Instrument der Qualitätssicherung ist die Beachtung und sorgfältige Durchstrukturierung von Schlüsselprozessen (vgl. Kamiske/Brauer 1999, S. 313). Schlüsselprozesse sind Handlungskomplexe, die für qualitatives Arbeiten und damit den Erfolg eines Unternehmens von zentraler Bedeutung sind. Nach Kamiske/Brauer erfüllen sie die Anforderungen der Effektivität, Effizienz, Steuerbarkeit und Flexibilität in Hinblick auf Veränderungen in der Prozessumgebung (vgl. ebd., S. 151).

Über Schlüsselprozesse bzw. Qualitätskriterien in der Arbeit von Kindertageseinrichtungen besteht in der aktuellen Fachdiskussion keine Einigkeit. Sie werden oft eher als Zieldimensionen formuliert, an die sich teilweise Indikatoren für Verfahren der Qualitätsmessung anschließen lassen, wie dies mit der „Kindergarteneinschätzskala" versucht wurde (vgl. Tietze u. a. 2007). Doch schon bei der Beschreibung von Zieldimensionen ergeben sich Differenzen. So kommt Tietze auf folgende „engere Qualitätskriterien":
- „Eine auf *Sicherheit* bedachte Betreuung mit einer Ausstattung an Möbeln, Spielzeug und sonstigen Materialien [...]
- Eine auf die *Gesundheit* der Kinder abgestellte Betreuung, bei der Kinder Gelegenheit für Aktivität und Ruhe haben [...] und die Bedürfnisse der Kinder nach gesunder Ernährung berücksichtigt werden
- Eine Betreuung, in der die Kinder ihrer *Entwicklung angemessene Anregungen* erhalten, sie Gelegenheit zum Spielen und Erfahrung sammeln in den verschiedensten Bereichen wie Sprache, Grob- und Feinmotorik, Malen, Musik, Kreativität und Umwelt haben
- Eine Betreuung, in der Kinder *positive Erfahrungen mit Erwachsenen* machen, denen sie vertrauen [...]
- Eine Betreuung, in der das Kind zu *Eigenständigkeit und Selbstvertrauen* ermuntert wird und

- Eine Betreuung, die positive und *freundschaftliche Beziehungen zu anderen Kindern* erlaubt und unterstützt" (Tietze 1999, S. 156; Hervorhebungen zu den ersten drei Punkten im Original, die restlichen durch Verf.).

Dagegen favorisiert Fthenakis ein Konzept von Qualitätsdimensionen, das sich an gesellschaftlich notwendigen „[...] Basiskompetenzen und an der Bewältigung von Entwicklungsaufgaben orientiert" (Fthenakis 1999, S. 54):
- Stärkung der Resilienz
- Kompetenz zur Bewältigung von Transitionen
- Lernmethodische Kompetenz
- Erwerb metakognitiver Kompetenzen
- Kompetenter und kritischer Umgang mit Medien (vgl. u. a. schon Fthenakis 1999, S. 54 ff.).

Erkennbar ist, dass Fthenakis stärker auf bildungsorientierte Qualitätsdimensionen abhebt, während Tietze eher ganzheitlich entwicklungsunterstützende Funktionen von Kindertageseinrichtungen betont und dabei Betreuungs- und Erziehungskriterien in den Vordergrund stellt.

Bemerkenswert ist ein Versuch von Thelma Harms, die in den USA die „Early Childhood Environment Rating Scale" entwickelt hat, auf der die „Kindergarten-Einschätzskala" basiert. Sie geht davon aus, dass sich jede Einrichtung auf drei Betreuungs- und Erziehungskategorien pädagogischer Qualität beziehen muss:
- Herstellung von Gesundheit und Sicherheit
- Möglichkeit für die Entwicklung positiver sozialer Beziehungen
- Ermöglichung des Erfahrungslernens (Harms 1999, S. 146).

„Einrichtungen mit hoher Qualität" (ebd.) decken darüber hinaus bildungsbezogene Qualitätserwartungen ab:
- Förderung von Lernstrategien
- Förderung sozialer Kompetenzen
- Förderung neuer Fähigkeiten und Kompetenzen z. B. in den Bereichen Sport
- Musik, Kunst, Naturwissenschaft (vgl. ebd.).

Eine derartige Differenzierung von Qualitätsdimensionen und Schlüsselprozessen entsprechend einer Klassifizierung der Einrichtung ist in der deutschen Qualitätsdiskussion bislang nicht denkbar. Ausgegangen wird eher von einem unteilbaren sozialintegrativen Einrichtungsmodell. Auch die Qualitätsdimensionen, die von einer Projektgruppe am Fachbereich Wirtschafts- und Sozialwissenschaften der Universität Trier in Anlehnung an betriebswirtschaftliche Konzepte des Qualitätsmanagements entwickelt wurden, sind frei von einer selektiven Ausrichtung qualitativer Standards (vgl. Böhm u. a. 1998). Die Gruppe, die dem Aspekt der Kundenorientierung ein hohes Gewicht beimisst, sortiert Qualitätsmerkmale von Kindertageseinrichtungen nach den drei Kategorien:

- Pädagogische Arbeit (z. B. bezogen auf rhythmisch-musikalische Erziehung, Bewegungs-, Gesundheits-, Umwelt-, Medien-, Kreativitäts-, Spracherziehung, Sinnes- und Wahrnehmungsschulung, Erziehung zur Selbständigkeit, Erlernen lebenspraktischer Fertigkeiten, aber auch auf Mitarbeiterqualifizierung)
- Elternarbeit
- Öffentlichkeitsarbeit (vgl. Böhm u. a. 1998, S. 14 ff.).

Im Rahmen der vom Bundesfamilienministerium 2000 gestarteten „Nationalen Qualitätsinitiative" wurde der Versuch unternommen, über die Auswertung einschlägiger Publikationen und über die Befragung von 1.550 Fachkräften einen umfassenden Qualitäts-Kriterien-Katalog zu erstellen (vgl. Groot-Wilken u. a. 2001, S. 6 f.). Die durch die Befragung erhobenen über 50.000 Qualitätskriterien wurden bei der Auswertung folgenden übergeordneten Leitgesichtspunkten zugeordnet:

- Strukturelle Voraussetzungen / räumliche Bedingungen
- Interaktionsgeschehen zwischen Erzieherin und Kind
- Nutzung und Vielfalt von Material
- Individualisierung
- Partizipation
- Pädagogische Planung (vgl. ebd., S. 6 ff.).

Bei der Auswertung der Daten wurde deutlich, dass die Erzieherinnen bei der Interpretation ihres pädagogischen Auftrags vor allem zwei Schwerpunkte setzen: „[...] die Bedeutung einer gestalteten und *anregungsreichen Umwelt* durch vorhandenes und vor allem auch freiverfügbares Spiel-, Beschäftigungs- und Gestaltungsmaterial" (ebd. S. 11) sowie pädagogische Planung als ein „[...] auf Beobachtungen und dem *Wissen über kindliche Entwicklung* beruhendes Handlungskonzept" (ebd.; Hervorhebung durch Verf.).

Will man aus diesen empirischen wie theoretisch-konzeptionellen Quellen Schlüsselprozesse zur Beschreibung pädagogischer Qualität in Kindertageseinrichtungen ableiten, so könnten folgende Stichworte gefunden werden:

- Gestalten einer anregungsreichen, zugleich Geborgenheit, Atmosphäre und Sicherheit vermittelnden räumlichen Umgebung
- Frei verfügbares Präsentieren verschiedenartigen Materials, mit dem Kinder differenzierte Erfahrungen in den Bereichen Wahrnehmung, Bewegung, Konstruktion, kreatives Gestalten, Experimentieren und Forschen, Kommunikation, Begriffsbildung, Kooperation und Alltagsroutinen gewinnen
- Reflektiertes, professionelles Handeln als Erzieherin im Team, das sich in der Interaktion mit Kindern auf folgende Schwerpunkte bezieht

- Gezielte Beobachtung der Kinder (und deren Dokumentation)
- Stiften unterschiedlicher Kommunikationssituationen
- Dosiertes Vermitteln von Aktionsimpulsen an die Kinder
- Öffnen von Räumen und Einrichtung zu verschiedenartigen Erfahrungs-Möglichkeiten im Umfeld
- Schaffen einer Balance zwischen einerseits Freiräumen und Autonomie zur Erprobung von Selbständigkeit und Eigenverantwortung der Kinder und andererseits (gemeinsam entwickelten) Regeln, Verbindlichkeiten, Normen und Grenzen zum Aufbau prosozialer Verhaltenskompetenzen
- Dosiertes Anteilnehmen und Unterstützen in Krisensituationen von Kindern
• Professionelles Beraten von Eltern
• Aktive Beteiligung an der Profilbildung der Einrichtung (nach innen und außen) und Kultivieren einer Sicht der Einrichtung als lernende Organisation.

Diese verschiedenartigen Schlüsselprozesse, die als zentrale Handlungselemente die Qualität pädagogischer Arbeit in Kindertageseinrichtungen konstituieren, lassen sich mit folgenden Stichworten zusammenfassen:
• Raumgestaltung und Raumöffnung
• Pädagogische Materialauswahl und -verwendung
• Rollendefinition und Interaktionsstruktur der pädagogischen Fachkräfte
• Eltern- und Öffentlichkeitsarbeit.

Diese vier vorrangig auf Prozessqualität in Kindertageseinrichtungen bezogenen Kategorien finden ihre Entsprechungen mit je spezifischen Ausprägungen in den elementarpädagogischen Ansätzen. Raumgestaltung und -öffnung, Materialauswahl und -verwendung sind etwa zentrale Themen in der Waldorf-, Montessori- und Reggio-Pädagogik, aber auch in der Offenen Kindergartenarbeit und im Waldkindergarten. Die Rollendefinitionen und Interaktionsstrukturen der pädagogischen Fachkräfte gehören zu den Herzstücken aller pädagogischen Ansätze. In Anlehnung an Pierre Bourdieu ließe sich sogar von einem ansatzspezifischen beruflichen Habitus der Erzieherin sprechen, der sich zum Teil sogar im äußeren Erscheinungsbild artikuliert (vgl. allgemein Windolf 1981, S. 21 ff.).

Eltern- und Öffentlichkeitsarbeit haben dagegen nur in einem Teil der pädagogischen Ansätze einen nicht nur sekundären Stellenwert (z. B. in der Waldorf- und Reggio-Pädagogik sowie in der Offenen Kindergartenarbeit). Dies entspricht der eher zurückgenommenen Einschätzung dieses Aufgabenkomplexes innerhalb der elementarpädagogischen Qualitätsdiskussion.

Es ist kein Zufall, dass die elementarpädagogischen Ansätze sich gerade in den Schlüsselprozessen deutlich ausprägen, die auch von der aktuellen Qualitätsdiskussion besonders beachtet werden. Pädagogische Ansätze wollen Wirkung entfalten, sie erfüllen die Funktion, Kindertageseinrichtungen zu verändern und zwar entsprechend den qualitativen Ansprüchen, die sich aus dem jeweiligen pädagogischen Erkenntnis- und Überzeugungssystem ergeben. Pädagogische Ansätze bilden die Brücken zwischen Theorie- und Praxissystemen.

Wenn sich Einrichtungen an pädagogischen Richtungen orientieren, lenken sie das Augenmerk in ihrer Arbeit notwendigerweise auf die Schlüsselprozesse elementarpädagogischer Praxis, denn vor allem so kann es gelingen, die Kernwerte und -prinzipien eines Ansatzes wirksam werden zu lassen. In die Kernbereiche elementarpädagogischer Praxis investieren Einrichtungen, die sich einem bestimmten Ansatz zurechnen, dementsprechend besondere Anstrengungen der Reflexion, Ressourcenbereitstellung, Erprobung, der Selbst- und gelegentlich auch der Fremdprüfung. Dies alles trägt dazu bei, dass Einrichtungen mit einem von einer pädagogischen Richtung geprägten Profil in den Schlüsselprozessen elementarpädagogischer Arbeit oft ein überdurchschnittliches Qualitätsniveau erreichen.

1.5.3 Medium zur Präsentation der Einrichtung nach außen

Eine Studie von Eva Böhm u. a. (1998) macht deutlich, welch außerordentlich hoher Stellenwert der Kundenorientierung sowie der Eltern- und Öffentlichkeitsarbeit von Kindertageseinrichtungen beigemessen werden muss. Die Autoren beziehen sich dabei auf die ISO-Normen und vor allem auf den Total-Quality-Management-Ansatz (vgl. Böhm u. a. 1998, S. 4 u. 10; vgl. auch Kamiske/Brauer 1999, S. 126 u. 311 ff.).

Eltern als (mittelbare) Empfänger von Dienstleistungen in den Sektoren Betreuung, Erziehung und Bildung haben ein Interesse, über die Qualität der erwünschten und von ihnen auch (mit-)finanzierten Dienstleistung informiert zu werden. Dies kann durch Konzeption, Aufnahmegespräche, Elterninformationsabende, Elternbriefe und weitere Kommunikationsanlässe geschehen. Noch authentischer sind Informationen durch,die unmittelbar zugängliche und sichtbare Arbeit. Einrichtungen, die nach spezifischen pädagogischen Ansätzen arbeiten, bieten gerade hierfür vielfältige Möglichkeiten. Denn ihre Arbeit verbleibt nicht in einer impliziten (Interaktions-)Struktur, die von Laien nur schwer zu durchschauen ist. Sie hat vielmehr deutlich sichtbare Elemente, die vor allem deswegen auch von Laien wahrgenommen werden können, weil sie von den bekannten Bildern und Konventionen in der Kita-Landschaft abweichen. Zu diesen Elementen gehören:

- **Raumgestaltung** (insbesondere in der Montessori-, Waldorf- und Reggio-Pädagogik sowie in der Offenen Kindergartenarbeit)
- **Materialauswahl** (besonders ausgeprägt in der Montessori- und Waldorf-Pädagogik)
- **Öffnung von Räumen und Gruppen** (vor allem in der Offenen Kindergartenarbeit, daneben im Waldkindergarten und in der Reggio-Pädagogik)
- **Aktionsformen** wie die ästhetische und konstruktive Gestaltung durch die Kinder (in der Waldorf- und Reggio-Pädagogik) oder Projekte (Situationsorientierter Ansatz, Reggio-Pädagogik)
- **Kommunikationsformen** wie Morgenkreis, Kinderkonferenz (in der Reggio-Pädagogik und Offenen Kindergartenarbeit)
- Spezifische Grade der **Anleitung von Kindern** (in der Waldorfpädagogik, dosiert auch in der Montessori-Pädagogik und im Situationsansatz) bzw. Betonung der **Selbstorganisation** der Kinder (in der Reggio-Pädagogik, Offenen Kindergartenarbeit sowie selektiv in der Montessori-Pädagogik und im Situationsansatz).

Zur Veranschaulichung der qualitativen Ausrichtung einer Kindertageseinrichtung gehört darüber hinaus die vor allem in der Reggio-Pädagogik praktizierte Gestaltung des Eingangsbereichs als „Visitenkarte" der Einrichtung, mit der Informationen über das Team, die Kinder, Arbeitsprinzipien und aktuelle Projekte vermittelt werden können (vgl. u. a. Hermann / Wunschel 2002, S. 103 f.).

Die Profilierung der Einrichtung durch die Orientierung an einem pädagogischen Ansatz bietet schließlich für den Träger eine wichtige Informationsgrundlage für eine angemessene Unterstützung der qualitativen Weiterentwicklung der Einrichtung durch seine Beteiligung an:
- Personalauswahl
- Weiterqualifizierung der Mitarbeiterinnen und Mitarbeiter
- Durchführung von Qualitätsmanagement-Maßnahmen
- Baulichen Veränderungen
- Beschaffungsmaßnahmen
- Öffentlichkeitsarbeit.

1.6 Resümee

Ist die Orientierung an pädagogischen Ansätzen ein geeignetes Instrument, pädagogische Qualität in Kindertageseinrichtungen zu sichern? Eine nüchterne Einschätzung müsste zunächst zu dem Schluss kommen, dass dies nur eingeschränkt möglich ist. Denn:

- Die pädagogischen Ansätze leben von inhaltlichen Überzeugungen, von einem Menschenbild, einer Vorstellung „richtigen" pädagogischen Handelns, über die in einem Team (relative) Übereinstimmung erzielt werden sollte. Die Orientierung an pädagogischen Ansätzen verlangt Überzeugung, aber auch Anstrengung. Diese wird in der Regel gespeist aus der Energie, die aus der Faszination eines unverwechselbaren Ansatzes erwächst. Diese Faszination ist keine messbare und keine statische Größe. Sie verblasst schnell, wenn ein pädagogischer Ansatz für andere Zwecke, zum Beispiel zur Qualitätssicherung instrumentalisiert wird
- Die Umsetzung pädagogischer Ansätze ist ein komplizierter und risikoreicher Prozess (vgl. für die Reggio-Pädagogik u. a. Herrmann 2001). Vor allem die Ansätze, die keine eindeutigen Handlungsanleitungen enthalten, sondern kulturelle und situative Interpretations- und Implementierungsspielräume zulassen, erzeugen auch bei ihren Anhängern immer wieder Unsicherheiten: Sind wir auf dem richtigen Weg? Haben wir das Ethos, die Ideen, Ziele und Handlungselemente des Ansatzes wirklich richtig verstanden? Sind wir konsequent genug bei der Umsetzung oder lassen wir uns zu häufig auf Kompromisse ein? Insbesondere die neueren pädagogischen Ansätze, wie der Situationsansatz, die Reggio-Pädagogik oder die Offene Kindergartenarbeit, enthalten Deutungs- und Umsetzungsspielräume. Ihre Umsetzung entzieht sich einer evaluativen Überprüfung anhand eindeutig definierter Qualitätsstandards.

Pädagogische Ansätze sind spezifischen Denktraditionen verpflichtet, die mit der funktionalistischen Tendenz der aktuellen Qualitätsdiskussion nur wenige Gemeinsamkeiten besitzen. Dennoch gibt es eine Reihe von Argumenten und Indikatoren für die Kongruenz der Orientierung an pädagogischen Ansätzen und der Qualitätsentwicklung: Die Orientierung einer Einrichtung bzw. eines Teams an einem pädagogischen Ansatz stärkt
- Das Bewusstsein der Teammitglieder, dass die Güte pädagogischer Arbeit in einem Zusammenhang mit der Kontinuität der Entwicklung und Weiterentwicklung professionellen Handelns steht

- Die Notwendigkeit regelmäßiger Kommunikation über Wert-, Prinzipien- und Handlungsentscheidungen
- Die Konzentration beruflichen Handelns auf qualitätssichernde Schlüsselprozesse
- Die Erkennbarkeit und Identität der Einrichtung und der in ihr geleisteten Arbeit.

2 Reformpädagogische Ansätze

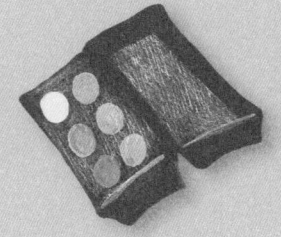

2.1 Maria Montessori und die Montessori-Pädagogik

2.1.1 Allgemeine Betrachtung

Mit der Person Maria Montessori (1870–1952) verbindet sich ein Erziehungs-konzept, das, entstanden in einer Epoche des Umbruchs, bis heute Impulse für die pädagogische Fachwelt gibt. Ihre Popularität verdankte die Ärztin und Pä-dagogin während ihrer Lebenszeit ihrem Engagement für die Anerkennung des Kindes in der Gesellschaft sowie ihren fortschrittlichen Ideen zur Beseitigung der sozialen Missstände ihrer Zeit. Im Zentrum all ihrer Bemühungen stand je-doch stets das Kind, seine Entwicklung und Erziehung (vgl. Esser / Wilde 1989, S. 10).

2.1.2 Zur Person Maria Montessori

Maria Montessori wurde am 31. August 1870 in Chiaravalle in der italienischen Provinz Ancona geboren und wuchs ab 1875 in Rom in bürgerlichen Verhält-nissen auf. Nach der Grundschule besuchte sie eine naturwissenschaftlich-technische Sekundarschule, an der Mädchen nur in Ausnahmefällen vertreten waren. Nach erfolgreichem Schulabschluss erhielt Montessori gegen alle Wider-stände als erste Frau Italiens eine Zulassung zum Medizinstudium und wurde 1896 die erste Ärztin Italiens (vgl. Ludwig 1997, S. 11). In den folgenden Jahren arbeitete sie als Assistenzärztin an der Psychiatrischen Universitätsklinik in Rom und betrieb nebenbei eine eigene Arztpraxis.

Zur Pädagogik fand die Medizinerin über eine Gruppe behinderter Kinder, mit der sie während ihrer Assistenzzeit in Verbindung kam. Sie erkannte, dass das Problem dieser meist verwahrlosten, geistig zurückgebliebenen Kinder nicht nur ein medizinisches, sondern in erster Linie ein pädagogisches war. Nach in-tensivem Studium der Werke Jean-Marc Itards (1775–1838) und Edouard Sé-guins (1812–1880), zweier französischer Ärzte des 19. Jahrhunderts, entwarf Montessori für diese Kinder ein Förderprogramm und warb dafür in Vortrags-reihen. Ziel dieses Programms war es, mithilfe der von Séguin entwickelten Sin-nesmaterialien das verbliebene geistige Potential der Kinder anzuregen und zu entwickeln (vgl. Hebenstreit 1999, S. 25).

Wenig später übertrug man ihr die Leitung eines heilpädagogischen Instituts für Lehrer in Rom. In der angeschlossenen Modellschule setzte die Pädagogin ihr Förderprogramm mit großem Erfolg um. Innerhalb dieser zweijährigen Tätigkeit gelang es Montessori, einige der als unbildbar geltenden Kinder soweit zu fördern, dass sie eine Regelschule besuchen konnten. Nach diesem Erfolg versuchte die Ärztin, ihre daraus gewonnenen Erkenntnisse auch für die Erziehung und Bildung normal entwickelter Kinder zu nutzen. Sie gab die Leitung der Schule und des Institutes auf und begann ein Zweitstudium der Anthropologie. Ab 1904 lehrte sie dann pädagogische Anthropologie an der Universität in Rom (vgl. Ludwig 1997, S. 11).

1907 setzte Montessori ihr pädagogisches Wirken mit der Übernahme eines Kinderhauses, der „casa dei bambini" in San Lorenzo, fort. Hier betreute sie ca. 50 sozial benachteiligte Kinder nach ihren neusten pädagogischen Erkenntnissen. Auf Grundlage der Beobachtung dieser Kinder entwickelte sie ihre medizinischen und pädagogischen Erkenntnisse weiter und baute sie zu einer Erziehungsmethode aus, die heute noch weltweit im Schul- und Vorschulbereich als „Montessori-Methode" bekannt ist und in speziellen Kursen gelehrt wird. Nach Bekanntwerden der ungewöhnlichen Erziehungs- und Bildungserfolge Montessoris wurden bald weitere Kinderhäuser gegründet, die nun nicht mehr nur von armen, sondern auch von Kindern des Mittelstandes und der Oberschicht besucht wurden (vgl. Esser/Wilde 1989, S. 23).

Wenig später gab sie die Lehrtätigkeit sowie ihre Praxis als Kinderärztin auf und widmete sich nun in Vorträgen im In- und Ausland vornehmlich der Verbreitung ihrer pädagogischen Ideen. 1909 führte sie erste Ausbildungskurse durch, in denen sie Lehrer und Lehrerinnen in ihr Konzept und den Gebrauch des Materials unterwies. Im gleichen Jahr erschien Montessoris erstes Buch, „Il metodo della pedagogica applicato all' educazione infantile nelle casa dei bambini" (Die Methode der wissenschaftlichen Pädagogik, angewandt in der Erziehung des Kindes in der casa dei bambini) kurz: „Il metodo", das die gesammelten Erkenntnisse dieser Methode beschreibt (vgl. Hebenstreit 1999, S. 39).

1916 verlegte Montessori ihren Wohnsitz nach Barcelona, wo die katholische Reformpädagogin auch religionspädagogische Projekte durchführte. 1929 gründete sie die Internationale Montessori Gesellschaft (AMI), der bald führende Persönlichkeiten als Förderer angehörten. Sie engagierte sich weiter für eine Erziehung zum Frieden und siedelte 1936 wegen des Spanischen Bürgerkrieges nach Holland über. Während des Zweiten Weltkrieges hielt sich die Pädagogin in Indien auf. Wichtige Teile ihres Spätwerkes entstanden dort.

Doch schon 1946 kehrte sie nach Holland zurück und setzte ihre Vortrags- und Ausbildungstätigkeit unermüdlich fort. Am 6. Mai 1952 starb Maria Montessori in Nordwijk aan Zee / Holland. Ihr Sohn Mario, der in den letzten Jahren ihr wichtigster Mitarbeiter geworden war, setzte ihr Werk fort (vgl. Ludwig 1997, S. 14).

2.1.3 Das Bildungs- und Erziehungskonzept der Montessori-Pädagogik

Allgemeines

Ausgehend von ihrem ursprünglichen Beruf als Ärztin, stützte Maria Montessori die Grundlage ihres Erziehungskonzeptes auf die genaue Beobachtung der kindlichen Entwicklung. Angeregt durch ihre Arbeit mit geistig zurückgebliebenen Kindern in einer psychiatrischen Klinik in Rom sowie durch die Beschäftigung mit den Schriften von Itard und Séguin bildete für sie die Schulung der Sinne Grundlage und Ausgangspunkt jeder weitergehenden Erziehung (vgl. Esser / Wilde 1989, S. 39).

Als Montessori 1907 die Leitung des ersten Kinderhauses übernahm, bekamen die von Séguin entwickelten Sinnesmaterialien in ihrer Anwendung bei normal entwickelten Kindern eine neue Bedeutung. Sie machte die erstaunliche Entdeckung, dass die Kinder die Beschäftigung mit den Materialien nicht nur ihrem herkömmlichen Spielzeug vorzogen, sondern auch mit großer Konzentration eigenaktiv mit diesen Gegenständen arbeiteten, ohne erzieherische Motivationsimpulse erhalten zu haben. War dieser Entwicklungsprozess einmal angestoßen, schienen sich die Kinder in allen Persönlichkeitsbereichen zu verändern. Sie wurden selbstsicherer, ausgeglichener und sozial verträglicher (vgl. Hebenstreit 1999, S. 34).

Die Beobachtung eines kleinen Mädchens, das aus eigenem Antrieb eine Übung 44mal wiederholte und sich dabei von nichts abhalten ließ, wurde zu einem Schlüsselerlebnis, das der Pädagogik Montessoris eine neue Richtung gab. Sie glaubte, in dieser Situation das „wahre Wesen" des Kindes und seine innersten Bedürfnisse entdeckt zu haben. Diese tiefe Konzentration des Kindes auf eine selbstgewählte Aufgabe bezeichnete sie später als „Polarisierung der Aufmerksamkeit". Kind und Material schienen hierbei eins zu werden, die ansonsten ablenkende Umwelt wurde ausgeblendet (vgl. ebd., S. 54).

Fortan erforschte Montessori das Verhalten des Kindes sowie die Rahmenbedingungen, unter denen sie weiter angeregt und stimuliert werden konnten. Sie beobachtete die Wechselwirkungen zwischen den Kindern und ihrer Umwelt und achtete dabei exakt auf die Auswahl oder Ablehnung einzelner Materialien. Hieraus ergab sich in der Alltagspraxis des Kinderhauses schließlich ein geschlossenes System didaktischer und methodischer Prinzipien, das zur Grundlage ihres Erziehungskonzeptes im Elementar- und Schulbereich wurde (vgl. Ludwig 1997, S. 65).

Das Menschenbild

Grundlage aller Ausführungen Montessoris ist die Liebe und Achtung, die sie dem Kind als einem Wesen mit eigenständigem Daseinsauftrag entgegenbringt. Sie versteht das Kind als leib-geistiges Wesen mit eigener Individualität, das mit der Kraft seines Geistes danach strebt, sich zu einem unabhängigen, freien, selbständigen Menschen zu entwickeln. Diese in Verantwortung gelebte Freiheit ist für Montessori ein Ausdruck der Würde des Menschen. Die Anerkennung dieser Würde auch beim Kind ist Basis und Ziel ihrer Pädagogik.

Anthropologische Grundlagen

Der Mensch ist nach Ansicht Montessoris ein „personales Wesen". Diese Personalität ist unabhängig von Rasse, Kultur, Religion oder Geschlecht allen Menschen eigen. Sie differenziert sich in Individualität und Sozialität. Beide Aspekte müssen nach Montessori beim jungen Menschen durch Erziehung, von Geburt an gefördert werden. Bis zum zwölften Lebensjahr steht jedoch die Förderung der Individualität im Vordergrund, danach die Förderung der Sozialität in ihrer umfassenden gesellschaftlichen und kosmischen Dimension. Insgesamt liegt jedoch das Gewicht auf der Förderung der Individualität. Montessori sieht die Gesellschaft als einen Zusammenschluss von Individuen, deren Qualität und Weiterentwicklung von der Entfaltung des Einzelnen abhängt (vgl. ebd., S. 16).

Die Entwicklung des Kindes betrachtet Montessori aus der Sicht der Embryologie. Demnach ist der Mensch ein „instinktreduziertes Mängelwesen", weltoffen und höchst anpassungsfähig. Im Gegensatz zum Tier ist er nicht von Geburt an in seinem Verhalten festgelegt, sondern bringt alle lebensnotwendigen Eigenschaften, die so genannten „Potentialitäten", (Montessori 1990, S. 70) mit, die ihn befähigen, sich den Anforderungen seines sozialen Umfeldes entsprechend zu entwickeln. Weiterhin unterscheidet sich der Mensch vom Tier durch die postnatale Embryonalzeit sowie seine lange Kindheitsphase, in der ihm ein großes schöpferisches Potential zur Verfügung steht. Aus dieser Erkenntnis heraus schreibt Montessori dem Kind zwei Aufgaben zu: sich selbst aufzubauen und die Menschheit weiterzuentwickeln (vgl. Seitz/Hallwachs 2000, S. 24). „So ist die neue Eigenschaft des menschlichen Wesens folgende: es hat ein doppeltes

Embryonalleben, einen neuen Entwurf, und den anderen Lebewesen gegenüber eine neue Bestimmung" (Montessori 2000, S. 56).

Die Pädagogin unterscheidet hier in der Entwicklung des Kindes zwei embryonale Phasen: eine „pränatale Embryonalzeit", in der der physische Körper im Mutterleib heranwächst, und eine „postnatale Embryonalzeit" außerhalb des Mutterleibes, in der das Kind die menschlichen Fähigkeiten in Bezug auf seine Umwelt entwickelt (vgl. Seitz/Hallwachs 2000, S. 24). „Diese postnatale Periode, die man als ‚formative Periode' bezeichnen kann, ist eine embryologisch aufbauende Lebensperiode, die das Kind einen geistigen Embryo sein lässt" (Montessori 1990, S. 53).

Dieses Bild vom geistigen Embryo verwendet Montessori für die geistige Entwicklung des Menschen. Sie spricht von einem „inneren Bauplan" (vgl. Montessori 2000, S. 45), der die Entwicklung leitet. Denn der Mensch ist von Natur aus ein kulturabhängiges und naturschaffendes Wesen. Er kommt nicht fertig zur Welt, sondern baut sich seine natürliche, soziale und kulturelle Umwelt in aktiver Weise selbst auf. Dabei verfügt er über einen natürlichen Tätigkeitsdrang, diese Auseinandersetzung mit der Umwelt und den damit verbundenen Aufbau seiner geistigen Strukturen voranzutreiben. Hierin sieht Montessori die Chance der Menschwerdung des Kindes, das sie in diesem Zusammenhang auch als „Baumeister" (ebd., S. 14) seiner selbst und der Menschheit bezeichnet.

„Es besteht also in dem kleinen Kind eine unbewusste Geistesform, die eine schöpferische Kraft besitzt. Wir nennen sie ‚den absorbierenden Geist'. Der absorbierende Geist baut nicht mithilfe von Willensanstrengungen, sondern unter der Führung ‚innerer Sensibilitäten, die wir ‚sensitive Perioden' nennen, weil die Sensibilität nur eine bestimmte Zeit dauert, gerade lange genug, um die von der Natur bestimmten Eroberungen zu machen" (Montessori 1990, S. 89).

Montessori differenziert also zwischen einem allgemeinen Entwicklungsrahmen und dessen Ausgestaltung durch die Individualität jedes Kindes. So vollzieht sich beispielsweise die Entwicklung des jungen Menschen in Stufen, die in ihrer zeitlichen Dimension durch Altersangaben ungefähr gekennzeichnet werden können, inhaltlich jedoch durch besondere Empfänglichkeit beim Erwerb bestimmter Fähigkeiten variieren (vgl. Seitz/Hallwachs 2000, S. 27). Der absorbierende Geist befähigt das Kleinkind zu einer ganzheitlichen Aufnahme von Welteindrücken, wie sie ihm später nicht mehr möglich ist (vgl. ebd., S. 25).

Insgesamt beruht die anthroposophische Auffassung Montessoris in erster Linie auf den wissenschaftlichen Erkenntnissen ihrer Zeit sowie eigenen empirischen Versuchen und Beobachtungen. Darüber hinaus bezieht sie jedoch auch eine religiöse Dimension mit ein, mit der sie ihrem Menschenbild und Erziehungskonzept eine die Wissenschaft übersteigende Ausrichtung geben möchte. Denn letztlich liegt die Hochachtung Montessoris vor der menschlichen Individualität auch in der Einmaligkeit des Menschen als Geschöpf Gottes begründet. Die am Kind wirkenden Entwicklungskräfte sind nach ihrer Ansicht auch göttliche Kräfte. Demnach ist die individuelle Erziehungsarbeit schließlich als eine Form der Mitarbeit am göttlichen Geschöpf zu betrachten (vgl. Ludwig 1997, S. 18).

Psychologische Grundlagen

Montessoris Kleinkindpädagogik ist eine Entwicklungspädagogik. Grundlage ihres Erziehungskonzeptes ist die Entwicklung der kindlichen Psyche und seiner seelisch-geistigen Kräfte. „Die Organisation des psychischen Lebens beginnt mit einem charakteristischen Phänomen der Aufmerksamkeit" (Montessori 1990, S. 151). Diese Entdeckung des „wahren Wesens" des Kindes war für Montessori ein Erlebnis, das sie dazu inspirierte, dem geheimnisvollen Seelenleben nachzuspüren und „[...] den Menschen von seinen Ursprüngen zu studieren, dabei in der Seele des Kindes, die Entwicklung unter den Zusammenstößen mit der Umwelt zu entziffern und so in das dramatische oder das tragische Geheimnis der Kämpfe einzudringen, dessen man es zuzuschreiben hat, wenn die Seele des Menschen entstellt und verdüstert bleibt" (Montessori 1980, S. 18 f.).

Dabei geht es der Pädagogin darum, „[...] dem kindlichen Seelenleben zur Hilfe zu kommen, und zwar im Bereich des Normalen und der Erziehung" (ebd., S. 20). Ihr Erziehungskonzept soll demnach zu einer „Normalisation" der kindlichen Entwicklung sowie zum Freisetzen seelisch-geistiger Kräfte führen. Denn ein „normalisiertes" Kind ist nach Montessori ein Kind, dem die Freiheit gewährt wird, seine positiven Anlagen zu entfalten. Erst in einem solchen Klima der Freiheit kann die Natur des Kindes beobachtet werden (vgl. Hebenstreit 1999, S. 63).

Die Entwicklung des Kindes

„Den aufeinanderfolgenden Persönlichkeitsphasen des Kindes müssen aufeinanderfolgende Erziehungspläne entsprechen" (Montessori 1990, S. 109). Somit sind die Methoden Montessoris nicht nach den bestimmten Prinzipien, sondern nach den Eigenarten der verschiedenen Altersstufen ausgerichtet. Daraus ergibt sich die Notwendigkeit verschiedener Erziehungspläne. Im Leben des Heranwachsenden beobachtete die Pädagogin drei aufeinanderfolgende Entwicklungsphasen:

- Erste Phase: 0– 6 Jahre
- Zweite Phase: 7–12 Jahre
- Dritte Phase: 13–18 Jahre.

Jede Phase ist durch sogenannte „sensible Perioden" gekennzeichnet, in denen bestimmte Bedürfnisse des Kindes vorherrschen und seinen Interessenbereich bestimmen. Hat das Kind die Möglichkeit, sich mit seiner Umwelt aktiv auseinander zu setzen, so können sich seine Potentialitäten der Altersstufe entsprechend ausbilden. Jede Entwicklungsphase baut auf die vorangegangene auf und bildet das Fundament für die folgende. Ihre Abfolge ist irreversibel. Die jeweils nächste Phase kann jedoch erst dann erreicht werden, wenn die Sensibilitäten der vorherigen ausreichend gefördert wurden (vgl. Holtstiege 1994, S. 74). Im Folgenden wird aufgrund ihrer Relevanz für den Elementarbereich die erste Entwicklungsphase dargestellt.

Diese in sich labile erste Phase gilt als sehr schöpferisch und konstruktiv. Sie hat eine grundlegende Bedeutung für die physiologische Entwicklung sowie für die Entwicklung der Intelligenz. In dieser Phase finden die größten Entwicklungsschritte, wie z. B. der Spracherwerb, statt. Montessori, die dem ersten Lebensabschnitt des Kindes besondere Aufmerksamkeit widmete, unterteilte ihn in zwei Unterphasen:

Erste Unterphase (0–3 Jahre)

„Diese postnatale Periode, die man als ‚formative' Periode bezeichnen kann, ist eine embryologisch aufbauende Lebensperiode, die das Kind einen geistigen Embryo sein lässt" (Montessori 1990, S. 53). Die ersten drei Lebensjahre des Kindes bezeichnet Montessori als „psychoembryonale" Phase. In dieser sehr schöpferischen, formativen Periode dominiert die biologische Anpassung des Kindes an seine Umwelt mithilfe des „absorbierenden Geistes". Die für die erste Phase charakteristische Geistesform baut die kindliche Psyche, seine Persönlichkeit sowie die Intelligenzstrukturen auf. Kennzeichen der ersten Lebensjahre sind spezifische Empfänglichkeiten für:

- Bewegung
  - Entwicklung des Gleichgewichts
  - Entwicklung des Laufens
  - Entwicklung der Handgeschicklichkeit
- Ordnung
  - Überschaubare, fest geordnete Umgebung als Anreiz zum Handeln
  - Ordnung als Orientierung im Chaos angehäufter Bildeindrücke durch die Tätigkeit des absorbierenden Geistes
  - Fähigkeit, Beziehungen herzustellen
- Sprache
  - Erlernen der Muttersprache
  - Sensibilisierung des Gehörsinns.

Die kindliche Entwicklung ist in dieser Zeit nicht direkt beeinflussbar. Sie befindet sich in einem unbewussten Stadium des „Absorbierens" und folgt den Gesetzmäßigkeiten ihres eigenen „Bauplans" (Montessori 2000, S. 45).

Zweite Unterphase (3–6 Jahre)

In dieser Phase findet der Übergang von der unbewussten zur bewussten Aneignung der Umwelt statt. Zwar herrschen auch hier immer noch die Kräfte des absorbierenden Geistes vor, doch beginnt das Kind jetzt beeinflussbar zu werden. Diese als Periode „aufbauender Vervollkommnung" beschriebene Phase ist eine Zeit der Realisierung und Perfektion bereits entwickelter Fähigkeiten. Wurden Umwelteinflüsse bisher hauptsächlich absorbiert, werden sie nun analysiert. Die zweite Unterphase zeichnet sich durch zwei Neigungen aus:

- Entwicklung des Bewusstseins: Das Kind baut sein Bewusstsein auf, indem es sich nun aktiv mit seiner Umwelt auseinander setzt
- Vervollkommnung bereits erworbener Fähigkeiten: Das Kind möchte bereits gemachte Errungenschaften in Bezug auf die Sinnesentwicklung vervollkommnen. Dies äußert sich beispielsweise im selbständigen Hantieren mit Gegenständen, der Weiterentwicklung der Sprache oder der Schulung der Sinne.

Den Verlauf der Entwicklung bestimmen die Empfänglichkeitsperioden (Montessori 1980, S. 60) oder sogenannten sensiblen Phasen, in denen eine erhöhte Aufnahme- und Lernbereitschaft besteht. Sie „[...] dienen dazu, dem Wesen die Erwerbung einer bestimmten Fähigkeit zu ermöglichen. Sobald dies geschehen ist, klingt die betreffende Empfänglichkeit wieder ab" (ebd., S. 61). Montessori versteht also unter sensibler Periode die Fähigkeit des Kindes, all seine psychischen Energien auf einen bestimmten Entwicklungsbereich zu konzentrieren.

Vergleichbar ist das mit einem Lichtstrahl, der von der Seele des Kindes ausgeht, nur bestimmte Dinge erhellt und andere im Dunkeln lässt. Die Konzentration, die es in der Polarisation der Aufmerksamkeit entwickelt, bewirkt eine „Normalisation" des kindlichen Verhaltens und ist ein wichtiges Erziehungselement Montessoris. Die Anregungsvielfalt bestimmt die Aneignungsprozesse der einzelnen Entwicklungsphasen. Ist eine Phase abgeklungen, kann die jeweilige Fähigkeit nur noch mit Mühe erworben werden (vgl. Hebenstreit 1999, S. 133).

Kindliches Lernen

Jedes Kind verfügt nach Montessori über einen inneren Bauplan, der bereits mit der Geburt festgelegt ist und die Entwicklung sowie die Entfaltung der kindlichen Potentiale steuert. Das Wirken der oben beschriebenen sensiblen Phasen regt einen Lernprozess an, an dem die Sensibilitäten ebenso beteiligt sind wie die Erfahrungen mit der Umwelt. Kindliches Lernen vollzieht sich demnach durch Austauschprozesse zwischen Kind und Umwelt im Verlauf der Polarisation der Aufmerksamkeit.

In den ersten Jahren nimmt das Kind seine Umgebung ganzheitlich und unreflektiert auf. Lernprozesse laufen über die Kraft des absorbierenden Geistes ab (vgl. Ludwig 1997, S. 34). Durch seine aktive Auseinandersetzung mit der Umwelt, ab dem dritten Lebensjahr, ändert sich die Geisteshaltung und damit das Lernverhalten des Kindes. Es entwickelt sich „vom unbewussten Schöpfer zum bewussten Arbeiter" (Montessori 2000, S. 148), der sich seine Umwelt eigentätig aneignet. Voraussetzung für die Entwicklung eines gesunden Lernverhaltens ist also die Abstimmung der Umweltimpulse auf die jeweilige sensible Phase. Zu diesem Zweck schuf Montessori ihre Sinnes- bzw. Entwicklungsmaterialien sowie die entsprechend vorbereitete Umgebung (vgl. Holtstiege 1994, S. 84).

2.1.4   Die Erziehungspraxis der Montessori-Pädagogik

„Hilf mir, es selbst zu tun" – diese Bitte eines Kindes an Maria Montessori gerichtet, wurde zum Leitprinzip ihres Erziehungskonzeptes. „Das bewusste Streben des Kindes geht dahin, sich durch die Loslösung vom Erwachsenen und durch Selbständigkeit zur freien Persönlichkeit zu entwickeln. Unsere Erziehung trägt diesem Streben des Kindes Rechnung; und unser Bemühen ist es, dem Kind zu helfen, selbständig zu werden" (Montessori 1992, S. 142).

Diese Hilfe zur Selbsthilfe bildet das grundlegende Kriterium in der Montessori-Pädagogik. Sie symbolisiert Ziel und Richtung einer Methode, in der die Selbständigkeit des Kindes sowie dessen eigenständige Persönlichkeit in den Mittelpunkt gestellt werden. Jedem Kind soll die Möglichkeit gegeben werden, sich nach seinem eigenen Rhythmus zu entwickeln. Aufgrund seiner anthropologischen Entwicklungsvoraussetzungen braucht der junge Mensch hierzu ein geeignetes soziales Umfeld, das ihm einen Handlungsrahmen bietet, in dem er seine Persönlichkeit entfalten kann. Um diesem Bedürfnis zu entsprechen, entwickelte Montessori Materialien, Rahmenbedingungen und pädagogische Prinzipien, die, abgestimmt auf die sensiblen Phasen, ein konzentriertes Arbeiten möglich machen (vgl. Wilder/Esser 1989, S. 65).

Das Erziehungsverständnis

„Das Kind ist nicht ein leeres Gefäß, das wir mit Wissen aufgefüllt haben und das uns alles verdankt. Nein, das Kind ist Baumeister des Menschen und es gibt niemanden, der nicht von dem Kind, das er selbst war, gebildet wurde" (Montessori 2000, S. 138).

Maria Montessori begreift das Kind nicht als passives Objekt äußerer Entwicklungsprozesse, sondern als Wesen, das gefordert ist, sich selbst von innen heraus aufzubauen und den Weg seiner Entwicklung selbst zu bestimmen. In der Montessori-Praxis wird Erziehung demnach als „Hilfe zur Menschwerdung" verstanden, sie soll die Selbstentwicklung des Kindes unterstützen (vgl. Hebenstreit 1999, S. 65).

Grundlage dieses Erziehungsverständnisses ist Montessoris Bild vom Kind als „Schöpfer und Erbauer". Demnach hat jeder Mensch von Geburt an eine Kraft in sich, die ihn befähigt, seine Persönlichkeit zunehmend zu vervollkommnen und den richtigen Entwicklungsschritt zur richtigen Zeit zu tun. Priorität in diesem Entwicklungsprozess hat der innere Bauplan des Kindes, der vom Erzieher erkannt und zum Schutz der jungen Seele respektiert werden muss (vgl. Montessori 2000, S. 148 ff.).

Pädagogische Grundprinzipien

Eine „vorbereitete Umgebung", ein wissenschaftlich konzipiertes „Entwicklungsmaterial" sowie eine „Erzieherpersönlichkeit", die sich durch respektvolle Achtung vor der Würde des Kindes auszeichnet, bilden die Grundlage für die Praxis der Montessori-Pädagogik. Diese Rahmenbedingungen geben dem Kind die Möglichkeit, sich seinen Interessen und Bedürfnissen entsprechend zu entwickeln.

Die vorbereitete Umgebung

Inspiriert durch die Polarisation der Aufmerksamkeit, die Montessori als Phänomen während ihrer Arbeit im Kinderhaus kennen lernte, machte sie die vorbereitete Umgebung zu einem entscheidenden Prinzip ihrer Pädagogik. Sie versuchte, die Bedingungen im Kinderhaus so zu gestalten, dass sich die Kinder jederzeit in dieser Weise entfalten konnten. Voraussetzung hierfür war eine Umgebung mit Aufforderungscharakter und Möglichkeiten zur Selbständigkeit und freien Wahl (vgl. Helming 1992, S. 28).

„Die Gestaltungselemente der vorbereiteten Umwelt müssen so beschaffen sein, dass sie die aufeinanderfolgenden Neigungen des Heranwachsenden, seinem jeweiligen Entwicklungsstand entsprechend, ansprechen, herausfordern und einen weiterführenden Entwicklungsprozess bewirken" (Holtstiege 1994, S. 130).

Montessori begann also, die Gestaltung der Räumlichkeiten sowie das didaktische Materialangebot auf die jeweiligen Interessen und Entwicklungsphasen der Kinder abzustimmen. Demnach ist die vorbereitete Umgebung keine natürliche Umgebung, sondern eine speziell für die kindlichen Bedürfnisse geschaffene Umgebung. Hier kann das Kind exemplarische Erfahrungen machen, die sich später auf andere Lebensbereiche übertragen lassen.

Deutlich erkennbare Ordnungs- und Strukturelemente geben den Kindern Sicherheit und Orientierung. Dies wird durch eine Atmosphäre des Vertrauens unterstützt, in der sie sich angenommen und respektiert fühlen. Nur dann entwickeln die Kinder jene innere Freude, die sie in ihrer Entwicklung weiterstreben lassen (vgl. Esser / Wilde 1989, S. 45 f.).

Das Montessori-Material

Montessori war der Ansicht, dass Kinder in einer veränderten Gesellschaft besondere Hilfen, einen sogenannten Schlüssel zu Welt benötigen, um „Normalisation" zu erfahren. Unter Normalisation versteht sie die gesamte geistige, körperliche und seelische Entwicklung des Kindes sowie einen Prozess des geistigen „Sich-ordnens".

Ihre Entwicklungsmaterialien sind ein Hilfsmittel, dem Kind zu dieser inneren Ordnung zu verhelfen. Sie stellen selbst ein Ordnungsgefüge dar, durch das es Zusammenhänge erkennen und vom Greifen zum „Be-greifen" kommen kann (vgl. Seitz / Hallwachs 2000, S. 63). Die Pädagogin unterscheidet zwischen folgenden Materialbereichen:
- Material zu den Übungen des praktischen Lebens
- Sinnesmaterial
- Mathematikmaterial
- Sprachmaterial
- Material zur kosmischen Erziehung.

Montessori entwickelte ihre Materialien auf der Grundlage der Arbeiten Itards und Séguins in ihrer pädagogischen Praxis weiter. Sie fördern durch manuelle Tätigkeit, Wiederholung und Sinneserfahrung die geistige Entwicklung von Vorschulkindern im Kinderhaus.

- Die Übungen des praktischen Lebens, z. B. Übungen zur Pflege der eigenen Person oder zur Kontrolle der Bewegungen, dienen der Ausdauer, Konzentration, Bewegungskoordination und Selbständigkeit. Sie helfen dem Kind, sich handelnd in seine soziale und materiale Umwelt einzufügen. Die für diese Übungen benötigten Materialien (z. B. Besen, Eimer, Gießkanne) sind dabei der Größe des Kindes angepasst und haben in ihrer Beschaffenheit Aufforderungscharakter (vgl. ebd., S. 68)

- Die Sinnesmaterialien bieten dem Kind konkrete Möglichkeiten, eine genauere, geordnetere und bewusstere Wahrnehmung zu erfahren. Sie bestehen „[...] aus einem System von Gegenständen, die nach bestimmten physikalischen Eigenschaften, wie Farbe, Form, Maße, Klang, Zustand von Rauheit, Temperatur usw., geordnet sind" (Montessori 2000, S. 114). Die Materialien haben einen unterschiedlichen Schwierigkeitsgrad und sind den sensorischen und motorischen Bedürfnissen der Kinder angepasst. Ziel ist es, den Ordnungs- und Orientierungssinn in Beziehung zur körperlichen Funktion zu setzen. Denn eine harmonisch funktionierende Motorik und Sinneswahrnehmung bilden die Grundlage für die kognitive Entwicklung (vgl. Esser/Wilde 1989, S. 56)
- Die Mathematikmaterialien dienen dem Aufbau des Zahlenverständnisses, der Einführung in das Dezimalsystem sowie dem Erlernen der Grundrechenarten. Durch sinnlich erfassbare Materialien, wie die „Goldenen Perlen" oder das „Wurzelbrett", sind die Regeln und Gesetzmäßigkeiten der Mathematik so anschaulich nachvollziehbar, „[...] dass die Schwierigkeiten be-greifbar gemacht werden und sich der ‚mathematische Geist des Kindes' entwickeln kann" (Seitz/Hallwachs 2000, S. 75)
- Die Sprachmaterialien bieten eine systematische Einführung in das Wesen der Sprache. Sandpapier oder Setzkästen dienen hier beispielsweise dem Erlernen von Lesen und Schreiben der Muttersprachen (vgl. ebd., S. 77)
- Die Materialien zur kosmischen Erziehung vermitteln „[...] dem Kind eine Vorstellung von dem Zusammenspiel der Teile der Natur und des Menschen. Die Achtung vor und Verantwortung für die Natur sind die wichtigsten Ziele" (vgl. Esser/Wilde 1989, S. 113).

Alle Materialien dienen der Förderung phasenspezifischer Sensibilitäten und sind der fortschreitenden Intelligenzentwicklung des Kindes angepasst, d. h. sie führen vom Leichten zum Schweren, vom Konkreten zum Abstrakten. Gemeinsam sind ihnen ein hoher Aufforderungscharakter sowie die Möglichkeit zur selbständigen Fehlerkontrolle. Eingebettet in die vorbereitete Umgebung unterstützen sie in der konzentrierten Auseinandersetzung mit selbstgewählten Aufgaben den kindlichen Selbsterfahrungsprozess. Dieser eigenaktive Umgang mit den Materialien regt den Aufbau des absorbierenden Geistes und damit die kognitive Entwicklung an. Das System der Montessori-Sinnesmaterialien zeichnet sich durch folgende Eigenschaften aus:

- Isolierung der Eigenschaften
- Isolierung eines Sinnes
- Materialbegrenzung
- Aufforderung zur Wiederholung (vgl. Ludwig 1997, S. 68).

In der Alltagspraxis unterliegt der Umgang mit den Materialien hinsichtlich seiner Darbietung und Handhabung festen Regeln, die für eine ruhige, harmonische Arbeitsatmosphäre sorgen:
- Jedes Material hat seinen festen Platz
- Jedes Material ist nur einmal im Gruppenraum vorhanden. Die Kinder lernen auf diese Weise, sich abzustimmen und zu warten
- Eine Übung ist erst dann abgeschlossen, wenn das Material zurück an seinen Platz gebracht wurde
- Das Material muss sorgsam behandelt werden (vgl. Seitz/Hallwachs 2000, S. 51).

Montessori entwickelte in der praktischen Anwendung ihres Konzeptes eine Technik zur Darbietung und Einführung der Materialien, die als „Technik der Lektionen" bezeichnet wird. Diese Methode gliedert sich in zwei Lektionen, die „Periode der Einführung" und die „Periode der Lektionen". Die erste Phase dient der Einführung in den Umgang mit dem Material. Beim Kind soll zunächst einmal Interesse für eine bestimmte Übung und Aufmerksamkeit auf den Lerninhalt geweckt werden (vgl. Montessori 1999, S. 50). In der zweiten Periode wird das Kind in den Umgang mit dem Material und den Ablauf der Übung eingeführt. Gleichzeitung wird nun eine Beziehung zwischen Gegenstand und Wahrnehmung hergestellt, indem diese mit wenigen Worten benannt wird (vgl. ebd., S. 54).

Daraufhin empfiehlt Montessori Séguins so genannte „Lektion der drei Zeiten" (ebd.). Nachdem die Erzieherin auf der ersten Stufe den konkreten Gegenstand gezeigt und bezeichnet hat, nennt sie auf der zweiten Stufe lediglich den Namen des Materials, worauf das Kind ihn auswählt. In der dritten Stufe fragt die Erzieherin nach dem Namen und das Kind nennt ihn. Durch die Verbindung von Handlung und Sprache bekommt das Material seine eigene Sprache. Die Methode fördert den aktiven Wortschatz des Kindes und ermöglicht ihm ein autodidaktisches Lernen (vgl. ebd., S. 57).

Die Rolle der Erzieherin

Von der Entwicklung des Kindes her betrachtet, umfasst der Elementarbereich jene Phase, in der das zuvor vom Kind absorbierend aufgenommene Erfahrungsmaterial nun der Auf- und Durcharbeitung zugänglich wird. Es beginnt eine Periode der Analyse und Vervollkommnung bereits gemachter Erfahrungen, insbesondere im Bereich von Bewegung, Ordnung und Sprache. Das Kind vollzieht den schon beschriebenen Übergang vom „unbewussten Schöpfer zum bewussten Arbeiter" (Montessori 2000, S. 148).

Dieser Sichtweise vom jungen Menschen und seiner Entwicklung, setzt Montessori ein verändertes Verständnis von der Beziehung zwischen Kind und Erwachsenem voraus. Als entscheidendes Bindeglied zwischen der kindlichen Seele und seiner Umwelt sollte die Erzieherin in besonderer Form auf den jungen Menschen einwirken. Ihre liebevolle Grundhaltung ist einerseits Ausdruck der Achtung vor der Tätigkeit und Würde des Kindes, andererseits Voraussetzung für den Aufbau eines ungetrübten Erziehungsverhältnisses zwischen beiden. Maria Montessori stellte hierzu zwölf Gebote für Erzieher junger Kinder im Kinderhaus auf.

12 GEBOTE FÜR ERZIEHER JUNGER KINDER IM KINDERHAUS

„1. Die Lehrer haben zunächst eine Pflicht materieller Ordnung, minuziös die Umgebung zu pflegen, so dass sie sich sauber, glänzend, geordnet darstellt; [...].

2. Der Lehrer muss den Gebrauch der Dinge lehren, ausführend zeigen, wie sich die Übungen des praktischen Lebens vollziehen; [...].

3. Der Lehrer ist ‚aktiv', wenn er das Kind mit der Umgebung in Beziehung bringt: Er ist passiv, wenn diese Beziehung erfolgt ist.

4. Er muss die Kinder beobachten, damit ihre Kraft sich nicht vergebens verflüchtigt, wenn eines verborgene Gegenstände sucht oder eines Hilfe braucht.

5. Er muss herbeieilen, wohin er gerufen wird.

6. Er muss zuhören und antworten, wenn er dazu gebeten wird.

7. Er muss das Kind, das arbeitet, respektieren, ohne es zu unterbrechen.

8. Er muss das Kind, das Fehler macht, respektieren, ohne es zu korrigieren.

9. Er muss das Kind respektieren, das sich ausruht [...].

10. Er muss unermüdlich versuchen, demjenigen Kind Gegenstände anzubieten, das es schon einmal abgelehnt hat.

11. Der Lehrer muss seine Gegenwart das Kind spüren lassen, das sucht; sich verbergen dem, das gefunden hat.

12. Der Lehrer erscheint dem Kind, das seine Arbeit vollendet und frei seine eigene Kraft erschöpft hat, und bietet ihm schweigend seine Seele an wie einen geistigen Gegenstand" (Montessori 1979, S. 28 f.).

Daraus lässt sich eine allgemeine Umschreibung der Bedeutung und Stellung der Erzieherin ableiten. Sah sie sich bisher als Schöpferin des Kindes, das sich seiner Umwelt anzupassen hat, sieht Montessori sie nun als „Dienerin" des Kindes, die ihm Beistand leistet und Hilfen gibt. Im Mittelpunkt steht dabei die Freiheit und Geistigkeit des jungen Menschen, die sich in seinen spontanen Aktivitäten ausdrückt. In der Alltagspraxis bedarf es dabei einer Lenkung, damit das Kind sich die entsprechenden Fähigkeiten durch Eigeninitiative erwerben kann. Diese Lenkung sollte indirekt, auf zweifache Weise geschehen: einerseits durch die Bereitstellung der vorbereiteten Umgebung, andererseits durch die sorgfältige Organisation der kindlichen Arbeit, die Voraussetzung für seine Fähigkeit zur „freien Arbeit" ist (vgl. Holtstiege 1997, S. 147).

Montessori stellt die Beziehung zwischen Kind und Erzieherin als eine Verbindung von Distanz und Zuwendung dar. Sie beschreibt den neuen Erzieherinnentypus als eine Persönlichkeit, die den kindlichen Aktivitäten Freiraum gibt, indem sie ihnen passiv und zurückhaltend gegenübersteht, jedoch Respekt vor der Tätigkeit zeigt, indem sie eine würdigende Haltung einnimmt (vgl. ebd., S. 149). Um für jedes Kind die individuell optimale Lernatmosphäre schaffen zu können, sollte die Erzieherin umfassende Kenntnisse über seine Entwicklungsphasen und seine sensiblen Perioden besitzen. Es gilt, die „Zyklen der Aktivität" (Montessori 2000, S. 251) des Kindes zu erkennen und ihm die Möglichkeit zu geben, sich konzentriert auf eine Aufgabe einzulassen.

Dieses behutsame Begleiten des jungen Menschen setzt allgemein drei Eigenschaften der Erzieherin voraus:
• Geduld, um der kindlichen Entwicklung Raum zu geben
• Achtung vor der Persönlichkeit des Kindes
• Liebe als Basis der Erziehung (vgl. Esser / Wilde 1989, S. 121).

Methodisch-didaktische Grundprinzipien

Die freie Wahl

Die Freiheit des Kindes stellt ein grundlegendes Prinzip der Montessori-Praxis dar. Die freie Wahl der Arbeit gibt den Kindern die Möglichkeit, ihren sensiblen Phasen zu folgen, ihre Interessen, Bedürfnisse und Stärken auszuleben sowie ihren eigenen Rhythmus zu finden. Dabei stoßen sie jedoch durch die Ordnung des Raumes, das Material selbst oder das Gemeinschaftsinteresse an Grenzen ihrer Freiheit, die akzeptiert werden müssen. Aus dieser Entscheidungsfreiheit innerhalb einer vorbereiteten Umgebung entsteht Zufriedenheit, Ordnung, Disziplin und das Gefühl, in der Gruppe angenommen zu sein (vgl. Ludwig 1997, S. 41).

Die Stille

Die Stille gehört nach Montessoris Überzeugung zum menschlichen Dasein. Dieses Prinzip ergibt sich aus der freien Wahl der Arbeit. Während die Kinder ihrer Tätigkeit nachgehen, entsteht durch die hingebungsvolle Konzentration eine Stille, die zu einem echten, freien Gestalten sowie zur Ablösung vom ziellosen, lärmenden Sich-bewegen führt. „Übungen der Stille" sollen dem Kind helfen, seine Aufmerksamkeit auf Dinge zu richten, die im alltäglichen Gruppengeschehen unbeachtet bleiben. Ziel ist die bewusste Wahrnehmung der Umgebungsgeräusche sowie die Schulung des Körperbewusstseins (vgl. Montessori 1981, S. 172 ff.).

Die Wiederholung

Die Bedeutung der Wiederholung entdeckte Montessori, als sie im Kinderhaus erstmals mit der Polarisation der Aufmerksamkeit konfrontiert wurde. Wird Kindern Ruhe und Zeit gewährt, so besitzen sie die Fähigkeit, eine tiefe innere Bindung zu einem Gegenstand aufzubauen. Die Wiederholung ermöglicht ihnen das tiefe Eindringen und Verweilen bei dieser Tätigkeit auf freiwilliger Basis. So wird eine „normalisierende Wirkung" erreicht, die das Kind gelöster und ausgeglichener erscheinen lässt (vgl. Ludwig 1997, S. 65).

2.1.5 „Wir wollen die Kinder zur größtmöglichen Selbständigkeit erziehen und ihnen nicht alles abnehmen": das Praxisbeispiel des Montessori-Kindergartens in Mettmann

Kindergärten, die nach der Montessori-Pädagogik arbeiten, nennen sich normalerweise „Kinderhaus". In Mettmann ist das anders. Der 1988 von Eltern gegründete Montessori-Kindergarten heißt „Kindergarten", weil es zum Zeitpunkt seiner Gründung in der nordrhein-westfälischen Kreisstadt bereits ein Montessori-Kinderhaus gab. Der Name Kinderhaus oder Haus für Kinder würde die inhaltliche und konzeptionelle Arbeit der Erzieherinnen treffender widerspiegeln. Deshalb haben die Kolleginnen lange überlegt, ob sie eine Umbenennung ihres Kindergartens in Kinderhaus vorschlagen sollen. Aber nach über 20-jährigem Bestehen hat sich der Name

„Montessori-Kindergarten" etabliert. Selbst über die Stadtgrenzen hinaus weiß jeder sofort, welche Einrichtung gemeint ist.

Das Interview wurde mit Anja Kirchner-Kups, der Leiterin der Einrichtung, geführt.

Der Montessori-Kindergarten wird von einer Elterninitiative getragen. Welche Möglichkeiten der Mitsprache haben die Eltern?

Wir arbeiten fast ausschließlich in Projektform. Wenn wir beispielsweise merken, dass ein Thema die Kinder besonders interessiert, greifen wir es auf und entwickeln dazu mit ihnen ein Projekt. Diese Projekte stellen wir den Eltern regelmäßig in der Kinderratssitzung vor. Dadurch entsteht Transparenz: Die Eltern wissen immer, was wir gerade mit den Kindern machen bzw. demnächst mit ihnen tun wollen. In den Kinderratssitzungen beziehen wir die Eltern aber auch in die Planung ein. Dabei bringen sie häufig eigene Perspektiven, Beobachtungen und Vorschläge ein, weil sie durch die Diskussionen intensiver erfahren, was ihre Kinder beschäftigt. Sie bereichern die Diskussion. Wir achten darauf, ob sich die Vorschläge eher für die ganze Gruppe oder eher für eine Kleingruppe eignen. Unsere Rückmeldungen und Einschätzungen geben den Eltern zusätzlich das Gefühl, wirklich in die Arbeit einbezogen zu sein. Und das wollen wir. Außerdem bieten wir themenorientierte Elternabende an, zu denen wir Referenten einladen.

Wie oft finden die Elternabende statt?

Relativ häufig: Es gibt pro Halbjahr zwei reguläre Elternabende je Gruppe und in der Regel zwei themenbezogene Abende. Dazu kommt die Vorstellung der einzelnen Projekte. Hier erklären wir den Eltern, wie wir ein Projekt aufbauen wollen und wovon die Projektentwicklung abhängig ist. Wenn man diese Termine zusammenrechnet, sind es recht viele. Ohne unsere Feste komme ich auf mindestens neun Abendtermine.

Die meisten Einrichtungen klagen über ein mangelndes Interesse von Seiten der Eltern. Wie ist das in Ihrer Einrichtung?

Das ist unterschiedlich. Bei den themenbezogenen Elternabenden kommt es darauf an, ob die Eltern sich für das Thema interessieren. Wenn es um Belange geht, die die Einrichtung als Ganzes betreffen, kommen ca. 80 Prozent der Eltern. Aber auch für die themenbezogenen Elternabende gilt: Wenn pro Gruppe weniger als 50 Prozent der Eltern kommen, kappen wir den Abend. Unsere Stunden, unser Arbeitseinsatz rechnet sich dann einfach nicht. Das geschieht aber selten.

Was ist das Besondere an der Montessori-Arbeit?

Das wichtigste Schlagwort der Montessori-Pädagogik heißt: „Hilf mir, es selbst zu tun", und das ist auch unser Motto. Wir wollen die Kinder zur größtmöglichen Selbständigkeit erziehen und ihnen nicht alles abnehmen. Wir wollen ihnen beibringen, Dinge selbst zu erledigen, z. B. sich anzuziehen oder den Tisch abzuwischen. Das Erlernen von lebenspraktischen Dingen steht bei uns im Vordergrund.

■ Rahmen mit verschiedenen Verschlüssen

■ Montessori-Material

Zweitens ist die Beobachtung in der Freispielarbeit sehr wichtig. Wo steht das Kind, woran hat es gerade Interesse? Das sind für uns die relevanten Fragen. Wir versuchen, die Interessen der Kinder durch Beobachtung herauszufinden und diese Interessen gezielt zu fördern. Dabei hilft uns in der praktischen Arbeit gerade das sprachliche und mathematische Material der Montessori-Pädagogik.

Das Montessori-Material ist so aufgebaut, dass sich die einzelnen Teile aufeinander beziehen. Das Material wird in kleinen Schritten immer schwieriger. Daran, wie das Kind mit dem Material umgeht, können wir erkennen, was es schon kann und wofür es sich gerade interessiert. Wir können das Kind anhand unserer Beobachtungen „da abholen, wo es gerade steht".

Beansprucht nicht jeder pädagogische Ansatz, die Selbständigkeit und Individualität der Kinder zu fördern?

Das Besondere der Montessori-Pädagogik besteht darin, das einzelne Kind so anzunehmen, wie es ist. Dabei spielt die Einführung der Materialien und die Einzelarbeit eine entscheidende Rolle.

Beobachtungen wie, dass ein Kind vier Jahre alt ist, aber schon Dinge kann, die Sechsjährige können, helfen uns, das Kind dort abzuholen, wo es steht. Mithilfe der Materialien und der präzisen Beobachtung versuchen wir zu erfassen, wo das einzelne Kind im jeweiligen Moment unterstützt werden kann, wie es weder über- noch unterfordert wird.

Welches Menschenbild liegt der Montessori-Pädagogik zugrunde?

Ganz wichtig ist, das Kind wirklich so zu nehmen, wie es ist. Ihm mit Respekt zu begegnen, seine Individualität zu sehen und es nicht in die Bahnen zu lenken, die uns Erwachsenen gefallen. Jedes Kind ist Akteur seiner eigenen Entwicklung. Durch seine Tätigkeiten kann es sich seinen Neigungen entsprechend entfalten. Wir sehen Kinder als frei und selbständig. Wir erkennen ihre Interessen und Vorlieben, ihre selbst gewählte Entwicklung an. Aber die Freiheit des Einzelnen hört da auf, wo sie die des anderen stört. Es gibt klare Grenzen, die eingehalten werden müssen, damit jeder das tun kann, was er tun möchte, und zugleich das Miteinander funktioniert.

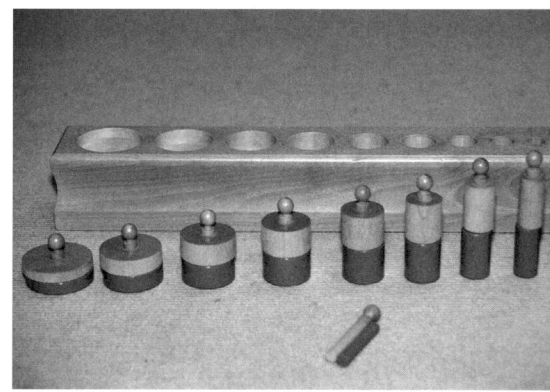

■ Einsatzzylinder

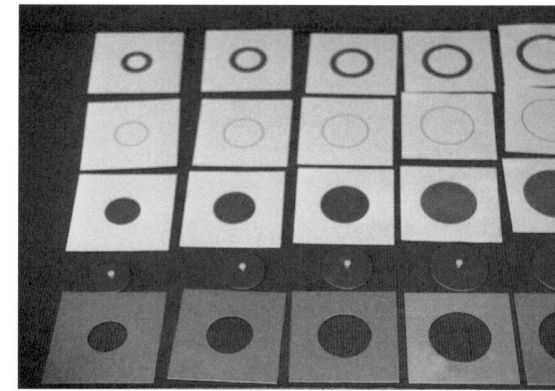

■ Geometrisches Material

Wie sieht dabei die Rolle der Erzieherin aus?

Wir sehen uns als Beobachterinnen, Helferinnen und wenn nötig als Initiatorinnen — letzteres aber nur im äußersten Notfall. In erster Linie ist es unsere Aufgabe, die Kinder zu beobachten. Sobald ein Kind Kontakt mit dem Material geknüpft hat und beginnt, eine Arbeit selbständig in Angriff zu nehmen, ziehen wir uns zurück.

Benötigt eine Montessori-Erzieherin eine spezielle Ausbildung?
Ja, sie ist sogar sehr wichtig. In erster Linie geht es dabei um das Erlernen einer bestimmten Haltung. Diese wird in speziellen Kursen erworben, bei der Arbeit mit den Materialien. Wir lernen dort, selbst genau mit den Materialien umzugehen. Später zeigt eine Erzieherin dann einem Kind, wie es ein Material handhaben, was es damit machen kann und wie es das Material anschließend selbst wieder an seinen Platz räumt.

In der Montessori-Ausbildung erfahren wir auch, wie man nicht über das Sprechen, sondern über das Zeigen etwas vermittelt, damit das Augenmerk des Kindes wirklich auf die Arbeit gelenkt wird und nicht auf die Erzieherin. Wir lernen das Zeigen, das Zurückziehen und Zurücknehmen und nicht nur alles immer verbal zu regeln. Vielleicht kann man eine solche Haltung auch anders erwerben, aber ich habe das in der Montessori-Ausbildung sehr deutlich erfahren.

Neben der Rolle der Erzieherin und den Materialien gehört die Raumgestaltung zu den Kernelementen der Montessori-Pädagogik. Was ist das Besondere daran?
Alles ist sehr übersichtlich, klar und strukturiert. Dadurch entsteht sofort Ordnung. Diese Ordnung überträgt sich nicht nur auf die Kinder, sondern dadurch kommen auch die Ästhetik und der Aufforderungscharakter der Materialien zum Tragen. Die Räume strahlen sofort etwas sehr Schönes und Ansprechendes aus, sie öffnen einem das Herz. Die Kinder wollen sich die Materialien ansehen und damit arbeiten. Das funktioniert ohne viele Worte und – wie so oft bei Montessori – über das Schauen. Die Räume wirken vor allem durch das Material. Die Materialien liegen immer in Regalen, niemals in Schränken, und sie haben einen festen Platz. Die Kinder wissen deshalb genau, wo sie etwas finden können und wo sie es später wieder hinräumen müssen. Das ist das Besondere an der Montessori-Pädagogik. Die Kinder müssen nichts suchen. Für sie ist alles klar und übersichtlich – einfach schön.

■ Materialschrank

Brauchen Kinder immer eine strukturierte Umgebung?

Ja, Kinder brauchen eine klare, übersichtliche Lernumgebung. Erst wenn sie bereits sehr gefestigt sind und gelernt haben, konzentriert zu arbeiten, lassen sie sich nicht mehr so schnell ablenken, wenn die Lernumgebung einmal nicht optimal gestaltet ist. Die Struktur hilft ihnen aber in jedem Fall, sich zu orientieren, das zu finden, wofür sie sich gerade interessieren und was ihnen in ihrer Entwicklung hilft.

In der Montessori-Pädagogik spielt die Bewegung eine große Rolle. Allein deshalb dürfen die Räume nicht zugestellt sein. Die Kinder brauchen Platz, um die Materialien zu holen, in Ruhe mit ihnen zu arbeiten und sie alleine wieder wegzubringen. Mit vielen Materialien wird auf dem Teppich gearbeitet.

■ Geometrische Körper

Auch für das Erledigen von Aufträgen brauchen die Kinder Platz. Wenn es so beengt ist, dass die Kinder keine Chance haben, sich die Materialien an einen Platz zu holen, ohne irgendwo anzustoßen, wird kein positiver Lerneffekt erreicht. Wir wollen, dass die Kinder sensibel werden, dass sie auf die Materialien Acht geben, sich auf ihre Tätigkeit konzentrieren. Das können wir nur erreichen, wenn sie selbständig ihre Dinge erledigen können, wenn sie nicht überall anstoßen oder ständig irgendwo drauf steigen müssen, um an die notwendigen Materialien zu kommen.

Was machen Sie, wenn Sie nicht genügend Platz für die Materialien zur Verfügung haben?

Hierfür gibt es keine einfache und verallgemeinerbare Lösung. Wir haben das Problem in der Weise gelöst, dass wir zwar die meisten, aber nicht alle Materialien in jeder Gruppe haben. Manche Dinge tauschen wir von Zeit zu Zeit. Dies ist eigentlich eine Verletzung der Regel, da das Material immer sichtbar sein soll. Wir haben uns für diese Lösung entschieden, weil wir eine kleine und überschaubare Einrichtung sind. Die Kinder wissen, dass sie bestimmte Sachen in der anderen Gruppe finden. Zudem haben wir Podeste, die Platz schaffen, und alle Materialien aus dem Rollenspiel- und dem Baubereich, also die Dinge, die zu einem lauteren Spiel einladen, finden sich im Nebenraum. So können die Kinder im Hauptraum wirklich in Ruhe arbeiten. Wenn sie das im Laufe der Zeit gelernt haben und,auch mit den Sachen spielen, die sie interessieren, können sie auch einmal im Getümmel lernen. Sie können sich dann wirklich auf ihre Dinge konzentrieren. Aber zu Beginn ist in jedem Fall ein ruhiges Umfeld notwendig. Und wir haben klare Regeln, z. B. dass keiner schreit. Es wird gelauscht.

Welche Kommunikationsstrukturen haben Sie entwickelt, um Ihre Ziele zu erreichen?

Wir machen zweimal täglich einen Gesprächskreis. Der erste findet morgens statt, wenn alle Kinder und Erzieherinnen da sind. Wir beginnen damit zu schauen, wer da ist, ob z. B. die Freundin oder der Freund gekommen ist, und überlegen dann, was jedes Kind an diesem Vormittag machen will. Mittags, beim zweiten Gesprächskreis, besprechen wir mit den Kindern die Ereignisse des Vormittags.

Zweimal in der Woche haben wir eine Zusammenkunft des gesamten Teams und einmal in der Woche eine gruppeninterne Besprechung. Mit den Eltern sprechen wir häufig aus spontanen Anlässen heraus. Einmal im Monat bieten wir ihnen ein Eltern-Café an, zu dem ein bis zwei Kolleginnen und ein Mitglied des Elternrats kommen. Hier kann alles, was an Wünschen und Kritik von Seiten der Eltern kommt, in Ruhe besprochen werden. Wir wollen einen intensiven Austausch mit den Eltern, damit sich keine Unzufriedenheit aufbaut. Wir haben die Erfahrung gemacht, dass auch für die Erzieherinnen neue Freiräume entstehen, wenn wir Zeit für die Belange der Eltern haben und ihnen zuhören. Deshalb steht immer jemand von uns als Gesprächspartnerin bereit, auch wenn der konkrete Vorfall sie nicht selbst betrifft.

Was steht bei den Gesprächen mit Ihren Kolleginnen im Vordergrund?
Es gibt zwei verschiedene Arten von Besprechungen: Bei der einen geht es lediglich um die Wochenplanung und um Terminabsprachen, bei der anderen um die Projektplanung und die Beobachtung der Kinder. Wir tauschen uns regelmäßig darüber aus, wie wir die Kinder sehen, wie wir ihre momentane Situation einschätzen und wo wir das Gefühl haben, ein einzelnes Kind genauer beobachten zu müssen. Manchmal wechseln wir auch die Gruppen. Dadurch haben wir mehr Möglichkeiten, die Kinder zu beobachten, das Kinderbild wird umfassender.

Wonach wählen Sie Ihre Fortbildungen aus?

Wir haben uns die Bereiche ein wenig aufgeteilt. Zwei Kolleginnen sind für Sport zuständig und nehmen an den entsprechenden Fortbildungen teil, das reicht z. B. bis zur Psychomotorik. Kurse in Montessori-Pädagogik werden eher von denjenigen besucht, die das Montessori-Diplom noch nicht haben. Ich nehme vor allem an Fortbildungen zu den Themen verhaltensauffällige Kinder und Sprachschwierigkeiten teil, da ich aus diesem Bereich komme. Aber keiner besucht die Fortbildung für sich allein, sondern.stellt die wichtigsten Ergebnisse, neuen Bücher und Materialien anschließend im Team vor. Zudem haben wir vor eineinhalb Jahren unsere Arbeit – konzeptionell und inhaltlich – mithilfe einer Supervision weiterentwickelt.

Wie sind Sie zur Montessori-Pädagogik gekommen?
Ich habe mir den Kindergarten meiner Tochter angesehen und war sehr beeindruckt, wie konzentriert Kinder arbeiten können, und das alles in einer vernünftigen Lautstärke.

Würden Sie sich wieder für diese Arbeitsweise entscheiden?
Ja, jederzeit.

MONTESSORI-KINDERGARTEN METTMANN E. V.

Teichstraße 6
40822 Mettmann
Tel.: 0 21 04 – 7 62 70
Fax: 0 21 04 – 83 29 78
Leitung: Anja Kirchner-Kups
Trägerschaft: Elterninitiative
Art der Gruppen: Kindergartengruppen mit Tagesstättenplätzen
Anzahl der Gruppen: 2
Alter der Kinder: 3–6
Anzahl der Kinder: 50

LITERATUR ZUM WEITERLESEN

Montessori, Maria (2005): Kinder sind anders. Freiburg: Herder
Hammerer, Franz (2004): Montessori-Pädagogik heute. Grundlagen – Innenansichten – Diskussionen. Wien: Volk & Wissen
Hedderich, Ingeborg (2005): Einführung in die Montessori-Pädagogik. Theoretische Grundlagen und praktische Anwendung. München: Reinhardt
Pitamic, Maja (2006): Zeig mir mal, wie das geht! Spielen, lernen und fördern mit Methoden der Montessori-Pädagogik. München: Knaur

Schäfer, Claudia (2005): Lernen mit Maria Montessori im Kindergarten.
    Freiburg: Herder
Schmutzler, Hans-Joachim (2005): Einführung in die Montessori-Pädagogik.
    Familie – Kinderhaus – Schulanfang. Zelhem: Nienhuis Montessori

2.2 Rudolf Steiner und die Waldorf-Pädagogik

2.2.1 Allgemeine Betrachtung

Rudolf Steiner (1861–1925) gilt als Begründer der Anthroposophie und der damit verbundenen Waldorfpädagogik. Schon während seines Studiums setzte er sich mit zahlreichen philosophischen, theosophischen und esoterischen Fragestellungen auseinander. Sein Denken wurde vor allem durch die Theosophie, eine Geistesströmung, in der sich religiöse Lehren aus Indien, gnostische Traditionen und hellenistische Mysterienreligionen vermischen, geprägt. Später verwendete Steiner den Begriff Anthroposophie, der eine nicht jedem Menschen verständliche „Geheimwissenschaft" bezeichnet (vgl. Baumann 1986, S. 10). Seine Ideen zur sozialen Erneuerung der Gesellschaft verbreitete er in zahlreichen Vorträgen im In- und Ausland. Später setzte er diese in der Leitung der von Emil Molt gegründeten Waldorfschule um.

Zahlreiche Eltern schicken ihre Kinder heute in Waldorfkindergärten und -schulen, in denen nach den Grundsätzen Rudolf Steiners erzogen wird. Die anthroposophische Erziehung wirkt auf viele Menschen reizvoll, obwohl nur wenige differenzierte Kenntnisse über die Philosophie Steiners besitzen. Oftmals wird die anthroposophische Erziehung auf Stressfreiheit, verstärkte musische Bildung und Schonraum für das Kind reduziert (vgl. Thesing 1999, S. 215).

2.2.2 Zur Person Rudolf Steiner

Rudolf Steiner kam am 25. Februar 1861 als ältester Sohn eines Bahnbeamten in Kraljevec im heutigen Kroatien zur Welt (* er selbst bevorzugte sein Taufdatum: den 27. Februar 1861, das in der Literatur auch vielfach als Geburtsdatum genannt wird). In bescheidenen Verhältnissen wuchs er mit seinen beiden jüngeren Geschwistern auf. Nach dem Abitur nahm Steiner 1879 ein mathematisch-naturwissenschaftliches Studium an der Technischen Hochschule Wien auf. Neben Mathematik, Physik und Naturgeschichte beschäftigte er sich auch mit Philosophie und Literatur.

Nach seinem Studium arbeitete er zunächst als Hauslehrer bei der Wiener Familie Specht (1884–1890). Mit der erfolgreichen Förderung des als unbildbar geltenden Sohnes, einem Kind mit Hydrocephalie (Wasserkopf), machte Steiner erste pädagogische Erfahrungen (vgl. Winkel 1993, S. 105).

Anschließend arbeitete er als freier Schriftsteller und widmete sich der Vertiefung seiner literarischen und philosophischen Interessen. So ging er 1890 als freier wissenschaftlicher Mitarbeiter an das Goethe-Schiller-Archiv nach Weimar und arbeitete dort an der Herausgabe der „Sophienausgabe" (Hemleben 1963, S. 43), den naturwissenschaftlichen Schriften Goethes. 1891 erfolgte Steiners Promotion zum Dr. phil. in Rostock. Sechs Jahre später zog er nach Berlin, wo er als Redakteur, freier Schriftsteller, Vortragsredner und Lehrer an der Arbeiterbildungsschule Wilhelms Liebknechts arbeitete.

Nach einer Vortragsreihe in der Theosophischen Gesellschaft ernannte man ihn 1902 zum Generalsekretär der deutschen Sektion. Daraufhin begann Steiner eine umfangreiche Vortragstätigkeit im In- und Ausland. 1913 kam es nach einem Bruch mit der Theosophischen Gesellschaft zur Gründung einer selbständigen Anthroposophischen Gesellschaft. Neben der Vertiefung der Anthroposophie wurde hier besonderer Wert auf die Pflege der Kunst gelegt (vgl. Steiner 1953, S. 482).

Während des Ersten Weltkrieges verlegte Steiner das Zentrum seiner Aktivitäten in die Schweiz. In Dornach entstand das „Goetheanum", ein gewaltiger Dreikuppelbau für Vortragsveranstaltungen und Theateraufführungen der Anthroposophischen Gesellschaft. Weiterhin wurde die Hochschule für Geisteswissenschaften gegründet (vgl. Hellmich/Teigeler 1995, S. 56). Nach dem Ersten Weltkrieg nahm Steiner seine Vortragstätigkeit wieder auf, deren Schwerpunkt nun auf sozialen und bildungspolitischen Themen lag. Für ihn war die soziale Frage untrennbar mit seinem Menschenbild und der Pädagogik verbunden.

Nach Vorträgen vor Gewerkschaften und Arbeiterverbänden wurde er schließlich vom Anthroposophen Emil Molt eingeladen, auch vor der Belegschaft seiner Zigarettenfabrik Waldorf-Astoria zu sprechen. Steiners bildungspolitische Thesen begeisterten Molt und seine Belegschaft so, dass man ihn um Hilfe bei der Einrichtung einer Betriebsschule bat (vgl. Seitz/Hallwachs 1999, S. 106). So entstand 1919 in Stuttgart die erste Freie Waldorfschule, eine private, koedukative Volks- und Höhere Schule mit angeschlossenem Lehrerseminar (vgl. Hemleben 1963, S. 125 f.).

Die restlichen Jahre seines Lebens waren einerseits der Leitung dieser Schule und andererseits der publizistischen Verbreitung und organisatorischen Festigung der Allgemeinen Anthroposophischen Gesellschaft gewidmet. Am 30. März 1925 starb Rudolf Steiner in Dornach / Schweiz.

2.2.3 Das Bildungs- und Erziehungskonzept der Waldorfpädagogik

Allgemeines

Die Ideen, die Rudolf Steiner durch die Waldorfschule verwirklichen wollte, liegen in seinen Anschauungen über die sozialen Aufgaben der Gegenwart und der Zukunft begründet. „Die Kinder sollen zu Menschen erzogen und für ein Leben unterrichtet werden, die den Anforderungen entsprechen, für die jeder Mensch, gleichgültig aus welcher der herkömmlichen Gesellschaftsklassen er stammt, sich einsetzen kann. Was die Praxis des Gegenwartslebens von dem Menschen verlangt, es muss in den Einrichtungen dieser Schule sich widerspiegeln. Was als beherrschender Geist in diesem Leben wirken soll, muss durch Erziehung und Unterricht in den Kindern angeregt werden" (Steiner 1958, S. 7).

Mit der Leitung der ersten Waldorfschule hatte Steiner 1919 die Gelegenheit, seine Ideen und Theorien praktisch umzusetzen. Seine geisteswissenschaftliche Menschenkunde, zusammen mit den daraus folgenden methodisch-didaktischen Prinzipien des Lehrens und Lernens, wurden zum Fundament einer ganzheitlichen Erziehung des Kindes. Zum Verständnis seiner Menschenkunde, die in den folgenden Kapiteln von grundlegender Bedeutung ist, seien zunächst die zentralen Begriffe Anthroposophie und Geisteswissenschaft der Weise definiert, wie sie von Rudolf Steiner verstanden wurden.

Anthroposophie setzt sich aus den griechischen Begriffen anthropos = der Mensch und sophia = die Weisheit zusammen. „Verglichen mit der Anthropologie, die rein physische Menschenkunde ist, bezeichnet Anthroposophie ein Wissen vom Menschen, das vom Geistigem durchschienen ist" (Baumann 1986, S. 11). Folglich nahm Steiner den Menschen nicht nur als körperliches und seelisches Wesen war, sondern bezog „[...] den Geist als Wesensteil des Menschen in seine Menschenkunde [ein und machte ihn] zum Arbeitsgebiet des ‚Geistesforscher'" (ebd., S. 12). Baumann beschreibt die Anthroposophie als eine „[...] von Rudolf Steiner auf Grund seiner Einblicke in die geistige Welt geschaffene Geisteswissenschaft [...]" (ebd., S. 8). Für Steiner selbst war die Anthroposophie keine fertige Wissenschaft, sondern das Resultat eines lebenslangen Entwicklungs- und Forschungsprozesses.

Den Begriff Geisteswissenschaft in einer speziellen Bedeutung hat Steiner in vielen Vorträgen aus den Begriffen Geheimwissenschaft, Okkultismus und Mystik entwickelt und „[...] ist in seiner Sprache gleichbedeutend mit Anthroposophie" (ebd., S. 10).

Das Menschenbild

Dem Erziehungskonzept der Waldorfpädagogik liegt ein Menschenbild zugrunde, das auf der geisteswissenschaftlichen Menschenkunde Rudolf Steiners beruht. Die Geisteswissenschaft betrachtet „[...] den Menschen als ein ganzheitliches, kosmisches Wesen, dessen Kern aus einer geistigen Welt stammt [...]" (Seitz/Hallwachs 2000, S. 108). Das Wissen Steiners um Reinkarnation und Karma betrachtet Baumann als „[...] Herzstück der anthroposophischen Weltanschauung" (Baumann 1986, S. 280).

Demzufolge begibt sich „[...] die menschliche Seele aus ihrer geistigen Heimat heraus in einen physischen Körper [...], um einen Auftrag auf Erden zu erfüllen. Nach dem physischen Tod durchläuft sie eine Läuterungs- und Lernphase in der geistigen Welt" (Seitz/Hallwachs 2000, S. 109).

Das menschliche Dasein beginnt also nicht mit der Geburt und endet nicht mit dem Tod. Vielmehr kehrt der Geist des Menschen, bereichert durch Erfahrungen des vergangenen Erdenlebens, immer wieder auf die Erde zurück, um neue Erfahrungen zu sammeln und sich weiter zu vervollkommnen (vgl. Baumann 1986, S. 279). So ist der neugeborene Mensch als eine „kontinuierliche Individualität" (Seitz/Hallwachs 2000, S. 113) zu begreifen, die bewusst in bestimmte Schicksalszusammenhänge hinein inkarniert. Diese Sichtweise prägt die Alltagspraxis der Waldorfpädagogik. Eltern und Pädagoginnen stellen das Kind und seine geistige Herkunft in den Mittelpunkt ihres pädagogischen Handelns. Man versucht nicht, dem Kind eigene Erziehungspläne aufzuzwingen, sondern „lauscht", welchen Lebensplan bzw. welche zu entwickelnden Fähigkeiten es mitgebracht hat (vgl. ebd., S. 114).

Die Dreigliederung des Menschen

„Die Anthroposophie fasst den Menschen als dreigliedriges, aus Körper, Seele und Geist bestehendes Wesen auf" (Baumann 1986, S. 50). So geht die anthroposophische Menschenkunde von einem Modell aus, bei dem das Ich, also der Geist des Menschen, Inbegriff der menschlichen Einzigartigkeit, die eigentliche Lebensmitte darstellt. Der physische Leib kann als sichtbare Hülle, der Seelenleib als unsichtbare Hülle des Geistes betrachtet werden. Entscheidend ist, dass der Mensch in seiner Dreigliedrigkeit entwicklungsfähig ist (vgl. Wehr 1977, S. 35). Vom Ich aus ist er in der Lage, an seinen Wesensgliedern zu arbeiten, vorausgesetzt er hat sein Ich, d. h. die Lebensmitte gefunden, ist also erwachsen geworden. Für diesen Entwicklungsprozess sind in erster Linie Elternhaus und Schule verantwortlich. Erziehung dieser Art hat also die Aufgabe, den werdenden Menschen soweit zu führen, bis er in der Lage ist, sein Schicksal selbst zu gestalten (vgl. ebd., S. 36).

Analog zu seinen Betrachtungen der geistigen, seelischen und leiblichen Gesamtnatur des Menschen gliedert Steiner die leibliche Struktur des menschlichen Organismus in drei Bereiche auf. Diese lassen sich den seelischen Grundkräften Denken, Fühlen und Wollen zuordnen.

- Das **Denken** geht vom Gehirn des Menschen aus und ist dort mit dem Nervensystem verbunden
- Das **Fühlen** stützt sich auf den Brustbereich und ist verbunden mit Herz und Lunge
- Der **Wille** ist mit dem Stoffwechsel und den Gliedmaßen verbunden (vgl. Baumann 1986, S. 49).

Leiblichkeit und seelisch-geistige Anlagen sind nicht alle von Geburt an gleichmäßig ausgebildet. Sie entfalten sich erst nach und nach und sollten im Verlauf der Entwicklung in einen harmonischen Zusammenhang gebracht werden.

Die Wesensglieder des Menschen

„Will man das Wesen des werdenden Menschen erkennen, so muss man ausgehen von einer Betrachtung der verborgenen Natur des Menschen überhaupt" (Steiner 1982, S. 63). Neben der oben beschriebenen Dreigliederung des Menschen in Leib, Seele und Geist differenziert Steiner weiterhin eine theosophisch orientierte Viergliedrigkeit des Menschenwesens. Dazu gehören physischer Leib, Ätherleib, Astralleib und Ich (vgl. Willmann 1998, S. 25). Damit setzt er seinen geisteswissenschaftlichen Erkenntnisweg kritisch den Naturwissenschaften entgegen, die allein wissenschaftlich beweisbare Phänomene im Menschen als wahr anerkennen (Seitz / Hallwachs 2000, S. 108). Er beschreibt die Gesamtnatur des Menschen als ein Zusammenspiel von vier Wesensgliedern, die sich im Verlauf der Entwicklung entfalten (vgl. ebd., S. 111).

Der **physische Leib** stellt das unterste Wesensglied des Menschen dar. Als materieller Körper ist er sinnlich wahrnehmbar und für die Naturwissenschaft erforschbar. Er setzt sich aus den selben Stoffen zusammen wie die übrige leblose

Welt. Nach seinem Tod löst er sich in die mineralische Welt auf, deren Gesetzen er unterliegt.

Der **Äther- oder Lebensleib** bildet das erste übersinnliche Wesensglied des Menschen. Er liegt im Verborgenen und ist die Kraft, die den physischen Leib belebt und bildet (vgl. Willmann 1998, S. 26). „Er bewirkt, dass die Stoffe und Kräfte des physischen Leibes sich zu Erscheinungen des Wachstums, der Fortpflanzung, der inneren Bewegung der Säfte und so weiter gestalten" (Steiner 1982, S. 65). Entstehen und Vergehen des biologischen Lebens sind sein Gesetz. Ihm unterliegen die rhythmischen Prozesse des Lebens.

Der **Astral- oder Empfindungsleib** „[...] ist auf der Erkenntnisstufe der Inspiration als eine die beiden niedrigen Glieder umhüllende Lichtgestalt wahrnehmbar. Er ist Träger des Temperamentes, der Gewohnheiten, der Neigungen, des Charakters, des Gewissens und Gedächtnisses" (Willmann 1998, S. 26). Dieser Leib ist allen Lebewesen in spezifischer Art eigen. Infolge seines Wirkens entstehen Bewusstsein sowie Empfindungen der Lust und des Schmerzes.

Der **Ich-Leib** bezeichnet das höchste Wesensglied des Menschen. Nur der Mensch verfügt über ihn. Der Ich-Leib ist auf der Erkenntnisstufe der Intuition wahrnehmbar. Durch ihn bilden sich Selbstbewusstsein, Individualität und Personalität aus. Er ist „[...] Träger der höheren Menschenseele. Durch ihn ist der Mensch die Krone der Erdenschöpfung" (Steiner 1982, S. 67).

Folglich kommt dem Ich als höchstem Wesensglied eine bedeutende Aufgabe zu: „Indem der Mensch von dieser Bildungsstufe aus durch die aufeinanderfolgenden Leben oder Verkörperungen zu immer höherer Entwicklung sich hindurchringt, arbeitet sein Ich die anderen Glieder um. So wird der Empfindungsleib der Träger geläuterter Lust- und Unlustgefühle, verfeinerter Wünsche und Begierden. Und auch der Äther- oder Lebensleib gestaltet sich um. Er wird zum Träger der Gewohnheiten, der bleibenden Neigungen, des Temperamentes und des Gedächtnisses" (Steiner 1982, S. 67).

In seiner Schrift „Die Erziehung des Kindes vom Gesichtspunkt der Geisteswissenschaft" orientiert sich Steiner entwicklungspsychologisch an diesen vier Wesensgliedern. Sie stellen das Fundament seiner pädagogischen Anthropologie dar. Somit entsteht ein vielschichtiges Bild vom Wesen des Menschen, das grundlegende Anregungen für die Gestaltung der Waldorfpädagogik gibt.

Die Entwicklung des Kindes

„Entscheidende pädagogische Relevanz hat die entwicklungspsychologische Setzung der sich im Siebenjahreszyklus sukzessive vollziehenden – und für die

normalen Sinne nicht wahrnehmbaren – ‚Geburt' der vier Leiber des Menschen"
(Barz 1984, S. 40).

So geht die Geisteswissenschaft von drei Geburten des Menschen aus, die in Sie-
benjahresschritten seine Entwicklung vorantreiben. Jeder Zyklus wird bestimmt
von Phasen der Weiterentwicklung, der Krisen, der Verwandlung und der Neu-
geburt. In jeder Periode herrschen bestimmte Wachstums- und Gestaltungskräf-
te vor, die dem Kind helfen, sich geistig, körperlich und seelisch seinem Alter
entsprechend zu entwickeln (vgl. Steiner 1982, S. 69).

Während dieses Prozesses ist das Kind von einer schützenden geistigen Hülle
umgeben, die einen ungestörten Entwicklungsverlauf gewährleisten soll. „Wie
im Leibe der Mutter, der physische Leib-Kräfte empfängt, die ihm nicht eigen
sind [...]" (Steiner 1982, S. 70), so kann er später innerhalb dieser „Schutzhülle"
allmählich eigene Kräfte entwickeln, bis der Lebensleib allein das Wachstum besorgen kann. In diesen drei Phasen sind die Veränderungen des Kindes am Ge-
staltwechsel, am Zahnwechsel und an der Geschlechtsreife zu erkennen. Parallel vollzieht sich auch eine Entwicklung auf seelisch-geistiger Ebene (vgl. ebd.,
S. 70). Die kindliche Entwicklung stellt sich demnach wie folgt dar:

Die **erste Siebenjahresperiode (null bis siebtes Lebensjahr)** beginnt mit der natürlichen Geburt des Kindes und endet mit dem Zahnwechsel. „Bevor der Zahnwechsel eintritt, arbeitet am Menschen nicht der freie Lebensleib. [...] Der Ätherleib arbeitet da erst die eigenen Kräfte aus im Verein mit den ererbten fremden.
[...] Es arbeitet der sich befreiende Ätherleib das aus, was er dem physischen
Leib zu geben hat. Und der Schlusspunkt dieser Arbeit sind die eigenen Zäh-
ne des Menschen, die an die Stelle der vererbten treten" (Steiner 1982, S. 70).

In dieser Phase erfolgt also vornehmlich der Aufbau des kindlichen Organismus
sowie die Ausgestaltung und Ausformung der Organe. Mit dem Zahnwechsel,
dem Beginn des zweiten Jahrsiebtes, wird der Ätherleib von seinen organbil-
denden Aufgaben frei (vgl. Seitz / Hallwachs 2000, S. 111). Dieser steht jetzt nur
noch unter dem Einfluss des umhüllenden Astralleibes, der dem Kind nun als
Instrument zum Lernen zur Verfügung steht (vgl. Steiner 1982, S. 70).

Die **zweite Siebenjahresperiode (siebtes bis 14. Lebensjahr)** beginnt mit der
Schulreife und endet mit der Geschlechtsreife. Neben dem körperlichen Wachstum, beginnt nun eine Entwicklung auf geistig-seelischer Ebene. Die objektive
Wahrnehmung, die freie Vorstellung, das Gedächtnis sowie das Gewissen bilden
sich nun aus (vgl. Barz 1984, S. 40).

Die **dritte Siebenjahresperiode (14. bis 21. Lebensjahr)** beginnt mit der Geschlechtsreife und endet mit der intellektuellen und sozialen Mündigkeit, d. h.

mit der Ausbildung des Ich. Durch die Lösung des Astralleibes vom Ätherleib werden Kräfte freigesetzt, die nun ein begriffliches sowie selbstbestimmtes, moralisches Denken möglich machen. Dies führt zur Erlangung der so genannten „Erdenreife" (vgl. Seitz/Hallwachs 2000, S. 112).

In den Ausführungen Steiners folgen weitere Siebenjahresperioden, für die er Entwicklungsprozesse beschreibt, die den Menschen befähigen, die Aufgaben seines selbstgewählten Schicksals zu bewältigen (vgl. Baumann 1986, S. 234).

Entscheidend für die Praxis der Waldorfpädagogik sind also Kenntnisse über die Wesensglieder des Menschen und deren Entwicklung. „Man muss wissen, auf welchen Teil der menschlichen Wesenheit man im bestimmten Lebensalter einzuwirken hat und wie solche Einwirkung sachgemäß geschieht" (Steiner 1982, S. 71).

Kindliches Lernen

Analog zur Entwicklung des Kindes in den oben beschriebenen Siebenjahresperioden sind unterschiedliche Phasen der Aktivität und des kindlichen Lernens zu beobachten.

Erste Siebenjahresperiode: Kennzeichnend für diese Phase sind Vorbild und Nachahmung als Grundverständnis des Kindes von seiner Umgebung. „Es gibt zwei Zauberworte, welche angeben, wie das Kind in ein Verhältnis zu seiner Umwelt tritt. Diese sind ‚Nachahmung' und ‚Vorbild'" (ebd.). Daher hat alles, was sich in der Umgebung des Kindes ereignet, Vorbildcharakter. Grundlage des kindlichen Verhaltens ist dabei die Annahme, dass die Welt gut ist. Diese moralische Verfassung wird dann in der Nachahmung zur inneren Triebkraft der frühkindlichen Entwicklung. Durch sie werden Haltung, Gebärde, Bewegung und Sprache erworben. Sinnliche Wahrnehmung und Willenstätigkeit bilden in dieser Phase ein einheitliches Geschehen (vgl. Willmann 1998, S. 154 f.).

Insgesamt gibt es jedoch im Laufe einer Siebenjahresperiode graduelle Unterschiede hinsichtlich Nachahmung und Lernverhalten des Kindes. Jede Phase lässt sich in Entwicklungsabschnitte von ca. zwei Jahren einteilen, in denen die Entwicklungsfortschritte des Kindes sichtbar werden. Dies soll am Beispiel der ersten Siebenjahresperiode, die für die Elementarerziehung von besonderer Relevanz ist, verdeutlicht werden.

In den ersten zwei Lebensjahren nimmt das Kind seine Umwelt mit allen Sinnen wahr und.versucht, sich diese durch Beobachtung und nachahmendes Handeln anzueignen. Dabei regen vor allem Tätigkeiten des täglichen Leben sowie die der Mutter zur Nachahmung an. Das Handeln ist jedoch noch nicht zweckgerichtet, sondern wird durch die Freude an der Tätigkeit angeregt.

Vom dritten bis zum fünften Lebensjahr prägt die individuelle Phantasie die Willenskraft des Kindes. Wichtig ist nun ein Umfeld, das die kindliche Phantasie anregt und das Kind befähigt, sich immer wieder neu und kreativ mit Gegenständen zu beschäftigen. So gewinnt es allein durch aktives Handeln Kenntnisse über sich selbst und seine Umwelt.

Vom fünften bis siebten Lebensjahr folgt das Kind, aufbauend auf die vorangegangenen Stufen, zunehmend Anregungen seiner eigenen Vorstellungswelt. Dabei lernt es, eigene (Spiel-)Ideen mithilfe von Gegenständen selbständig zu gestalten und umzusetzen.

Zweite Siebenjahresperiode: In diesem Zeitraum lernt das Kind vornehmlich durch Nachfolge und Autorität auf einer anschaulich, konkreten Ebene.

Dritte Siebenjahresperiode: In dieser Phase bedarf der Jugendliche geistiger Führung. Ziel ist die Entfaltung der intellektuellen Kräfte sowie die Ausbildung der eigenen Urteilskraft auf Grund bisheriger Erfahrungen (vgl. Jaffke 1996, S. 4).

2.2.4 Die Erziehungspraxis der Waldorfpädagogik

Das Konzept des Waldorfkindergartens beruht auf der Anthroposophie Rudolf Steiners und dessen Lehre von den verschiedenen Entwicklungsstadien des Kindes. Steiner war der Ansicht, „[...] dass in allem Werden ein Wachsen und eine Entwicklung ist" (Steiner 1982, S. 63). Er legte seiner Erziehungspraxis allein die Beschreibung der Kindesnatur zugrunde, da sich „[...] aus dem Wesen des Menschen heraus [...] wie von selbst die Gesichtspunkte für die Erziehung ergeben" (ebd.). „Nicht allgemeine Redensarten, wie etwa ‚harmonische Ausbildung aller Kräfte und Anlagen' und dergleichen, können die Grundlagen einer echten Erziehungskunst sein, sondern nur auf einer wirklichen Erkenntnis der menschlichen Wesenheit kann eine solche aufgebaut werden" (ebd., S. 70). Somit kann, nach Steiner, die Erziehung erst durch die Geisteswissenschaft zur wahren Erziehungskunst werden.

Das Erziehungsverständnis

Das Erziehungsverständnis der Waldorfpädagogik basiert auf der Beachtung der inneren und äußeren Wachstumsgrenzen des heranwachsenden Menschen (vgl. Wehr 1993, S. 58). Mit der Geburt verlässt das Kind die schützende Mutterhülle und ist damit den verschiedensten Einflüssen der Umwelt ausgesetzt, die eine förderliche oder auch schädliche Wirkung auf seine Entwicklung haben können. Aufgabe der Erziehung im Sinne Steiners ist es nun, dem Kind im ersten Jahrsiebt eine der Mutterhülle entsprechende „soziale Hülle" zu schaffen, die es vor negativen Einflüssen schützt und eine seinem Alter gemäße physische, seelische und geistige Entwicklung ermöglicht.

Steiner warnte jedoch davor, eine künstliche heile Welt zu schaffen, in der das Kind vor allen Realitäten des Alltags abgeschirmt wird. Vielmehr soll ein schützender Rahmen geschaffen werden, der dem Vorschulkind ermöglicht, sich seine Umwelt stehend, gehend, mit allen Sinnen selbsttätig anzueignen (vgl. Steiner 1982, S. 70).

Die Beziehung zur Erwachsenenwelt ist durch das Bedürfnis zur Nachahmung des jeweiligen Vorbildes geprägt, lange bevor es selbst entscheiden kann, ob das Nachahmensfähige auch nachahmenswert ist. Diese Entscheidung muss ihm die Erzieherin abnehmen, bis es selbst dazu in der Lage ist (vgl. Wehr 1977, S. 58).

Pädagogische Grundprinzipien

Die Raumgestaltung

„Mit der physischen Geburt wird der physische Menschenleib der physischen Umgebung der äußeren Welt ausgesetzt, während er vorher von der schützenden Mutterhülle umgeben war. Was vorher die Kräfte und Säfte der Mutterhülle an ihm getan haben, das müssen jetzt die Kräfte und Elemente der äußeren physischen Welt an ihm tun. [...] Wie die Natur vor der Geburt die richtige Umgebung für den physischen Menschenleib herstellt, so hat der Erzieher nach der Geburt für die richtige physische Umgebung zu sorgen, und diese richtige physische Umgebung wirkt auf das Kind so, dass seine physischen Organe sich in der richtigen Form prägen" (Steiner 1977, S. 71).

Nach Steiner hat also gerade die äußere Umgebung eine entscheidende Bedeutung für die körperliche Entwicklung des Kindes. Dem Erzieher, in seiner Eigenschaft als Gestalter dieser Umgebung, schreibt er somit eine große Verantwortung für den kindlichen Entwicklungsverlauf zu. Denn das Kind ist, seinem körperlichen und geistigen Entwicklungsstand entsprechend, im ersten Jahrsiebt noch ganz Sinneswesen. Es kann seine Wahrnehmungen noch nicht reflektieren, so dass alle Eindrücke direkt auf die Organbildung und die Ausbildung seelisch-geistiger Rhythmen einwirken. Aus diesem Grund kommt den Räumlichkeiten im Waldorfkindergarten eine besondere Bedeutung zu. Ihre Eindrücke sollten vielfältig auf die Sinne des Kindes einwirken, jedoch der häuslichen Reizüberflutung durch Medien oder Lernspielzeug entgegenwirken. Es bildet sich beispielsweise „[...] ein gesundes Sehen aus, wenn man die richtigen Farben und Lichtverhältnisse in die Umgebung des Kindes bringt, und es bilden sich in Gehirn und Blutumlauf die richtigen Anlagen für einen moralischen Sinn, wenn das Kind Moralisches in seiner Umgebung sieht" (ebd., S. 72).

Praktische Umsetzung finden diese Vorgaben Steiners u.a. im vorherrschenden Pfirsichblütenton, der, aufgetragen in einer lasierenden Maltechnik, die Wände im Kindergarten „leben" lässt. Die „Sixtinische Madonna" erinnert in jeder Einrichtung an die geistige Herkunft des Kindes. Damit die Sinne hinreichend angeregt werden, wird die Umgebung so ursprünglich wie möglich gestaltet. Die Dekoration der Räume drückt die Stimmung der jeweiligen Jahres- oder Festzeit aus. Natürliche Materialien, Bilder und Farben sorgen für eine warme Atmosphäre in den Räumlichkeiten. Zudem herrscht in den Gruppenräumen ein logisches Ordnungssystem vor, in dem alle Gegenstände ihren festen Platz haben und übersichtlich angeordnet sind (vgl. Seitz/Hallwachs 2000, S. 140). Das Kind kann so eine äußere Ordnung erkennen, die nach Steiner Voraussetzung für die optimale Entwicklung der Organe ist (vgl. Steiner 1977, S. 72).

Die Materialien

„Wie die Muskeln der Hand stark und kräftig werden, wenn sie die ihnen gemäße Arbeit verrichten, so wird das Gehirn und werden die anderen Organe des physischen Menschenleibes in die richtigen Bahnen gelenkt, wenn sie die richtigen Eindrücke von ihrer Umgebung erhalten" (Steiner 1982, S. 72). Demnach sind im Waldorfkindergarten vornehmlich solche Spielmaterialien vorzufinden, die die gesunde kindliche Entwicklung fördern und der Formung von Organen und Gehirn dienen. Natürliche Materialien (wie Holz oder Wolle), geometrische Urformen und Grundfarben rufen im Kind mitgebrachte, geistige Bilder wach und regen seine Phantasie zum Kennenlernen der Umwelt an. Die Verwendung von reinen, unvermischten Farben wirkt dabei wohltuend, u.U. sogar heilend auf die Kinderseele.

Steiner verweist auf die Eigenschaften einer einfachen, aus einer Serviette geknoteten Puppe, deren Körper und Gesicht noch nicht gestaltet sind und vom Kind durch seine Phantasie geformt werden müssen (vgl. Seitz/Hallwachs 2000, S. 125 f.). „Man kann einem Kinde eine Puppe machen, indem man eine alte Serviette zusammenwindet, aus zwei Zipfeln Beine, aus zwei anderen Zipfeln Arme fabriziert, aus einem Knoten den Kopf, und dann mit Tintenklecksen Augen und Nase und Mund malt. [...] Wenn das Kind die zusammengewickelte Serviette vor sich hat, so muss es sich aus seiner Phantasie heraus das ergänzen, was das Ding erst als Mensch erscheinen lässt" (Steiner 1982, S. 72).

Dieses eigenständige „Ergänzen" schult die Phantasie des Kindes und wirkt sich damit formbildend auf die Gehirnstrukturen aus. Die Beschäftigung mit einer ausgeformten Gliedmaßenpuppe würde sich hingegen negativ auf die kindlichen Phantasiekräfte auswirken und sollte daher erst im späten Kindergartenalter bzw. frühem Schulalter erfolgen. Was Steiner über diese Puppe sagt, gilt für alle Spielmaterialien im Waldorfkindergarten. Die Phantasie des Kindes muss angeregt werden, so dass ein einfaches Holzstück mal ein Schiff, dann ein Tier oder ein Feuerwehrauto sein kann. Wichtig ist dabei, dass die angebotenen Formen elementar und die Oberflächen naturbelassen sind, damit der kindlichen Seele genügend Freiraum bleibt (vgl. Seitz/Hallwachs 2000, S. 127).

Technisches Spielzeug sowie Lernspiele fehlen im Waldorfkindergarten ganz. Medien werden nur selten verwendet. Denn was die Sinne des Kindes wahrnehmen, sollte auch wahrhaftig sein, d. h. was beispielsweise wie Holz aussieht, sollte sich so anfühlen, sollte auch Holz sein. Was pfeift und raucht wie eine Dampflok, sollte weder ein Plastikspielzeug noch ein Fernsehbild sein. Werden Kinder zu früh mit solchen schein-sinnlichen Sinneseindrücken konfrontiert, nehmen sie diese noch ungefiltert auf und erleben starke innerliche Konflikte, die die Entwicklung beeinträchtigen können (vgl. ebd., S. 122).

Weiterhin sollten dem Kind in dieser Phase die hochtechnisierten Geräte und Maschinen des Erwachsenen noch erspart bleiben. Denn nicht an Waschmaschine und elektrischem Rührgerät kann Elementares gelernt werden, sondern an Lauge und Waschtrog bzw. Holzlöffel und Rührschüssel. Daher ist alles Werkzeug in Küche, Garten oder Werkstatt „richtiges" Werkzeug. So lernen die Kinder schon mit drei Jahren, mit einem normalen Küchenmesser einen Apfel zu schälen, mit einer Säge ein Stück Holz zu zersägen oder einen Nagel einzuschlagen (vgl. ebd., S. 141). Mithilfe sinnvollen Materialeinsatzes werden sie befähigt, sich ihr Umfeld selbsttätig anzueignen und sich sicher darin zu bewegen.

Die Rolle der Erzieherin

Das Kind in Ehrfurcht aufzunehmen, es in Liebe zu erziehen und dann in Freiheit zu entlassen, war ein zentraler pädagogischer Grundsatz Rudolf Steiners. Wichtigster Mensch in diesem Entwicklungsprozess ist dabei die Erzieherin in ihrer Vorbildfunktion. Besonders in den ersten beiden Siebenjahresperioden, in denen das Kind vornehmlich durch Vorbild und Nachahmung lernt, kommt ihr eine große Verantwortung zu.

„Wenn die Nachahmung gesunder Vorbilder in solcher Atmosphäre der Liebe möglich ist, dann ist das Kind in seinem richtigen Element. Strenger sollte daher darauf gesehen werden, dass in der Umgebung des Kindes nichts geschieht, was das Kind nicht nachahmen dürfte" (Steiner 1982, S. 74).

Dabei wirkt die Erzieherin vor allem durch ihre persönliche Ausstrahlung auf das Verhalten des Kindes. So ist nicht nur von Bedeutung, was sie in seiner Gegenwart macht, sondern vor allem wie sie handelt. Denn jede unbedachte zornige Äußerung, jede lieblose Handhabung eines Gegenstandes, jede Stimmungsschwankung prägt das Vorschulkind bis in seine Leiblichkeit hinein (vgl. Seitz/Hallwachs 2000, S. 122). Es ahmt die Erzieherin nach und setzt seine Beobachtungen im eigenen Spiel um. Folglich sind Aktivitäten im Gruppenraum im Hinblick auf die Vorbildfunktion genau zu planen.

Die Begegnung mit dem Kind wird für die Erzieherin somit zu einer Frage der Selbsterziehung, denn sie soll ihm je nach Entwicklungsstand als Vorbild, Autorität oder geistige Führung gegenübertreten. Ihre Rolle stellt sich in den fortschreitenden Entwicklungsphasen wie folgt dar:

- Im **ersten Jahrsiebt** steht die Erzieherin dem nachahmenden Vorschulkind als gutes Vorbild zur Seite. Sie regt Willens- und Eigentätigkeit an, ohne störend in den Entwicklungsverlauf einzugreifen (vgl. Steiner 1983, S. 60)
- Im **zweiten Jahrsiebt** ist die Erzieherin dem Schulkind Lehrer, Vorbild und vor allem liebevolle Autorität. Sie bildet die kindliche Urteilsfähigkeit aus und erzeugt als Orientierungspunkt Glauben und Vertrauen (vgl. ebd., S. 63)
- Im **dritten Jahrsiebt** fordert der Jugendliche von der erziehenden Person geistige Führung. Diese sollte aus einem Gefühl der Gemeinschaft und Brüderlichkeit heraus geschehen. Bei der Suche nach dem eigenen Ich steht sie ihm als Orientierungspunkt zur Seite (vgl. ebd., S. 65).

Entscheidend ist für alle Entwicklungsstufen gleichermaßen, dass die Erzieherin vom Kind als authentisch, moralisch, gerecht und wahrhaftig erlebt wird. Nur so stellt sie ein nachahmenswertes Vorbild dar, an dem der junge Mensch im Laufe seiner Entwicklung die Kunst der Selbsterziehung lernen kann, um am Ende der Schulzeit wirklich selbständig leben zu können (vgl. Seitz/Hallwachs 2000, S. 123).

Darüber hinaus ist es Ziel der Waldorfpädagogik, die Kinder schon im Vorschulalter auf die spätere Lebenstüchtigkeit hin vorzubereiten. Dabei sollte die Erzieherin aus einer Fülle alltäglicher Situationen solche auswählen, die dem Entwicklungsstand der Kinder entsprechen. Da eine Tätigkeit jedoch nur dann vom Kind nachgeahmt werden kann, wenn sie bereits im Lebenszusammenhang erlebt wurde, sollte sie möglichst viele alltägliche Haus- und Gartenarbeiten mit in den Kindergartenalltag übernehmen.

Hier liegt auch ein Unterschied des Waldorfkindergartens zum allgemeinen Kindergarten: Die Beschäftigungen dienen nie dem Selbstzweck, sondern stehen immer im Zusammenhang zum Alltag. Sie stellen, wie z. B. das Pflegen der Zimmerpflanzen, einen eigenen Lebensbezug zu vielen Alltagstätigkeiten her und animieren die Kinder somit zum Mitmachen und Nachahmen (vgl. Becker-Textor/Textor 1993, S. 62).

Methodisch-didaktische Grundprinzipien

Der „Schlüssel zur Erziehung" (Grunelius 1991, S. 30) liegt bei Kindern im Vorschulalter in der Lernstruktur ihrer Entwicklungsstufe begründet (vgl. kindliches Lernen). Denn „[...] während der ersten sieben Lebensjahre, haben die Kinder ein unmittelbares Einfühlungsvermögen in die Tätigkeiten und Ausdrucksgebärden der sie umgebenden Menschen" (ebd., S. 31). Diese werden durch den natürlichen Nachahmungstrieb unmittelbar aufgenommen. Der Erkenntnisweg, dem Kinder im ersten Jahrsiebt folgen, ist Handeln – Fühlen – Denken. Deshalb sind sie über die Tat bzw. ihren Willen ansprechbar, nicht durch Ermahnungen und Belehrungen, die nur den Intellekt ansprechen (vgl. ebd., S. 32).

In der Alltagspraxis sollten die Kinder ihre Erzieherin als sinnvoll tätige Erwachsene erleben, deren Handlungen für sie durchschaubar und nachvollziehbar sind. Dies wirkt sich ordnend auf ihr Gefühlsleben und ihre Gedankenwelt aus. In diesem Sinne bezeichnet Freya Jaffke „Vorbild und Nachahmung" sowie „Rhythmus und Wiederholung" (Jaffke 1991, S. 56) als bedeutendste Gesichtspunkte in der Vorschulerziehung. Zudem wären nach Barz noch die musisch-künstlerische Erziehung und die Spielförderung als zentrale Prinzipien des Waldorfkindergartens zu nennen. Hier werden verinnerlichte Ausdrücke wieder nach außen gebracht und so verarbeitet. Es findet eine Verknüpfung von motorischen, sozialen und gedanklichen Prozessen statt, die die kognitive Entwicklung des Kindes fördert (vgl. Barz 1984, S. 82 ff.).

Nachahmung

„Zu den Kräften, welche bildsam auf die physischen Organe wirken, gehört also Freude an und mit der Umgebung, heitere Mienen der Erzieher, und vor allem redliche, keine erzwungene Liebe. Solche Liebe, welche die physische Umgebung gleichsam warm durchströmt, brütet im wahren Sinne des Wortes die Formen der physischen Organe aus. Wenn die Nachahmung gesunder Vorbilder in solcher Atmosphäre möglich ist, dann ist das Kind in seinem richtigen Element" (Steiner 1982, S. 74).

Kinder haben ein tiefgreifendes Interesse an den Vorgängen in ihrer Umwelt und große Freude daran, diese Vorgänge nachzuahmen. Liebe und Freude sollten nach Steiner daher stetig ein Prinzip der Erziehung sein. Gerade im ersten Jahrsiebt bezeichnet er Vorbild und Nachahmung als die beiden „[...] Zauberworte, welche angeben, wie das Kind in ein Verhältnis zu seiner Umgebung tritt" (Steiner 1982, S. 71).

Die Erzieherin ist in dieser Zeit durch ihre Persönlichkeit und ihre Handlungen das prägende Vorbild. Alles, was dem Kind vorgelebt wird, nimmt es auf und verinnerlicht es. Die Verarbeitung der Sinneseindrücke bildet dann das Gehirn des jungen Menschen aus und legt damit die Grundlage für seelische und geistige Fähigkeiten. Im weitesten Sinne wird hier die Disposition für Gesundheit und Krankheit bzw. Störungen im späteren Leben veranlagt (vgl. Barz 1984, S. 65).

Rhythmus und Wiederholung

Kinder im Vorschulalter brauchen für ihre gesunde Entwicklung Rhythmus und Wiederholung. Sie sind eingebunden in die Kreisläufe der Natur, die sich im Tag-/Nachtrhythmus und in den Jahreszeiten zeigen. „Eher passives Aufnehmen und eher aktives Gestalten, Heiterkeit und Ernst, motorische und geistige Bewegungen, Essen und Verdauen, Gruppenerlebnis und Selbstbeschäftigung sind die Pole, zwischen denen der Mensch im Tageslauf deshalb idealerweise rhythmisch oszillieren soll" (ebd., S. 79).

Es wird jedoch davon ausgegangen, dass sich kleine Kinder diesen Rhythmus noch nicht selbst geben können, gleichsam als „reines Sinnesorgan" hier vollständig von der Umwelt abhängig sind. Deshalb wird im Waldorfkindergarten ein geregelter Tagesablauf vorgegeben, im dem die Kinder zwischen Wach- und Schlafzeiten, im Wachsein zwischen aktiven und passiven Phasen wechseln.

Die einzelnen Tage und Wochen sind durch regelmäßige Wiederholungen gekennzeichnet. So gliedert sich jeder Kindergartentag in Zeiten, in denen die Kinder selbständig tätig sind – Freispiel drinnen und draußen – und in Zeiten, in denen sie durch die Erzieherin angeregt werden, beispielsweise im Reigen oder im Märchenkreis (vgl. Seitz/Hallwachs 2000, S. 134). Der Tagesablauf ist vom sogenannten „Rhythmus des Lebens" durchzogen, einem natürlichen Wechsel zwischen Bewegung und Ruhe, Anspannung und Entspannung, Aufnehmen und Schaffen, der sich in seiner Stabilität und Vorhersehbarkeit positiv auf die kognitive Entwicklung des Kindes auswirkt (vgl. Barz 1984, S. 81).

Jeder Wochentag hat einen kleinen Höhepunkt. Jeden Tag werden bestimmte Aktivitäten sowie ein bestimmter Speiseplan angeboten, was regelmäßig im Wochenverlauf wiederkehrt. So bekommt die Woche eine Struktur, die den Kindern Sicherheit und Orientierungshilfe ist (vgl. ebd., S. 80).

Der Rhythmus der Tage und Wochen steht wiederum im Zeichen der Jahreszeiten und Jahresfeste. Am Wechsel der Jahreszeiten erleben die Kinder die

Vorgänge in der Natur in lebendiger und tiefer Weise. Unterschiedliche Stimmungen im Jahresverlauf, wie Frühling – Erwachen des Lebens, Sommer – Fülle und Lebenskraft, Herbst – Ernte und Einkehr, Winter – Ruhe und Innerlichkeit, werden anhand vielerlei Aktivitäten bewusst erlebt (vgl. Seitz / Hallwachs 2000, S. 132). Entsprechend der Jahreszeit ist im Kindergarten dann auch der Jahreszeitentisch gestaltet. Den Kindern wird so in einer Zeit, in der aufgrund des technischen Fortschritts Skifahren im Sommer und der Genuss von Erdbeeren im Winter möglich ist, eine wichtige Hilfe zur selbständigen Orientierung in ihrer Lebensumwelt gegeben (vgl. Barz 1984, S. 81).

Künstlerisch-musische Erziehung

Neben Rhythmus und Nachahmung stellt die künstlerisch-musische Erziehung ein tragendes Element der Waldorfpädagogik dar. Kunst im weitesten Sinne soll demnach auch schon in der Elementarerziehung ihren heilsamen und bildenden Einfluss ausüben. So legt man im Waldorfkindergarten Wert darauf, dass Kunst nicht als ästhetischer Zusatz zum eigentlichen Leben verstanden wird, sondern „[...] als Vollzug, als immer wieder anzustrebende Übung, zur Grundlage für eine menschengemäße Bewältigung des Lebens selber" (Jaffke 1991, S. 78). Im insgesamt künstlerisch geprägten Alltag wird auch im Rahmen spezieller Angebote kreativ gearbeitet, beispielsweise Malen mit Aquarellfarben, Kneten mit Ton, Musizieren mit der Kinderharfe und Eurythmie.

Die Eurythmie als Verbindung von Sprache und menschlicher Bewegung stellt ein Kernstück der Waldorfpraxis dar. Die rhythmische Gestaltungskraft von Sprache und Ton wird ausgedrückt durch die Bewegung der Arme und Hände, durch differenzierte Schrittarten sowie ausdrucksvolle Gestik. Ziel der pädagogischen Eurythmie ist es, die Ausdrucks- und Bewegungsfähigkeit wachzuhalten bzw. zu verstärken. Durch gemeinsame Bewegungsphasen oder gemeinsames Musizieren kann zudem das Sozialverhalten der Kinder verbessert werden (vgl. Becker-Textor / Textor 1993, S. 63).

Spielförderung

Als viertes Prinzip der Waldorfpädagogik ist das Spiel zu nennen. Die anthroposophische Spielförderung umfasst drei Bereiche:
- Grundlage des Spiels sollte ein erlebnisreicher Tag sein, da Kinder im Spiel ja meist das wiederholen oder nachspielen, was sie gesehen oder erlebt haben
- Weiterhin sollten die Kinder geeignetes, vielseitig verwendbares Spielmaterial vorfinden, das ihre Phantasie anregt

- Zudem ist eine Atmosphäre zu schaffen, die es den Kindern ermöglicht, sich ganz in ihr Spiel zu vertiefen. Dabei sollte die Erzieherin möglichst wenig eingreifen und sie ganz ihren Impulsen überlassen (vgl. Barz 1984, S. 85).

Gerade im Freispiel darf bzw. soll ein schöpferisches Chaos entstehen, da die Phantasie Freiräume und zufällige Anregungen braucht. Durch das kaum ausgestaltete Material kann sich die Spielsituation von einem Augenblick zum nächsten ändern. Stellte ein Stück Holz eben noch ein Bügeleisen dar, kann es kurz darauf zum Telefon umfunktioniert werden.

In der Ansicht, dass das Spiel gerade für Vorschulkinder eine spezifische Form der Weltaneignung, der Kompensation und des Lernens ist, stimmt Steiner hier auch mit „nicht-anthroposophisch" orientierten Pädagogen wie Fröbel und Piaget überein. Wird seine Entwicklung gefördert, bildet es später die Grundlage für ein kreatives, lebendiges Denken (vgl. ebd., S. 90).

2.2.5 „Kinder brauchen einen festen, aber niemals einen starren Rhythmus": das Praxisbeispiel des Waldorfkindergartens in Wuppertal

Der Wuppertaler Waldorfkindergarten wurde Anfang der achtziger Jahre zunächst als heilpädagogische Einrichtung gegründet. Aufgrund der räumlichen Enge drängte das Jugendamt ab Mitte der neunziger Jahre auf einen Umzug in ein größeres Gebäude. Gleichzeitig hatte sich die staatliche Förderpolitik dahingehend verändert, keine Fördermittel mehr für heilpädagogische Einrichtungen zu vergeben. Deshalb wurde das pädagogische Konzept des Wuppertaler Waldorfkindergartens zu einem integrativen Modell erweitert, in dem behinderte und nicht behinderte Kinder gemeinsam betreut werden. Diese durch äußere Sachzwänge entstandene Veränderung des Konzepts entsprach anfänglich nicht uneingeschränkt den Vorstellungen der Eltern und des Teams. Aber mit dem Einzug in das neue Haus im November 1999 stellten sich die Erzieherinnen der Herausforderung der integrativen Arbeit und sehen heute darin einen Gewinn.

Das Interview wurde mit Heike Neumann, der Leiterin der Einrichtung geführt.

Frau Neumann, Ihr Waldorfkindergarten arbeitet integrativ. Was heißt das?

Wir sind eine viergruppige Tageseinrichtung, die neben der Waldorf-Pädagogik auch das Konzept der Integration behinderter und nicht behinderter Kinder verfolgt. In jeder Gruppe sind fünfzehn Kinder, von denen fünf jeweils unterschiedliche Behinderungen haben. In jeder Gruppe gibt es ein mehrfach schwerst behindertes Kind. Die anderen vier Kinder haben leichtere Behinderungen, wie z. B. Hyperaktivität. Je nach Schwere gilt Hyperaktivität als Behinderung. Wir legen Wert darauf, dass die Kinder den Alltag gemeinsam erleben. Unsere behinderten Kinder haben keinen Sonderstatus. Deshalb werden sogar die Therapien ins Gruppengeschehen integriert.

Was sind die wichtigsten Grundprinzipien der Waldorfpädagogik?

In unseren Kindergärten wird nach einem festen Rhythmus, der uns Waldörflern sehr wichtig ist, gearbeitet. Es gibt einen festen, immer gleichen Tages-, Wochen- und Jahresablauf. Dadurch fühlen sich die Kinder wohl, denn sie wissen immer genau, was als nächstes kommt. Darüber hinaus finden an jedem Tag bestimmte, immer gleiche Tätigkeiten statt, die es den Kindern ermöglichen, sich zu orientieren. D. h. die Kinder haben nicht nur einen Tages-, sondern auch einen festgelegten Wochenablauf. An einem bestimmten Tag malen wir mit Wasserfarben, an einem anderen Tag gibt es Eurythmie usw. Die Eurythmie ist etwas sehr Typisches für die Waldorfpädagogik. Einmal in der Woche kommt eine ausgebildete Eurythmistin. Sie bringt ausgewählte Sprüche und Lieder mit und führt die Kinder damit in eine rhythmische Bewegung. Dabei spielt die Jahreszeit eine große Rolle. Während der Erntezeit ahmen die Kinder z. B. nach, wie die Bauern auf das Feld gehen, das Getreide ernten und es zur Mühle bringen. Sie bewegen sich dabei in einer bestimmten Weise, singen die dazugehörigen Lieder. Wir achten darauf, dass das alte Liedgut, vor allem die alten Volkslieder, nicht

■ Spielecke

verloren gehen. Die Bewegungen haben einen bestimmten Hintergrund, den die Eurythmistin kennt. Sie wählt Bewegungen, die dem Alter der Kinder entsprechen und für deren Entwicklung gut sind.

■ Malschrank

■ Rollenspielständer

Sie haben einen festen Tagesplan, d. h. Frühstück, Spiel, Angebot und Stuhlkreis zu einer bestimmten Zeit?

Ganz genau. Der Tag beginnt für die Kinder mit dem Freispiel. In dieser Zeit dürfen sie in den Gruppen alles benutzen, was da ist. Sie dürfen auch die Tische und Stühle nehmen, sie können Tücher darüber legen, um z. B. einen Wohnwagen zu bauen. Im Vordergrund steht das phantasievolle Spiel. In der Freispielphase räumen die Kinder auch nicht auf. Alles bleibt immer in Bewegung, wird phantasievoll verändert. Einige Kinder haben vielleicht einen Wohnwagen gebaut, ein anderes Kind kommt hinzu und das Gebaute wird in eine Feuerwehr verwandelt: Ein rotes Tuch wird über den Wohnwagen gelegt, einige Stühle werden hinzugenommen und der Wohnwagen ist eine Feuerwehr.

Während des Freispiels können die Kinder sich auch am Zubereiten des Frühstückes beteiligen. Auch hier gibt es einen festen Rhythmus. An einen festen Tag gibt es Brötchen, am nächsten Brot, einmal Milchreis und dann Müsli.

Der Rhythmus ist in der Waldorf-Pädagogik etwas Wesentliches. Gibt es noch weitere Grundgedanken?

Ein zweiter wesentlicher Punkt ist das Vorbild und die Nachahmung. Meine Kolleginnen und ich gestalten unsere Handlungen so, dass die Kinder sie direkt mitmachen, d. h. nachahmen können. Unsere Tätigkeiten müssen durchschaubar sein. Wenn ich z. B. etwas nähe, nähe ich immer im Beisein der Kinder und zwar mit Nadel und Faden. Im Kindergarten benutze ich niemals die Nähmaschine. Die Kinder bekommen ebenfalls Nadel und Faden und nähen mit, auch wenn sie sich mal pieksen. Wenn sie das Prinzip des Nähens verstanden haben, können sie später auch die Nähmaschine dazu nehmen. Im Vordergrund steht im wahrsten Sinne des Wortes das Begreifen, es geht darum, etwas „in die Hand zu nehmen" und es selbst zu tun.

Wo liegen Ihrer Einschätzung nach die Stärken und wo die Schwächen der Waldorfpädagogik?

Es gibt gelegentlich die Kritik, dass Waldorf-Erzieherinnen, „versteinert" seien. Rudolf Steiner, der Begründer, hat vor vielen Jahren die Bestandteile der Waldorf-Pädagogik, die gleichbleibende Wiederkehr einer bestimmten Handlung oder Tätigkeit als fundamental beschrieben. Diesen Rhythmus beobachten wir in der Natur. Aber ein Rhythmus ist niemals starr. Er ist organisch. Wenn z.B. schon am frühen Morgen tolles Wetter ist, beginne ich den Tag nicht mit dem Freispiel, sondern gehe mit den Kindern hinaus, bevor es zu heiß wird. Ich drehe also den Rhythmus einfach um. Das muss es auch geben. Es gibt aber Kolleginnen, die das als eine schlimme Verletzung der Lehre ansehen. Aber das Prinzip Rhythmus darf nicht zu einer versteinerten Sache werden.

Und wo sehen Sie die Stärken?

Meiner Auffassung nach sie es gerade die Aspekte Rhythmus, Vorbild und Nachahmung. Viele Kinder kennen keinen Rhythmus mehr. Manche Kinder wollen nichts essen oder können nicht schlafen. Die Eltern haben vielleicht selbst keinen Rhythmus mehr – keine festen Mahlzeiten, keine Zeit, um mit den Kindern raus zu gehen oder für den Mittagsschlaf. Die Kinder brauchen das aber. In anderen Kindergärten, z.B. in denen, die nach dem offenen Konzept arbeiten, können die Kinder selbst wählen, wann sie malen oder draußen spielen wollen. Zu uns kommen manchmal Eltern, deren Kinder damit überfordert waren. Und oft waren es sogar die Eltern. Sie wussten nicht, in welche Gruppe sie ihr Kind morgens bringen sollten. Das Kind konnte sich nicht an einer bestimmten Erzieherin orientieren, weil diese gerade beim Turnen war. Geturnt hat das Kind in dieser Woche schon und darf deshalb jetzt nicht mehr dorthin. Solche Konzepte überfordern unserer Auffassung nach viele Kinder, vor allem die kleinen.

Wie würden Sie das Menschenbild beschreiben, das der Waldorfpädagogik zugrunde liegt?

Die Waldorfpädagogik hat nicht nur einen christlichen Hintergrund, sondern wir glauben auch an die Wiedergeburt. Nach unserer Auffassung suchen sich die Kinder ihre Eltern aus. An den Geburtstagen der Kinder erzählen wir deshalb die Geburtstagsgeschichte. Die Kinder erfahren hier, dass sie zuerst im Himmel beim lieben Gott sind und auf die Erde kommen wollen. In der Geschichte wird erzählt, dass es Eltern auf der Erde gibt, die gerne ein Kind haben möchten. Das Kind darf sich seine Eltern aussuchen. Das Sich-Eingebären ist den Kindern nicht bewusst, denn sonst sprechen wir nicht drüber, nur in der Geburtstagsgeschichte. Die Geschichte ist für die Kinder immer eine tolle Sache! Auch, weil wir sie mit Sachen ergänzen, die wir vorher bei den Eltern erfragt haben, z. B. ob die Eltern für das Kind etwas Besonderes gestrickt haben. Es ist immer auch eine ganz persönliche Geburtstagsgeschichte.

Die Waldorfpädagogik hat also ein religiöses Welt- und Menschenbild?

Ja! Vieles, wie z. B. die Wiedergeburt, kommt aus dem Indischen. Wir Menschen haben auf unserem Erdenweg immer bestimmte Aufgaben zu erfüllen und dazu gehört es auch, dass man vielleicht einmal mit einer Behinderung auf die Welt kommt. Oder dass jemand in der Dritten Welt geboren wird und in Armut leben muss. Das alles bringt den Menschen aber auf seinem Weg der Entwicklung weiter.

Welche Rolle spielen Kindheit und Lernen?

Wir lernen ein Leben lang. Das tägliche miteinander Umgehen ist bereits Lernen. Ich lerne an den Kindern, den behinderten und den nicht behinderten, wie sie miteinander umgehen. Aber was noch wichtiger ist: Wir sehen bei einem behinderten Kind nicht in erster Linie die Behinderung, sondern nehmen das Kind so, wie es ist, und bemühen uns von dort aus um seine Weiterentwicklung. Es ist eine Entwicklung, die das Kind selber macht. Für uns ist nicht ausschlaggebend, was andere Kind im gleichen Alter können, wie sie z. B. mit vier Jahren mit einen Stift umgehen, sondern für uns sind schon kleinste Schritte, die von anderen vielleicht nicht wahrgenommen werden, große Erfolge. Deshalb ist es auch nicht so wichtig, ob die Kinder, die in die Schule kommen, alle perfekt den Stift halten oder mit der Schere umgehen können. Es gibt Kinder, die mit der Feinmotorik Schwierigkeiten haben, und diese Schwierigkeiten behalten sie vielleicht ihr Leben lang. Aber jedes Kind hat Fähigkeiten und die stellen wir in den Mittelpunkt.

Was bedeutet für Sie Kindheit?

Der gesamte Weg auf der Erde ist eine Entwicklung. Die Kindheit ist der erste und auch nur ein kleiner Teil davon. Bei uns werden auch die Erwachsenen betreut und auch die Rentner. Der Gedanken der Wiedergeburt, das Wiederkommen auf die Erde durchzieht unser Leben und unser Handeln wie ein roter Faden.

Was wollen Sie mit Ihrer Arbeit für das einzelne Kind und für die Gruppe erreichen?

Wir versuchen auf jedes einzelne Kind einzugehen, ohne dabei die Gruppe aus den Augen zu verlieren. Das ist alles andere als einfach, wenn ein Kind gerade ein schwieriges Leben vor sich hat. Einerseits wollen wir uns gerade viel um be-

■ Kuschelecke　　　　　　■ Schaukelschiff

nachteiligte Kinder kümmern, aber auf der anderen Seite gibt es auch die Gruppe und die anderen Kinder.

Welche Voraussetzungen müssen erfüllt sein, um die Waldorfpädagogik umsetzen zu können?
Die Eltern müssen mit unserer Arbeit einverstanden sein. Sie müssen für unsere Pädagogik offen sein. Die Eltern haben oft Wünsche und Ansprüche, dass bestimmte Dinge gemacht werden sollen, die wir hier nicht tun. Wir unterscheiden uns in manchen Dingen von anderen Kindergärten, sei es in Bezug auf das Spielmaterial oder unser Menschenbild. Aber wir sagen nicht, dass die Eltern keinen Fernseher haben dürfen. Das wäre „versteinert". Ebenso arbeiten bei uns nicht nur Waldorferzieherinnen, sondern auch Erzieherinnen mit einer normalen Ausbildung. Aber sie müssen offen für etwas Neues sein. Wenn sie nur das anbringen wollen, was sie vorher im städtischen Kindergarten gemacht haben, funktioniert es nicht.

Kann die Waldorfpädagogik überall praktiziert werden?
Ja. Uns gibt es überall auf der Welt. Selbst in Russland und in Afrika.

Wie definieren Sie die Rolle der Leitung?
Auch hierin unterscheiden wir uns von städtischen Einrichtungen. Jeder ist für alles verantwortlich. Es gibt keinen, der sagt, was die anderen zu tun oder zu lassen haben. Ich bin zwar offiziell die Leiterin, aber nur weil es nach dem Gesetz keine Einrichtung ohne Leitung geben darf. Ich erledige zwar die Büroarbeit und

übernehme die Repräsentation nach außen, aber alle Dinge, die hier im Haus geschehen, die die Arbeit mit den Kindern und die Mitarbeiterinnen betreffen, werden im Team entschieden.

Wie viel Zeit investieren Sie in Gespräche mit Kolleginnen?
Insgesamt sprechen wir recht viel miteinander. Wir haben einmal in der Woche eine drei- bis vierstündige Konferenz. Zudem gehe ich jeden Morgen in jede Gruppe und begrüße die Kolleginnen. Ich führe kürzere Gespräche mit ihnen. Mittags kommen die Kolleginnen oft zu mir ins Büro. Ich bin freigestellt und habe keine eigene Gruppe, deshalb sind Gespräche jederzeit möglich. Das nutzen alle Kolleginnen.

Welche Themen sind Gegenstand der Konferenzen und Gespräche?
Zurzeit arbeiten wir an einem neuen Leitbild: Woher kommen wir und wo wollen wir hin? Den Kindergarten gibt es schon viele Jahre, aber mit anderen Leuten, anderen Zielsetzungen und anderen Hintergründen.

Wie sind Sie Waldorferzieherin geworden?
Ich habe zuerst eine ganz normale Ausbildung als Erzieherin gemacht und mich erst später bei einem Waldorfkindergarten beworben. Es gibt eine staatliche Waldorfausbildung in Dortmund und Bochum und eine nicht staatliche in Witten-Herbede. Die Ausbildung ist berufsbegleitend und dauert zwei Jahre.

Welche Bedeutung hat für Sie Weiterbildung?
Darauf legen wir sehr großen Wert. Zum einen gibt es die regelmäßig stattfindenden Regionaltagungen. Darüber hinaus nehmen wir an Fortbildungen der Stadt Wuppertal oder des DPWV teil. Dann gibt es Ansätze, die unserem pädagogischen Verständnis sehr nahe kommen, wie z. B. die Montessori-Pädagogik. Sobald wir hierzu Weiterbildungsangebote finden, nehmen wir diese sehr gerne an, weil wir auch offen für Neues sein wollen.

Was hat Sie bewogen, als Erzieherin nach diesem Ansatz zu arbeiten?
Ich habe zuerst in einem städtischen Kindergarten gearbeitet, was mir aber nicht so gut gefallen hat. Es erschien mir alles so starr und eng. Die Gesellschaftsspiele sollten immer so gespielt werden, wie es in der Anleitung stand. Ich suchte etwas Neues und bin dabei auf einen Kursus in einem Waldorfkindergarten gestoßen. Davon war ich so begeistert, dass ich meine Tochter auf die Waldorfschule geschickt habe. Ein Jahr später klafften unsere Erlebnisse so weit auseinander, dass ich mich auch verändern wollte.

Was hat Sie am meisten beeindruckt?
Der erste Eindruck im Waldorf-Kindergarten sind sicherlich die Farben. Es gibt besondere Farben wie Rosa, Apricot oder gelbliche Töne. Das Apricot ist dem Ton

nachempfunden, den die Kinder schon im Mutterleib wahrnehmen. Die Farbgebung der Räume baut darauf auf. Jeder Klasse werden bis hin zum Abitur besondere Farben zugeordnet. Die Räume des Kindergartens sollen weich, rund und begegnend im Sinne von geborgen gestaltet sein. Entsprechend haben wir auch eigene Möbel, die Wärme und Geborgenheit ausstrahlen. Die Möbel sind aus Holz, die Ecken und Kanten oft abgerundet. Sie werden gewachst und geölt. Auch die Spielsachen sind aus Naturmaterialien gefertigt. Deshalb lehnen wir z. B. Lego und Gesellschaftsspiele ab. Farben lernen die Kinder im Spiel, wie z. B. mit „Ich sehe was, was du nicht siehst" oder das rote Tuch für das Feuerwehrauto. Die Zahlen lernen sie z. B. im Stuhlkreis, wenn ich sage „Heute sind zehn Kinder da, wir brauchen zehn Stühle". Hierfür benötigen wir keine Gesellschaftsspiele.

Welche Mitsprachemöglichkeit haben die Eltern in Bezug auf die pädagogische Arbeit?
Es gibt keine direkte Mitsprachemöglichkeit der Eltern. Es gibt nur, wie in jedem anderen Kindergarten auch, die einzelnen Gremien, die Elternabende und die persönlichen Gespräche. Uns ist die Elternarbeit dennoch sehr wichtig. Das beginnt bereits bei der Anmeldung, die sehr lange dauert. Die Eltern müssen einen vier Seiten langen Fragebogen ausfüllen und aufschreiben, was sie alles mit ihrem Kind erlebt haben – von der Schwangerschaft bis zur Geburt, z. B. welche Gefühle sie dem Kind entgegen gebracht haben. So erfahren wir viel über das Kind, sein Leben, seine Schwierigkeiten.

Würden Sie sich wieder für die Waldorfpädagogik entscheiden?
Ja, sofort!

**INTEGRATIVER WALDORFKINDERGARTEN
„TROXLER HAUS WUPPERTAL E. V."**

Hatzfelder Straße 191a
42281 Wuppertal
Tel.: 02 02 – 27 04 29 0
Fax: 02 02 – 27 04 29 23
Leitung: Heike Neumann
Trägerschaft: Elterninitiative
Art der Gruppen: integrative Gruppen
Anzahl der Gruppen: 4
Alter der Kinder: 3–6
Anzahl der Kinder: 60 (davon 20 heilpädagogisch betreut)

LITERATUR ZUM WEITERLESEN

Jaffke, Freya (1995): Spielen und arbeiten im Waldorfkindergarten.
Stuttgart: Verlag Freies Geistesleben

Kuhfuss, Werner (2005): Die Waldorfkindergarten-Pädagogik. Eine Ermun-
terung, diese einmal von der Geisteswissenschaft her zu überprüfen.
Schloss Hamborn: Möllmann

Lippert, Susanne (2001): Steiner und Waldorfpädagogik: Mythos und Wirklichkeit. Neuwied: Luchterhand

Neue Wege in der Pädagogik (2002): Ideen, Impulse, Projekte: Waldorfpädagogik. Frankfurt: Info-3-Verlag

Sassmannshausen, Wolfgang (2003): Waldorfkindergarten im Kindergarten.
Freiburg: Herder

2.3 Célestin Freinet und die Freinet-Pädagogik

2.3.1 Allgemeine Betrachtung

Célestin Freinet (1896–1966) gehörte einer Generation junger Reformpädagogen an, die sich erst nach den traumatischen Erfahrungen des ersten Weltkrieges der Pädagogik zuwandten. Durch sein politisches und pädagogisches Engagement wurde er zum Motor einer Schulbewegung, der „École Moderne", die sich den Denkmustern jener Zeit widersetzte und für eine natürliche und kindgemäße Erziehung engagierte (vgl. Dietrich 1995, S. 13 ff.).

Freinet schuf jedoch keine völlig neue, unverwechselbare Konzeption, sondern bezog sich auf die Ideen der großen Reformpädagogen, deren Kontakt er viel-fach suchte und deren Ideen er produktiv in seine „Organisation der Arbeit" im Klassenzimmer einbaute. Nach und nach entstand daraus ein sinnvolles Inein-andergreifen pädagogischer Prinzipien und Techniken, die die eigentliche Lei-stung Freinets darstellen (vgl. Dietrich 1982, S. 55).

Zur Durchsetzung und Verbreitung seiner pädagogischen und sozialpolitischen Ideen gründete er die Coopérative de l'Enseignement Laïc (C.E.L.), eine vom Staat unabhängige Lehrerkooperative. Heute wird die Pädagogik Freinets welt-weit im Schulunterricht angewendet (vgl. Dietrich 1995, S. 15 f.). In Deutsch-land werden seine Methoden seit Ende der 1970er Jahre in der Schule, seit den

1990er Jahren auch im Elementarbereich erprobt (vgl. Klein/Vogt 1998, S. 11; klein & groß 2004).

2.3.2 Zur Person Célestin Freinet

Célestin Freinet wurde am 15. Oktober 1896 als fünftes von acht Kindern in Gars, einem kleinen Dorf in der Provence, geboren. Als Sohn armer Kleinbauern musste er schon früh bei der täglichen Arbeit mithelfen. Am Ende seiner Schulzeit empfahlen ihn seine Lehrer für ein Lehramtsstudium. Mit 16 Jahren nahm Freinet sein Studium auf, wurde jedoch schon 1915, im zweiten Jahr seiner Ausbildung, zum Kriegsdienst eingezogen. Ein Jahr später erlitt er einen schweren Lungenschuss, wovon er sich nur langsam erholten. Die folgenden vier Jahre verbrachte er in verschiedenen Lazaretten und Sanatorien.

Seine Genesung schritt soweit fort, dass er 1920 an der Dorfschule von Bar-Sur-Coup in Südfrankreich eine Lehrerstelle antreten konnte. Das Sprechen fiel ihm noch immer schwer, was seine Lehrtätigkeit stark beeinträchtigte. Darin wird auch ein Grund dafür gesehen, dass er sich reformpädagogischen Methoden zuwandte, die die Eigentätigkeit der Schülerinnen und Schüler in den Mittelpunkt stellten und ihn vom Sprechen entlasteten (vgl. Klein/Vogt 1998, S. 11 f.). Zudem empfand der entschlossene Pazifist und Sozialist die ärmlichen Verhältnisse in der dortigen Schule als so bedrückend, dass er nach neuen Wegen suchte, auf denen er die Schüler besser erreichen konnte.

Angeregt durch die Verabschiedung des deutschen Reichsschulgesetzes 1920 begann Freinet sich auch politisch für die Schaffung einer Volksschule einzusetzen, einer gemeinsamen Schule für die Kinder aller sozialen Schichten. Ihn begeisterten vor allem die Modernisierungsversuche deutscher Reformpädagogen, die den Unterricht nach den Bedürfnissen der Kinder zu gestalten versuchten und die Schule zu einem Ort lebensnaher Lernerfahrungen machten.

Diese und auch andere Ideen nahm Freinet in seine Unterrichtspraxis auf und entwickelte sie dort, in Zusammenarbeit mit seinen Schülern, zu einem eigenen Unterrichtskonzept weiter. Entscheidendes Prinzip dabei war, die eigenständige Arbeitsweise der Kinder zu fördern und ihnen vielfältige Möglichkeiten zum Ausdruck ihrer Gedanken und Empfindungen bereitzustellen. 1924 führte Freinet erstmals die Druckerpresse in seinen Unterricht ein. Sie diente den Kindern zur selbständigen Gestaltung eigener Texte und zur Korrespondenz mit Partnerschulen. Bald wurde sie zum zentralen Element seines Unterrichtskonzepts und zum Inbegriff der so genannten „natürlichen Methode" (ebd., S. 14).

In den folgenden Jahren entstanden weitere, für seinen Unterricht typische Techniken und Materialien. Innner- und außerhalb des Klassenraums wurden Ateliers für verschiedenste Arbeiten eingerichtet, so dass seine Klasse sich mehr und mehr in einen Handwerksbetrieb umwandelte. Später sprach Freinet vom „entdeckenden Lernen" und von „tastenden Versuchen".

In den folgenden Jahren setzte Freinet sich immer nachdrücklicher für die Beseitigung sozialer Missstände im Schulsystem ein und gründete zu diesem Zweck die Lehrerkooperative C. E. L. (Coopérative de l'Enseignement Laic). Ihre Mitglieder trugen entscheidend zur Entwicklung jener Arbeitsmaterialien bei, die die materielle Basis der „Bewegung der modernen Schule" (ebd., S. 15) bildeten. Mit Aufsätzen zu pädagogischen und sozialpolitischen Themen begann Freinet, seine methodischen und didaktischen Prinzipien zu verbreiten. Zudem gründete er eine ländliche Genossenschaft für die Kleinbauern seiner Umgebung, deren Interessen er in Vorträgen, auf nationalen und internationalen Kongressen vertrat. Als Freinet 1925 die Sowjetunion besuchte, war er so beeindruckt, dass er nach seiner Heimkehr der kommunistischen Partei Frankreich beitrat (vgl. ebd., S. 15).

Im gleichen Jahr traf er in Brüssel mit Maria Montessori zusammen, deren vom Kinde ausgehende Forderung „Hilf mir, es selbst zu tun" seine Pädagogik nachhaltig beeinflusste. 1932 bis 1934 verstärkten sich die Proteste aus Freinets Schulbewegung gegen das öffentliche Bildungssystem. Sie entwickelte sich zum sogenannten „Schulkampf", der 1934 schließlich zur Beurlaubung des Pädagogen vom staatlichen Schuldienst führte. 1935 eröffnete Cèlestin Freinet zusammen mit seiner Frau Elise ein Landschulheim in der Nähe von Vence. Hier nahm er jüdische Waisenkinder aus Deutschland sowie vom spanischen Bürgerkrieg betroffene Kinder auf (vgl. ebd., S. 17).

Während des Zweiten Weltkrieges wurde er zweimal interniert und kämpfte bis zur Befreiung 1944 in der Résistance. Nach dem Krieg baute Freinet mit großem Engagement sein zerstörtes Landschulheim wieder auf und widmete sich bis zu seinem Tod 1966 dem Auf- und Ausbau seiner Schulbewegung sowie der Weiterentwicklung seiner Unterrichtstechniken. 1948 gründete das Ehepaar zusammen mit Mitgliedern der C. E. L. das „Institut der Kooperativen Modernen Schule" − I. C. E. M (vgl. ebd.). C. E. L. und I. C. E. M. waren locker miteinander verflochten. Während die Pädagogikkooperative C. E. L für die kommerzielle Produktion und Vermarktung von Arbeitsmitteln zuständig war, übernahm der lockere Lehrerverband I. C. E. M. die fachliche Weiterentwicklung sowie die Kommunikation zwischen den verschiedenen regionalen Arbeitsgruppen.

Als 1961 bereits in 40 Ländern Arbeitsgruppen der „École Moderne" existierten, gründete Freinet die „Internationale Föderation der Bewegung der Modernen Schule" – F. I. M. E. M. Seither werden jährlich Kongresse und Kurse veranstaltet, in denen interessierte Pädagoginnen aus aller Welt in die Technik der Freinet-Pädagogik eingeführt werden (vgl. ebd., S. 18).

2.3.3 Das Bildungs- und Erziehungskonzept der Freinet-Pädagogik

Allgemeines

„Dem Kind das Wort geben" – dieser Leitspruch Freinets symbolisiert Grundlage und Ausgangspunkt eines Erziehungskonzeptes, das auf der Achtung der Bedürfnisse und der Rechte des Kindes basiert. Mit großem Interesse für das Wohlergehen des einzelnen Kindes begegnete der Pädagoge den Bedürfnissen und Wünschen junger Menschen mit einer für seine Zeit ungewöhnlichen Offenheit. Dies hatte zur Folge, dass er schon im Primarbereich für ein Mitspracherecht, aber auch für eine Mitverantwortung der Kinder bei der Gestaltung des schulischen Lebens eintrat (vgl. Hellmich/Teigeler 1995, S. 98). Dabei bemühte er sich, ihnen genau zuzuhören und ihre Äußerungen zu verstehen.

Angeregt durch die Ideen führender Reformpädagoginnen und -pädagogen, wie Adolph Ferrière, Ovide Decroly, Maria Montessori oder Peter Petersen, schuf Freinet sein praxisbezogenes Konzept zur Umgestaltung des Schulalltags. Dabei verknüpfte er ihre Impulse hinsichtlich Arbeitsformen und Lernmitteln mit seinen eigenen Vorstellungen von einer naturnahen Erziehung zu einem „Ensemble von pädagogischen Techniken" (Dietrich 1995, S. 16). Die Übernahme neuer Techniken in den Unterricht machte Freinet im Wesentlichen von den Reaktionen seiner Schüler abhängig und folgte damit deren natürlichem Lerntrieb und ihren Interessen (vgl. Klein/Vogt 1998, S. 12). Dies entsprach seinem Verständnis von einer „natürlichen Methode", wonach es galt, die im Kind vorhandenen Ressourcen zu nutzen und zu achten. Klein/Vogt zufolge „[...] geht Freinet davon aus, dass für den kindlichen Lernprozess im Grunde immer schon alles Notwendige im Leben des Kindes vorhanden ist. Es muss nur noch hervorgelockt, geordnet und verfügbar gemacht werden. Dies zu arrangieren, wäre dann die ,Natürliche Methode' des Erziehenden" (Klein/Vogt 1998, S. 23).

Festzustellen ist also, dass die Arbeit des Kindes in einem entsprechenden Handlungsrahmen zur selbsterziehenden Kraft werden kann (vgl. Hellmich/Teigeler 1995, S. 99). Ausführlich beschreibt Freinet seine Ideen von einer natürlichen, kindgerechten Erziehung in seinem Werk „Les Dits de Mathieu" (= Die Sprüche des Mathieu) „Eine Pädagogik des gesunden Menschenverstandes" (vgl. Freinet 1998, S. 21). Hier gibt der Pädagoge in der fiktiven Gestalt des alten Schäfers Ratschläge und Antworten auf alle Fragen der Erziehung. Dabei stellt er häufig den gesunden Menschenverstand der lebensfremden pädagogischen Theoriebildung gegenüber (vgl. Dietrich 1995, S. 15).

Ausgehend vom Respekt vor dem Kind betont die Freinet-Pädagogik in besonderem Maße die Selbstverantwortung und Autonomie des Kindes, indem sie ständig neue Methoden sucht, die es befähigen, selbst zu Wort zu kommen und eigene Interessen umzusetzen. Darauf aufbauend können die Prinzipien entdeckendes Lernen und tastendes Versuchen zur Geltung kommen. Denn Lesen, Schreiben, Rechnen und Forschen sind Aufgaben, die dem Leben der Kinder entspringen und insofern „natürlich" sind. Diesem Drang wird in der Alltagspraxis durch entsprechende Organisationsstrukturen und Unterrichtsmethoden sowie durch vielfältige Möglichkeiten des „freien Ausdrucks" entsprochen (vgl. Glänzel 1995, S. 33).

Ende der 1970er Jahre wurden in Wiesbaden die Methoden und Techniken dieses ursprünglich für die Schule entwickelte Konzeptes erstmals auf den Elementarbereich übertragen. In den folgenden Jahren begannen die Erzieherinnen mit großem Engagement, diese Versuche weiter auszubauen und somit aus Elementen der Freinet-Pädagogik ein auch heute noch aktuelles Konzept für die Kindertagesstätte zu entwickeln (vgl. Klein / Vogt 1998, S. 7).

Das Menschenbild in der Freinet-Pädagogik

Freinets Bild vom Menschen beruht auf der „Respektierung der Identität und der individuellen Eigenart der Person" (Hellmich / Teigeler 1995, S. 99). Schon dem sehr jungen Menschen spricht der Pädagoge ein hohes Maß an Selbstverantwortung und Autonomie zu und macht ihn somit zum Akteur seiner eigenen Entwicklung. Nach diesem Verständnis kennt das Kind selbst seine Interessen am besten und kann sie in einem geeigneten Umfeld auch zum Ausdruck bringen. Klein / Vogt fassen Freinets Bild vom Kind in folgenden Eigenschaften bzw. Kompetenzen zusammen:

* „Das Kind kann unter bestimmten Voraussetzungen selbst Gestalter seiner eigenen Entwicklung sein. Es besitzt ausreichend Eigeninitiative und Kompetenzen, um sich tastend und entdeckend selbst zu entwickeln. Es ist dabei in der Lage, seinen ganz persönlichen, zu ihm wirklich passenden Rhythmus zu finden" (Klein / Vogt 1998, S. 19)
* „Kinder sind in der Lage, eigene Bedürfnisse zu erkennen, auszudrücken und handelnd zu bewältigen. Nicht der Erwachsene weiß, was für Kinder gut ist, sondern die Kinder selbst. Sie sind stets angefüllt mit Erlebnissen, Erfah-

rungen und auch Handlungsideen. [...] Freinet nimmt das, was Kinder tun, als Ausdruck ihrer augenblicklichen genuinen Bedürfnisse wahr und mäkelt nicht daran herum. Kindern wird erlaubt, im Jetzt und Hier zu sein und darin vor allem die Größe der eigenen Persönlichkeit, statt noch vorhandene Defizite zu erleben" (ebd., S. 19 f.)

- „Kinder besitzen die Fähigkeit zur Verantwortung" (ebd., S. 20): „Das Kind, dem man Aktivitäten anbietet, die seinen physischen und psychischen Bedürfnissen entsprechen, ist immer diszipliniert, d. h. es hat weder Regeln noch äußere Verpflichtungen nötig, um alleine oder in Kooperation mit anderen auch einer anstrengenden Arbeit nachzugehen" (Freinet 1980, S. 38). Das Kind kann diese Verantwortung erst dann übernehmen „[...] wenn seine Tätigkeit eigenen Triebfedern entspringt, wenn es nicht von außen gelenkt wird, sondern aus eigenem Antrieb und eigenen Zielen folgend handeln kann" (Klein/Vogt 1998, S. 20).

Freinet zeichnet somit ein sehr modernes Bild vom Kind als Wesen, das seinen Entwicklungsprozess in Auseinandersetzung mit der Umwelt selbst steuert. Dieser Persönlichkeit entsprechend zu begegnen und ihr ein entsprechendes Handlungsumfeld zur vollen Entwicklung seiner Fähigkeiten zu geben, ist die verantwortungsvolle Aufgabe des Erwachsenen. „Das Kind ist hungrig nach Leben und Aktivität" (Freinet 1980, S. 28). Freinet nimmt dieses kindliche Bedürfnis ernst und richtet sein ganzes pädagogisches Streben darauf, diesen Hunger zu stillen.

Die Entwicklung des Kindes

Klein/Vogt beschreiben die psychische Entwicklung des Kindes anhand eines Dreiecks (vgl. Klein/Vogt 1998, S. 42). Die drei Seiten des Dreiecks stellen die verschiedenen Entwicklungsrichtungen dar, deren Länge den fortschreitenden Entwicklungsstand. Mit den zunehmenden Kompetenzen und Fertigkeiten des Kindes wächst auch die Größe des Dreiecks (vgl. ebd., S. 38).

Folgende psychische Entwicklungsbereiche wären in diesem Zusammenhang zu nennen:
- Die wachsende Selbständigkeit und Kompetenz des Kindes, wodurch es eine zunehmende Unabhängigkeit vom Erwachsenen erlangt: „Das bin ich und das kann ich" (vgl. ebd.)
- Durch die wachsende Fähigkeit, selbständig und produktiv zu sein, ist das Kind zunehmend in der Lage, eigene Bedürfnisse zu befriedigen: „Das tue ich" (vgl. ebd., S. 39)

- Durch die zunehmende Fähigkeit, in der sozialen Gruppe mit anderen zu handeln, erlebt das Kind Gemeinschaft und Partizipation: „Das bin ich, das kann ich und das tue ich gemeinsam mit anderen" (vgl. ebd.).

Um eine optimale Entwicklung zu erreichen, muss das Kind alle Seiten seines Entwicklungsdreiecks gleichmäßig ausbilden. Geschieht dies nicht, kann das Gleichgewicht der kindlichen Persönlichkeit gestört werden (vgl. ebd.).

Kindliches Lernen

Ausgehend vom natürlichen Bedürfnis des Kindes nach Selbständigkeit und Unabhängigkeit unterscheidet Freinet innerhalb der ersten sieben Lebensjahre drei Entwicklungsstufen der kindlichen Aktivität, denen jeweils ein entsprechendes Erziehungsmilieu zuzuschreiben ist. In jedem Abschnitt setzt sich das Kind aktiv mit seiner materialen und sozialen Umwelt auseinander. Nur so kann eine maximale Entfaltung seiner sozialen Kräfte und seiner Menschlichkeit erreicht werden (vgl. Freinet 1998, S. 498 f.). Dabei werden die einzelnen Stufen dem Lebensrhythmus folgend bewältigt:

Erste Entwicklungsstufe (0.–2. Lebensjahr): Die Periode des tastenden Ausschauhaltens (prospection-tâtonée) ist eine Periode, in „[...] deren Verlauf das Kind Erfahrungen sammelt, sucht, beobachtet und prüft, um sich der es umgebenden Welt anzupassen und immer mehr das Geheimnisvolle und das seine Kraftentfaltung bedrohende Unbekannte von sich zurückzustoßen. Diese Periode hört gegen Ende des zweiten Lebensjahres auf, wenn das Kind zu laufen beginnt. Dadurch gewinnt es eine größere Autonomie in seinen Reaktionen, und seine nun befreiten Hände erlauben ihm erste konstruktive Tätigkeiten" (ebd., S. 505).

Zweite Entwicklungsstufe (2.–4. Lebensjahr): In der Periode des „Sich-Errichtens und Einordnens" (aménagement) begnügt sich das Kind nicht damit, „[...] etwas zu kennen, um es nur zu kennen, einen Stein zu bewegen, um seine neuen Kräfte zu messen oder um nachzusehen, was sich darunter befindet. Es beginnt sein Leben zu ordnen, und seine tastenden Versuche konzentrieren und richten sich unbewusst auf den Bereich der wichtigsten physiologischen Bedürfnisse und der verwirrenden Geheimnisse des Lebens" (ebd.).

Das Kind ist Freinet zufolge in dieser Phase noch ganz mit sich selbst beschäftigt und treibt lediglich im zweckfreien Spiel einen Prozess des „Sich-Einrichtens" (ebd.) voran. Dieser Prozess ist bildlich vergleichbar mit einem Mieter, der nach einer Periode des Ausschauhaltens (prospection) nun seine neue Wohnung bezieht und sich darin einrichtet (vgl. ebd., S. 506).

Dritte Entwicklungsstufe (4.–7. Lebensjahr): Periode der „Arbeit": „Bis zum vierten/fünften Lebensjahr hat sich das Kind mit den Bereichen, mit denen sich vertraut zu machen es für nötig hält, genügend befasst. Es hat ein notwendiges Minimum von Zweckgerichtetheiten entwickelt und seine ersten Vitalreflexe geordnet. Von nun an bleibt ihm genug Zeit, um die Eroberungen der Welt in Angriff zu nehmen. Diese Eroberung vollzieht sich nur durch die Arbeit, die in der Tätigkeit besteht, mit der das Individuum seine wichtigsten physiologischen, psychologischen Bedürfnisse befriedigt, die ihm zur vollen Entfaltung seines Ichs unentbehrlich sind" (ebd., S. 506). Diese Arbeit vollzieht sich „[...] unter zwei parallellaufenden und sich ergänzenden Formen, dem Spiel mit Arbeitscharakter (jeu-travail) und der Arbeit mit Spielcharakter (travail-jeu) [...]" (ebd., S. 502).

Unter *travail-jeu* versteht Freinet „[...] alles Tun des Kindes, das aus dem von der Natur im Menschen veranlagten Trieb nach Bestätigung und Arbeit entspringt. Dieser Trieb ist bei allen Völkern und Rassen gleich vorhanden. Freinet bezeichnet ihn als eine Folge der natürlichen Bestimmung des Menschen zu Arbeit, zur Entwicklung der körperlichen und geistigen Kräfte im Umgang und in der Auseinandersetzung mit der Natur und den Elementen. Da das Kind aber nicht wie die Erwachsenen pflügen, säen, ernten und arbeiten kann, sucht es seinen Kräften und Bedürfnissen angepasste Ersatzmöglichkeiten der Betätigung. Diese Tätigkeiten haben zwar vom Erwachsenen aus gesehen Spielcharakter, wie das Bauen von Hütten aus Astwerk, das Errichten von Burgen aus Sand, [...], das Pflegen von Puppen und Tieren. Freinet behauptet jedoch, dass sie für das Kind keine Spiele, sondern regelrechte Arbeit sind" (Jörg 1998, S. 597).

Alle übrigen spielerischen Aktivitäten des Kindes, bei denen nicht das Endprodukt Zweck des Handelns ist, lassen sich als *jeu-travail* bezeichnen. „Die Spiel-Arbeiten (Spiele mit Arbeitscharakter) geben Antworten auf große körperliche, praktische, soziale und vitale Bedürfnisse der Kinder. Sie sind diejenigen, die das gewöhnliche und angeborene Bedürfnis befriedigen, das Leben zu erhalten" (Freinet 1998, S. 314).

Lernen vollzieht sich also auf allen Entwicklungsstufen in unterschiedlichen Formen kindlicher Aktivität. In der Praxis verläuft der Übergang von einer Entwicklungsstufe zur nächsten vorwiegend progressiv. Dabei werden die einzelnen Phasen nicht nur einmal durchlebt und überwunden, sondern immer wieder, durch die Auseinandersetzung mit der sozialen und materialen Umwelt. Auf das Bild des Mieters übertragen bedeutet dies, dass der Mieter nicht nur einmal eine Wohnung sucht und dann beginnt sich einzurichten, sondern dass er je nach Bedarf zu den Stufen „Ausschauhalten" und „Sich-einrichten" zurückkehrt, bis die Wohnung nach seinen Vorstellungen fertig eingerichtet ist.

Diese beiden Entwicklungsphasen dienen dem Kind somit als Grundlage für die Stufe der Arbeit. Wie sich der Verlauf der jeweiligen Phase jedoch im einzelnen gestaltet, liegt in den individuellen Veranlagungen und Interessen jedes Menschen begründet (vgl. Freinet 1998, S. 506 f.). Aufgabe der Erzieherin ist es nun, entsprechende Arbeitsmaterialien und ein das Interesse förderndes Lernumfeld bereitzustellen, damit die ersten beiden Stufen zügig überwunden werden können und das Kind dann im Prozess der Arbeit mit Selbstverwirklichung bzw. Selbsterziehung beginnen kann (vgl. ebd., S. 510).

2.3.4 Die Erziehungspraxis der Freinet-Pädagogik

Ausgehend von seinem Menschenbild, das die Selbständigkeit und Autonomie des Kindes betont, begann Célestin Freinet in den 1920er Jahren für eine grundlegende Reform des Schulwesens zu kämpfen. Er betonte „[...], dass das Kind in einem größtmöglichen Maße zur Entfaltung seiner Persönlichkeit im Schoße einer vernünftigen Gemeinschaft gelangen kann, der es dient und die auch ihm dient. Es wird seine, ihm bestimmten Aufgaben erfüllen, indem es sich zu einem würdigen und kraftvollen Menschen entwickelt, der sich so auf ein fruchtbares Arbeiten vorbereitet, dass er einmal als Erwachsener ohne interessensbestimmte Verlogenheit mit zur Verwirklichung einer harmonischen, ausgeglichenen Gesellschaft beitragen kann" (ebd., S. 492).

Dieses, seiner Meinung nach „wahre" Erziehungsziel fand jedoch in den zu jener Zeit bestehenden Konzeptionen keine Berücksichtigung. So begann Freinet für ein kindgemäßes Schulkonzept zu kämpfen, das das Kind als Glied der Gemeinschaft in den Mittelpunkt der erzieherischen Aktivität stellte. Unterrichtsformen, Unterrichtsinhalte und Arbeitsmaterialien sollten dabei seinen wesentlichen Bedürfnissen, entsprechend des gesellschaftlichen Kontextes, angepasst werden. Hierdurch würde die Schule so gestaltet, dass sie es „[...] dem Kind erlaubt, zu einer möglichst vollkommenen Entfaltung seiner Persönlichkeit zu kommen" (ebd., S. 493). Dabei wird die Arbeit „[...] das Prinzip, der Motor und die Philosophie der volkstümlichen Pädagogik sein; der Antrieb, aus dem aller Bildungserwerb hervorgeht" (ebd., S. 494).

In Ablehnung der alten „Buch- und Paukschule" begann Freinet also die abstrakte Welt der Schulbücher gegen selbst hergestellte Arbeitsmaterialien zu ersetzen. Durch eigenes Experimentieren sollten die Schüler selbst Lösungswege für die Bewältigung der auf sie zukommenden Lern- und Lebensaufgaben finden. Unter Einsatz all ihrer Kräfte sollten sie Gelegenheit zur Entfaltung ihrer Fähigkeiten erhalten. Dabei wirkt die Arbeit im selbsttätigen Umgang mit der Umwelt als selbst erziehende Kraft.

Freinet machte die Ideen der Schüler zum Gegenstand seines Unterrichts, wodurch es ihm gelang, das natürliche Lerninteresse zu wecken und den Lernstoff in ihre Lebenswelt einzubinden (vgl. Hellmich / Teigeler 1995, S. 99). Fazit seiner Erfahrungen war dabei: „Wache Köpfe sind besser als mit Wissen vollgestopfte Hirne" (Freinet 1998, S. 499). Neben diesem Bild vom Kind als Akteur seiner Entwicklung kommt Freinet weiterhin zu der Einsicht, dass der junge Mensch bei der Bewältigung seiner großen Lebensaufgaben dennoch der Hilfestellung erwachsener Bezugspersonen bedarf:

„Da wir augenblicklich nicht behaupten können, dass wir die Kinder sowohl methodisch wie wissenschaftlich so führen, dass jedem von ihnen die ihm persönlich angepasste Erziehung zuteil wird, begnügen wir uns damit, ihnen ein ihre Interessen förderndes Milieu zu schaffen und ein entsprechendes Arbeitsmaterial und kindgemäße Techniken zu entwickeln, die ihre Bildung fördern, und ihnen Wege ebnen, auf die sie sich je nach ihrer Veranlagung, ihren Neigungen und ihren Bedürfnissen begeben werden" (ebd., S. 493).

Freinet entwickelte sein neues Entwicklungskonzept im Kreise seiner Schüler. Er zog Schlüsse aus eigenen Beobachtungen und entwickelte daraus Unterrichtsprinzipien, die er sehr behutsam, in tastenden Versuchen, mit der Klasse erprobte. Dabei war er sowohl Lehrer als auch Lernender. So entstanden in der Alltagspraxis Methoden und Techniken, die den Entwicklungsraum Schule zu einem Lebensraum für die Schüler werden ließen (vgl. Klein / Vogt 1998, S. 14).

Die Übertragung der Freinet-Pädagogik auf die Kindertagesstätte geschah aus der Not heraus, einen künstlichen Entwicklungsraum für Kinder wieder so natürlich wie möglich zu gestalten. Auch hier sind die Erzieherinnen zunächst durch Tasten und Versuche mit den Kindern schrittweise vorgegangen. Einige Techniken konnten dabei unverändert übernommen werden, andere mussten für die (Alters-)Gruppe entsprechend verändert werden. Alle Elemente des Erziehungskonzeptes für den Elementarbereich sind jedoch in Zusammenarbeit mit den Kindern aus der Alltagspraxis heraus entstanden und lassen viel Freiraum zum weiteren Experimentieren und Forschen (vgl. ebd., S. 95 f.).

Das Erziehungsverständnis

„Welchen Abschnitt des Lebens wir auch betrachten mögen, jede echte Erziehung vollzieht sich nach einem allgemeinen Prinzip von zaghaft tastenden Versuchen, das alle anderen mehr oder weniger wissenschaftlichen Methoden übertrifft.

Die systematische Erziehung irrt, wenn sie behauptet, ihre rationalen Methoden an Stelle eines vom Gesetz des Lebens selbst hergeleiteten Erziehungsprozesses setzen zu können.

Alles, was sie kann und auch machen muss, besteht darin, diese tastenden Versuche im weitesten Umfang möglich zu machen, um durch sie eine Entwicklung zu fördern, die den einzelnen zu einer maximalen Entfaltung seiner sozialen Kräfte und seiner Menschlichkeit bringt" (Freinet 1998, S. 499).

Demnach versteht Freinet unter Erziehung kein künstliches, wissenschaftliches Konzept, sondern einen Prozess, der durch tastendes Versuchen und die Einflüsse der natürlichen Lebensumstände bestimmt wird. Aufgabe der Erzieherin ist es dabei, die individuellen Potentiale und Neigungen des Kindes zu erkennen und ihm eine entsprechend reiche, helfende Lernumwelt zu schaffen, in der es die optimale Förderung erhält. Nur so ist das Kind in der Lage, sich aus sich selbst heraus zu erziehen und seine Persönlichkeit zu entwickeln (vgl. ebd.).

Pädagogische Grundprinzipien

Das Interesse fördernde Entwicklungsmilieu

Der Rahmen, in dem Erziehung und Entwicklung stattfindet, wird von Freinet als Entwicklungsmilieu oder Milieu beschrieben. Das „Interesse fördernde Milieu" stellt neben der Erzieherin das zentrale Element seines Erziehungskonzeptes dar. In einer solchen Lern- und Entwicklungsumgebung werden dem Kind die Materialien bereitgestellt, die sein Interesse und damit den Lernprozess anregen sollen (vgl. Klein/Vogt 1998, S. 28). Klein/Vogt kennzeichnen Freinets Entwicklungsraum durch vier Prinzipien: Freiheit, Verantwortung, Sinn und Bezug zum Leben (vgl. ebd., S. 39 ff.).

In seinem Werk „Die moderne französische Schule" teilt der Pädagoge die Kindheit in vier große „Erziehungsabschnitte" ein:
- 0.– 2. Lebensjahr
- 2.– 4. Lebensjahr
- 4.– 7. Lebensjahr
- 7.–14. Lebensjahr.

Jedem Abschnitt ordnete Freinet ein entsprechendes Erziehungsmilieu zu, dessen Ausgestaltung er in seinem oben genannten Werk sehr genau beschreibt. Damit versucht er dem Tätigkeitsbedürfnis und den Lernstufen des Kindes gerecht zu werden. Deutlich hebt er dabei die entscheidende Bedeutung der in den ersten beiden Jahren getroffenen Erziehungsmaßnahmen hervor, die die Grundlage für die darauffolgenden Erziehungsabschnitte bilden (vgl. Freinet 1998, S. 498). Aufgrund ihrer Relevanz für den Elementarbereich sollen die ersten drei Entwicklungsabschnitte im Folgenden näher erläutert werden.

Die Periode der Vorschulzeit (0.–2. Lebensjahr): Die erste Lebensphase verbringt das Kleinkind normalerweise in der Obhut der Eltern. Hier getroffene erste Erziehungsmaßnahmen bestimmen im weitesten Sinne pädagogische, individuelle und soziale Erfolge weiterer Erziehungsabschnitte.

Kinderreservate und Kindergärten (2.–4. Lebensjahr): „Um sich gründlich auf das Leben vorbereiten zu können, bedürfen Kleinkinder einer reichen, helfenden Umwelt, in der sie diese ersten tastenden Lebenserfahrungen sammeln können" (Freinet 1998, S. 499). Unter „reich" versteht Freinet in diesem Zusammenhang „[...] die Qualität, die Vielfalt und den Anreiz zu funktioneller Betätigung, die ihnen diese Umgebung zur Entfaltung ihrer Persönlichkeit bietet" (ebd.). Um Kindern auf dieser Entwicklungsstufe des Sich-Einrichtens einen entsprechenden Entwicklungsraum zu schaffen, schlug Freinet analog zu Schutzräumen für junge Tiere die Einrichtung eines Schutzraumes für Kleinkinder vor.

In sogenannten Kinderreservaten, die naturnah, der kindlichen Lebenswelt entsprechend ausgestaltet sein sollten, wollte Freinet „[...] dem Kind zu vernünftigen Eigenerfahrungen verhelfen" (ebd., S. 500). Damit versuchte er sich von den zu jener Zeit üblichen Kindergärten abzugrenzen, denen er vorwarf, „[...] dass sie mehr oder weniger komfortabel eingerichtete ‚Akklimatisierungsgärten' sind, denen zwar keine moderne Perfektion fehlt, die aber trotzdem nur Treibhäuser sind" (ebd., S. 502).

Vorschule (École maternelle, 4.–7. Lebensjahr): Als Vorschule bezeichnet Freinet „[...] den Bildungsabschnitt, der zwischen der Familienerziehung, die, falls es notwendig ist, von den helfenden und vervollkommnenden Erziehungsmaßnahmen der Kinderreservate unterstützt wird, und der normalen Schulzeit liegt" (ebd.).

Aufbauend auf die Erfahrungen der bereits durchlaufenden Entwicklungsabschnitte sollte das Kind nun Gelegenheit haben, sich aktiv und selbständig mit seiner Umwelt auseinander zu setzen. Dementsprechend ist das Milieu so gestaltet, dass es Anregungen zur handwerklichen Tätigkeit, d. h. zum Arbeitsspiel gibt. Die Erzieherin sollte Arbeitsmittel, Material und Techniken bereitstellen, die das Arbeitsspiel und die Spielarbeit (jeu-travail) ermöglichen (vgl. ebd., S. 503).

Das Erziehungsmilieu wird somit zur Lernumgebung, in der das Kind mithilfe von Arbeitsmitteln, Werkzeugen und Materialien angeregt werden soll, seine Ideen und damit sich selbst zu verwirklichen. Gekennzeichnet ist dieses „interessenfördernde Milieu" durch folgende Eigenschaften:
- Alltagsnähe
- Nähe zur Lebensrealität der Kinder

- Naturverbundenheit, d. h. Einbeziehung der Natur durch Pflanzen, Tiere
- Anregungsreiche Umgebung, die zum Forschen und Experimentieren anregt. Alle Geräte und Materialien sind im funktionstüchtigen Zustand und für die Kinder frei zugänglich
- „Meisterhaft strukturierte" Lernumgebung, d. h. die Lernumgebung wird ständig den aktuellen Bedürfnissen der Kinder angepasst (vgl. ebd., S. 28 f.).

Methoden, Techniken und Arbeitsmaterialien

„Das sind die neuen Erkenntnisse: Das Kind ist hungrig nach Leben und Aktivität. Diesen Drang nutzen wir, indem wir dem Kind die ‚Instrumente' der Unterweisung und der Erziehung selbst in die Hand geben, und indem wir an der Verwirklichung der materiellen und sozialen Voraussetzungen arbeiten, die es dem Kind ermöglichen, diesem Drang nachzugehen" (Freinet 1980, S. 28).

Während seiner gesamten beruflichen Laufbahn war Freinet bemüht, durch nachdrückliche Forderungen eine Veränderung des Schulwesens zu erreichen. Seinem Verständnis nach sollte die Gestaltung der Schule von den Bedürfnissen des Kindes ausgehen, anstatt dessen Kreativität und Spontaneität durch eine Flut von Regeln, Erklärungen und Wissensballast zu unterdrücken. Weiterhin sollte Erziehung naturnah und nach „natürlichen Methoden" vorgehen, um dem Kind möglichst viel Gelegenheit zu Primärerfahrungen im Umgang mit Menschen, Tieren, Pflanzen, Werkzeugen und Materialien zu geben.

In diesem Sinne ist es die Aufgabe der Erzieherin, die allseitige Entfaltung und Bildung der kindlichen Persönlichkeit zu ermöglichen, ohne dass es durch reine Wissensansammlung, Manipulation oder Indoktrination gegängelt wird. Deshalb suchte Freinet nach Methoden, Arbeitstechniken und Materialien, die eine solche Entfaltung und Bildung optimal zulassen (vgl. Jörg 1981, S. 180 f.).

Das wohl bekannteste und am vielseitigsten einsetzbare Arbeitsmittel der Freinet-Pädagogik ist die Schuldruckerei. Schüler erhalten hier die Möglichkeit, ihre Beobachtungen und Erfahrungen in Texten zu gestalten und ihnen durch den Guss in Blei einen überzeitlichen Wert zu verleihen. Meist können sich mehrere Kinder gleichzeitig am Druckvorgang beteiligen, was sich positiv auf ihr Sozialverhalten auswirkt. Zudem ist das Setzen und Drucken besonders wertvoll für das Erlernen von Satzbau und Orthographie. Moderne wissenschaftliche Erkenntnisse besagen, dass legasthenische Ausfallerscheinungen bei Lernanfängern durch die Schuldruckerei vollkommen behoben bzw. verhindert werden können (vgl. Hellmich / Teigeler 1995, S. 105).

Die selbst gestalteten Texte werden zunächst in der Klasse vorgestellt, dienen jedoch später auch als Grundlage für die Korrespondenz mit anderen Schulklassen. Die Antwortschreiben dienen den Schülern ihrerseits wiederum als lebensnahe und alltagsbezogene Informationen, die den Unterricht als Lernanregung bereichern. Indem die Kinder den praktischen Nutzen des Schreibens und Lesens selbst erleben, bleibt das Erlernen dieser Kulturtechniken kein abstrakter Vorgang, sondern ist an die sinnlich erfahrbare Welt der Kinder gekoppelt (vgl. ebd., S. 106).

Freinet entwickelte noch weitere Methoden und Techniken, mit denen es ihm gelang, die Unterrichtsinhalte in den Lebensbezug der Kinder zu stellen. Denn eine Klasse, die in seinem Sinne organisiert ist und arbeitet, beschränkt sich nicht allein auf das Erlernen von Kulturtechniken. Auch der Erwerb zwischenmenschlicher Kompetenzen, wie Unterordnung und Selbstbehauptung, Rücksichtnahme und Zusammenarbeit sowie Hilfsbereitschaft und Verständnis, nehmen eine zentrale Stellung in der Freinet-Pädagogik ein.

Praktische Umsetzung findet dieses Prinzip beispielsweise in den regelmäßig stattfindenden Klassenkonferenzen. Hier haben die Kinder Gelegenheit, durch Anregungen für Arbeitsmittel, Dokumentensammlungen, Arbeitsmappen, Arbeitsmittelkästen oder die Arbeitsbücherei aktiv an der Gestaltung des Schullebens mitzuwirken. Um den Unterrichtsstoff zu strukturieren, führte Freinet Arbeits- bzw. Wochenpläne ein. Zur Verbesserung der Raumatmosphäre teilte er den Klassenraum in einzelne Arbeitsecken und in einen Gemeinschaftsbereich auf. Die jeweiligen Arbeitsecken dienen zum Experimentieren und Forschen. Sie werden auch Arbeitsateliers genannt (vgl. Jörg 1981, S. 181 ff.).

Ende der 1970er Jahre begann man dann in Wiesbaden, diese ursprünglich für den Schulbereich entwickelten Prinzipien auf den Elementarbereich zu übertragen. Ziel war es, „[...] die künstlich geschaffene Entwicklungsumgebung Kindertageseinrichtung für Kinder benutzbar zu machen, sie zu öffnen für ihr Leben, ihnen darin Freiheit und Verantwortung zu gewähren" (Klein/Vogt 1998, S. 95).

Freinets Techniken und Methoden bildeten den pädagogischen Rahmen und wurden in der Kindertagesstätte aus der Not heraus, „[...] einen künstlichen Entwicklungsraum für Kinder so natürlich wie möglich zu gestalten [...]" (ebd.), weiterentwickelt. Somit waren sie jederzeit veränderbar und den individuellen Bedürfnissen der einzelnen Kindergartengruppe anzupassen.

In der Freinet-Kindertagesstätte in Wiesbaden haben sich bis heute folgende Prinzipien Freinets bewährt:

Organisation der Gemeinschaft:
- Ämter und Dienste
- Arbeitsbesprechungen
- Gruppenbesprechungen
- Gruppensprecher
- Haushalts- bzw. Finanzrat
- Kinderkonferenz / Wandzeitung / Zettelei
- Kinderrat
- Werkstattrat.

Informations- und Arbeitsmaterialien:
- Abmeldetafel und Benutzerbücher
- Dokumentensammlungen und Nachschlagekiste
- Gruppenbücher / Tagebücher / Lebensbücher der Gruppe
- Reparaturbücher
- Wochenplan.

Die meisten Methoden und Techniken wurden in Wiesbaden zunächst mit Schulkindern im Hort entwickelt. Inzwischen haben sie weitere Verbreitung gefunden und werden den Bedürfnissen der Vorschulkinder angepasst (vgl. ebd., S. 15 ff.).

Die Rolle der Erzieherin

„Begleiten, Beobachten, Stützen" (ebd., S. 85) – mit diesen Tätigkeiten umschreiben Klein / Vogt die Rolle der Erzieherin in der Freinet-Pädagogik. Ihre zentrale Aufgabe ist es, „[...] den Kindern die Möglichkeit zu tastenden Versuchen und entdeckendem Lernen zu schaffen" (ebd., S. 34). Entscheidend ist dabei eine das Interesse fördernde Entwicklungsumgebung, die nicht von den Pädagoginnen für die Kinder vorbereitet werden soll, sondern mit den Kindern zusammen entsteht. „Im Dialog mit den Kindern finden sie heraus, was zu ihrem Leben gehört, wie das Milieu also gestaltet sein muss, damit Kinder in ihm frei, sinnvoll, in eigener Verantwortung und mit Bezug zu ihrem Leben tasten, entdecken, experimentieren und versuchend voranschreiten können" (ebd., S. 90).

Somit spielt die Erzieherin einerseits eine zentrale Rolle im Erziehungsgeschehen, indem sie mit dem Kind gemeinsam, von dessen Bedürfnissen ausgehend, den Entwicklungsrahmen gestaltet. Andererseits tritt sie in den Hintergrund und hält sich zurück, um dem Kind Autonomie und Selbstverantwortung zu ermöglichen (vgl. ebd., S. 33).

Zentrales Element dieses pädagogischen Verhältnisses ist die Freiheit des Kindes, die Ideen und Impulse der Erzieherin aufzugreifen oder auch zu ignorieren.

Zwar lässt sie ihre eigenen Wünsche und Ziele in die Handlungsprozesse des Kindes mit einfließen, erhebt jedoch keinen Anspruch auf deren Umsetzung. Sie sollte vielmehr im Dialog mit den Kindern versuchen, deren Bedürfnisse zu verstehen und herauszufinden, inwieweit sie Unterstützung für ihr eigenständiges Handeln benötigen. Dabei ist es wichtig, sich durch Beobachtungen und Fragen behutsam vorzutasten und den Kindern viel Raum und Zeit zu geben, sich auszudrücken und mitzuteilen (vgl. ebd., S. 85 ff.). „Der Erwachsene dient in diesem Verständnis als Modell, als Begleiter, dem sich das Kind für ein selbstgewähltes Stück Weg aus freier Entscheidung anvertraut, dessen Impulse, Anregungen oder Hilfsangebote es aber genauso ablehnen kann" (ebd., S. 87).

Dabei sollte die Erzieherin darauf vertrauen, dass das Kind als Akteur seiner Entwicklung intuitiv weiß, was es für sein persönliches Wohlbefinden und seine Weiterentwicklung benötigt. Für die Alltagspraxis der Freinet-Pädagogik bedeutet dies, dass Erzieherinnen ständig ihr eigenes Verhalten im Hinblick auf ihre Begleiterfunktion überprüfen und aktualisieren müssen (vgl. Klein / Groß 2004). Denn wenn sie „[...] Kinder auf ihrem Weg begleiten, hören sie zu, beobachten, was sie tun, nehmen ihre Signale wahr und treten in einen Dialog mit ihnen. Bevor sie behutsam stützend eingreifen, erlegen sie sich selbst eine Hemmung auf. Ein Puffer wird zwischen Wahrnehmung und Handlung geschoben. Bevor sie handeln, überprüfen sie, ob ihre Hypothese, das Kind brauche an dieser Stelle Hilfe, richtig ist. Dazu betreten sie die Gegenwart des Kindes und betrachten die Sache aus seinem Blickwinkel. Sie gehen dabei mit dem Kind einen inneren Rollentausch ein" (ebd.).

Auf diese Weise kann das Kind die Erzieherin auf seinen Weg des Lernens führen und seinen eigenen Entwicklungsrhythmus beibehalten.

Methodisch-didaktische Grundprinzipien

In der Freinet-Praxis nimmt die Gestaltung des Entwicklungsraums bzw. Milieus sowie die Verwendung der Methoden und Techniken immer wieder Bezug auf vier grundlegende Prinzipien: Freiheit, Verantwortung, Sinn und Bezug zum Leben.

Freiheit

Ausgehend von einem das Interesse des Kindes fördernden Entwicklungsmilieus sowie Materialien, die zum Experimentieren und Ausprobieren anregen, steht die Wahlfreiheit des Kindes im Mittelpunkt der Freinet-Praxis. Das Kind hat die Möglichkeit, frei zwischen verschiedenen Formen der Beschäftigung zu wählen und darüber zu bestimmen, wie und wie lange es sich einer Tätigkeit widmet. Zudem stehen ihm die verschiedensten Möglichkeiten offen, seine Gedanken und Empfindungen frei auszudrücken.

Freiheit bezieht sich jedoch nicht nur auf die Wahl der Tätigkeit, sondern auch auf die Organisation der sozialen Gruppe, wo die Bedürfnisse und Wünsche der Gruppe mit der Freiheit des Einzelnen zu vereinbaren sind. Auch an diesem Prozess sind die Kinder maßgeblich beteiligt (vgl. ebd., S. 39 f.).

Verantwortung

Freinet schreibt den Kindern die Fähigkeit zu, Verantwortung für ihr Handeln übernehmen zu können. „Verantwortung entsteht jedoch nur dort, wo Kinder Entscheidungen treffen können, die auch Folgen haben" (ebd., S. 40). Dies geschieht beispielsweise in der freiwilligen Übernahme von Ämtern, vor allem aber in der Selbstbestimmung des eigenen Lern- und Entwicklungsprozesses. Eine Entscheidung zu treffen und dafür die Verantwortung zu übernehmen, stärkt das Selbstwertgefühl des Kindes und prägt seine Persönlichkeit. Nach Klein / Vogt verlangt Freinet die Übernahme von Entscheidungen durch viele. Daher werden im Freinet-Kindergarten die großen und kleinen Aufgaben in den wöchentlichen Versammlungen auf viele verschiedene Kinder verteilt (vgl. ebd.).

Sinn

In der Sinnhaftigkeit einer Handlung „[...] liegt die motivierende Kraft, die für die Entwicklung und Lernen aufgebracht werden muss. Entwicklung ist immer auf die Überwindung von gegenwärtigen Grenzen gerichtet. Um diese Mühe auf sich zu nehmen, muss etwas jenseits dieser Grenze, als ‚Belohnung' winken" (ebd.)

Das heißt, wenn eine Handlung dem Kind sinnvoll erscheint, fällt ihm das Überwinden dieser Grenzen, also das Lernen, leichter. Eine solche Sinnerfüllung kann beispielsweise im Lob einer Bezugsperson liegen. Hat das Kind die Möglichkeit, aus eigenem Antrieb seine Persönlichkeit und seine Bedürfnisse zum Ausdruck zu bringen, erfährt es eine tiefe innere Befriedigung. Da dieses Erleben jedoch nur in einer Atmosphäre der Freiheit und Verantwortung entstehen kann, halten sich Freinet-Pädagoginnen im Bewerten und Kommentieren weitgehend zurück (vgl. ebd., S. 41).

Bezug zum Leben

„Sinn entsteht dort als leitendes Prinzip, wo sich Kinder nahe am wirklichen Leben entwickeln können" (ebd.). In diesem Sinne gelingen Lernerfolge gerade da, wo an bereits vorhandene Erfahrungen angeknüpft werden kann. Daher öffnet die Freinet-Praxis ihre Einrichtungen besonders für die Alltagserfahrungen der Kinder. Ihre Interessen sind die Lernfelder, ihre Vorlieben legen fest, in welcher Form gelernt wird.

2.3.5 „Kinder haben ein Recht auf ihre eigenen Erfahrungen. Wir geben ihnen die Werkstätten": das Praxisbeispiel der Freinet-Einrichtung „Entdeckerland" in Berlin

Als die Berliner Kindertagesstätte Regenbogen geplant wurde, orientierten sich die Vorstellungen des Architekten an gängigen Einrichtungen. Mit der Einstellung der Leiterin änderte sich dies: Der bereits fertig gestellte, eher normgerechte Rohbau verwandelte sich in ein individuelles Haus. Das übliche Raumkonzept mit Gruppen- und Nebenräumen wurde — um das pädagogische Konzept von Célestin Freinet umsetzen zu können — umgestaltet und Werkräume geschaffen. Aber leere Werkräume nützen nicht viel. So wurden die verschiedenen Materialien wie Hölzer, Holzparkett, Linoleum besorgt.

Die in Auflösung befindliche Baustelle der Kindertagesstätte war dabei die reinste Fundgrube. Die Bitte der Leiterin, entsprechende Materialien zu erhalten, wurden anfangs von der Bauleiterin mit einem Kopfschütteln beantwortet: „Was soll dieser Müll in einer Kita? Ihr wollt doch Kinder erziehen?" Nach Klärung dieser Frage konnte die Tagesstätte 1998 gut ausgestattet ihren Betrieb aufnehmen.

Das Interview wurde mit Petra Oschecker, der Leiterin der Einrichtung, geführt.

Frau Oschecker, können Sie die Grundgedanken der Freinet-Pädagogik kurz darstellen?
Freinet sieht das Lernen der Kinder als etwas Natürliches an. Kinder sind aktiv, sie wollen Dinge ausprobieren und experimentieren. Kinder wollen von sich aus lernen und sie lernen durch ihr Tun. Freinet spricht in diesem Zusammenhang vom entdeckendem Lernen der Kinder. Dazu brauchen sie bestimmte Materialien und ganz bestimmte Strukturen. Freinet fordert, dass die Bildungseinrichtungen in Lernwerkstätten umgewandelt werden.

Welche Ziele verfolgen Sie in Ihrer Pädagogik?

Die Ziele unterscheiden sich nicht so sehr von anderen pädagogischen Konzepten. Wir wollen die Kinder selbständig, produktiv und gemeinschaftsfähig werden lassen. Das ist, glaube ich, nichts Besonderes. Die Frage ist nur, wie schaffe ich das? Augenfällig an der Freinet-Pädagogik ist die Selbstbestimmung, die Kindern bei uns gewährt wird, sowie ungewöhnliche Rechte, die wir ihnen zugestehen. Wir sehen Kinder als Bürger. Sie erleben bei uns Respekt an ihrer Person und ihrem Tun. Dieser Respekt löst in hohem Maße Freude an der Arbeit aus. Und

■ Werkstatt

die hat bei uns einen hohen Stellenwert. Wir wollen nicht, dass die von den Kindern ausgehende Leistungs- und Lernbereitschaft versiegt. Und das sehe ich als etwas ganz Besonderes.

Welches Menschenbild liegt der Freinet-Pädagogik zugrunde?

Freinet geht davon aus, dass ein Kind weiß, was es braucht und dass es seine Bedürfnisse ausdrücken und selbst befriedigen kann. Ein Kind weiß also sehr genau, was es zu welchem Zeitpunkt mit wem und wie tun möchte. Wir Erwachsenen müssen den Kindern das Lernen nicht erst beibringen. Vielmehr brauchen Kinder bestimmte Bedingungen, um den Rhythmus und den Weg des Lernens selbst bestimmen zu können.

Wie würden Sie in diesem Kontext die Rolle der Erzieherin beschreiben?

Die Erzieherin ist eine Entwicklungsbegleiterin. Ihre Aufgabe ist es, das Kind zu beobachten und mit ihm in einen Dialog zu treten. Sie ist weder Vormacherin noch Vorsagerin. Im Gegenteil: Eine Erzieherin muss sich davor hüten, dem Kind zu sagen, was es tun soll.

Können Sie ein Beispiel nennen?

Wenn Kinder in den Werkstätten etwas herstellen, dürfen sie alles ausprobieren. Wichtig ist, dass wir ihrem Tätigsein mit Geduld und Vertrauen begegnen. Wir müssen uns auf den Findungsprozess des Kindes einlassen. Wir sind Begleiterinnen, wenn wir dem Kind mit der Gewissheit, dass es zu seinem Ergebnis kommen wird, entgegenkommen. Wichtig ist auch, das Ergebnis nicht mit unseren Maßstäben zu bewerten, egal wie es aussieht. Und das ist das Schwierigste. Es ist nicht einfach, sich zurückzuhalten mit Äußerungen wie: „Das ist nicht schön, mach' das doch lieber anders." Als Erwachsene sind wir leicht geneigt zu sagen: „Wenn du das so machst, geht das viel schneller". Wir wollen aber, dass die Kinder aktiv sind. Sie haben ein Recht auf ihre eigenen Erfahrungen. Deshalb müssen wir lernen den Mund zu halten, die Hände vom Kind zu nehmen und zuzuschauen.

Worin besteht der Unterschied zwischen Wertung und Lob?

„Das ist schön", ist eine Bewertung. Wenn ich dagegen sage „Ich finde das schön" spiegelt es meine Position und mein ästhetisches Empfinden wider. Eine Bewertung geschieht dann, wenn ich vorschnell durch meine Äußerungen in die Tätigkeit der Kinder eingreife, wenn ich sie unterbreche oder lenke. Dies geschieht, wenn ich z. B. sage, „Was du da machst, ist aber nicht richtig". Aber natürlich loben wir die Kinder. In der Freinet-Pädagogik ist alles, was das Kind produziert, in Ordnung. Wenn ein Kind mit viel Engagement sein Werkstatt-Diplom macht und ich ihm sage „Das finde ich toll, wie du arbeitest, um dein Diplom zu bekommen", ist das eine Unterstützung, im Sinne Freinets eine Motivation.

Freinet spricht von einem anregenden, Kräfte weckenden Milieu. Können Sie das beschreiben?

Kinder brauchen Impulse. Sie nur auf sich selbst zurückzuwerfen, hilft ihnen nicht weiter. Diese Impulse geben wir ihnen über die Materialien und die Werkstätten. Die Kinder entscheiden, was und wo sie mitmachen wollen. Ob sie in eine Werkstatt, in einen Spielbereich oder nach draußen gehen wollen. Wir Erzieherinnen verteilen uns im ganzen Haus und arbeiten an den verschiedensten Dingen. Die Kinder sehen uns bei unseren Tätigkeiten und bringen sich über Fragen ein wie „Was machst du denn?" oder „Kannst du mir helfen?" Dabei geschieht zweierlei: Die Erzieherin kann die Signale der Kinder aufnehmen, sie tritt mit ihnen in einen Dialog, sie ist gleichzeitig Modell und gibt Impulse. Hier gibt es Parallelen zu Maria Montessori: Schauen und warten können, bis das Kind sagt: „Ich brauche dich jetzt".

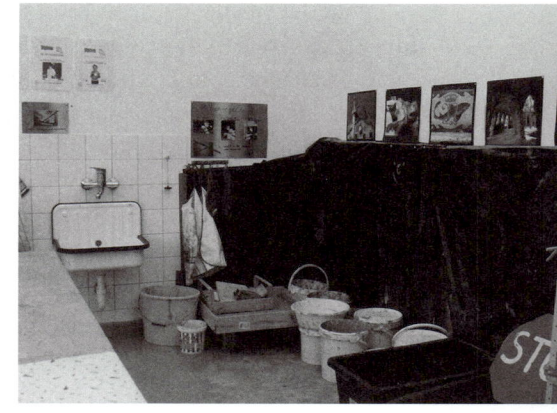

■ Möglichkeit zum Matschen

Welche besonderen Kommunikationsstrukturen gibt es in Ihrer Einrichtung?
Wir haben den Kindertreff, den Kinderrat und die Werkstatträte. Die Kinder versammeln sich im Kindertreff an einem bestimmten Tag. An unsere Zettelwände pinnen sie, was sie besprechen möchten.

Aber nicht alle Kinder können schreiben?
Die Kinder haben ihre eigenen Kringel und Zeichen, egal wie alt sie sind. Der Kindertreff wird von den Kindern selbst geleitet. Die Erzieherin ist nur Mitglied. Die Kinder besprechen, was sie machen wollen und von wem sie Hilfe haben möchten.

Was ist der Unterschied zwischen Kindertreff und Kinderrat?
Der Kindertreff ist eine Versammlung. Alle Kinder, die wollen, nehmen teil und übernehmen Aufgaben: Ein Kind ist Uhrgucker. Es behält die Uhr im Blick. Ein anderes nimmt die Kinder dran, die sich melden. Ein Kind ist für das Aufkleben der Zettel verantwortlich und ein anderes führt Protokoll. Im Kindertreff werden weitere Aufgaben, z. B. mit mir zu sprechen, verteilt. Wichtig ist, dass das jeweilige Kind mit der Übernahme einer Aufgabe auch eine Verantwortung übernimmt. Beispielsweise haben sich die Kinder gewünscht, mit Ton zu arbeiten. Wir hatten aber keinen mehr. Weil das Besorgen Geld kostet, sollten zwei Kindern mit mir sprechen. Kinder, die eine solche Aufgabe übernehmen, nennen wir Kinderrat. Es hat drei Wochen gedauert, bis die beiden wirklich zu mir gekommen sind. In jedem Kindertreff wurden sie daran erinnert: „Habt ihr jetzt mit Petra gesprochen?", „Hat sie Geld?" Unter den Kindern fand ein Prozess statt. Sie mussten sich darüber klar werden, wie die Strukturen und Abläufe sind und erkennen, dass es von ihnen abhängt, was geschieht. Sie mussten ohne Ton auskommen, wir aber auch. Für uns Erwachsene ist es oft leichter, mal eben Ton einzukaufen als das Pausieren in der Tonwerkstatt und alles, was damit verbunden ist, auszuhalten. Die Umsetzung kann bei Kindern sehr lange dauern. Aber wenn sie das Schritt für Schritt organisieren, haben sie am Ende ein viel größeres Erfolgserlebnis.

Ich stelle mir ein solches Verfahren sehr schwierig vor, da Sie auch Kinder unter drei Jahren in Ihrer Einrichtung haben.
Ja, das ist es. Wir haben sehr viele jüngere Kinder im Haus. Meistens wollen die Kinder mit dreieinhalb bis vier Jahren zum ersten Mal aktiv am Kindertreff teilnehmen. Die Jüngeren kommen zwar dazu, aber sie bleiben meist nicht sitzen und können sich noch nicht wirklich an den Besprechungen beteiligen. Deshalb praktizieren wir den Kinderrat bislang noch nicht in aller Konsequenz.

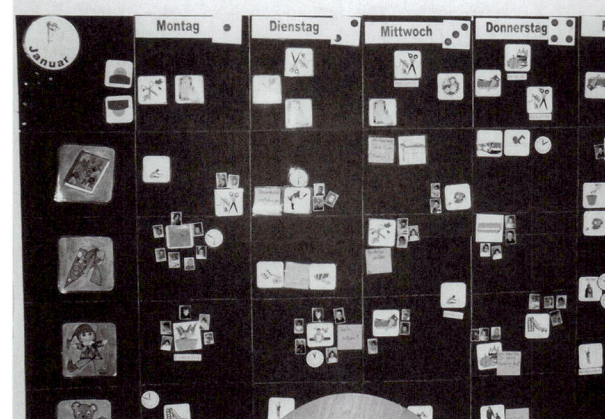

■ Wochenkalender   ■ An- und Abmeldetafel

Gibt es noch andere markante Strukturen?

Ja, wir haben beispielsweise Wochenpläne, An- und Abmeldetafeln und in den Werkstätten die Diplomgruppen. Der Wochenplan besteht aus einer großen Wandtafel, auf der die in einer Woche stattfindenden Angebote in Form von Symbolen und Bildern angepinnt werden. So haben die Kinder eine Orientierung. Sie wissen, was passiert und welche Möglichkeiten sie haben. Sie ordnen sich mit ihrem Bild oder Zeichen den Angeboten zu. Wenn sie sich zugeordnet haben, ist das allerdings verbindlich.

Und was ist, wenn ein Kind nicht mehr mitmachen möchte?

Das kommt vor. Zunächst fragen wir, warum es nicht mehr will, manchmal verhandeln wir auch mit ihm. Es geht uns dabei in erster Linie um die Verantwortung und Gemeinschaftlichkeit im Haus. Dieses Prinzip ist überall in unserem Haus anzutreffen. Ich habe eben die An- und Abmeldetafeln auf jeder Etage erwähnt.

Die Kinder dürfen sich im Haus frei bewegen, sie dürfen selbst entscheiden, wo und mit wem sie spielen. Deshalb tragen sie sich dort ein, wo sie sind, und dass ist dann verbindlich. Wir müssen uns auf die Kinder verlassen können. Sie sind Teil einer Gemeinschaft und mit dafür verantwortlich, dass diese Gemeinschaft funktioniert.

Kommt es vor, dass ein Kind tagelang nicht auf der eigenen Etage ist?

Ja, selbst die Kleinsten entscheiden sich, zum Frühstück oder manchmal auch zum Mittagessen auf eine andere Etage zu gehen. Das hat uns zuerst sehr gewundert. Am Anfang glaubten wir, dass die Jüngeren noch stark an die Erzieherin, die Räumlichkeiten und die Kinder gebunden sind. Aber manche fangen schon sehr früh an, ihr Umfeld zu erforschen, und bewegen sich durch das ganze Haus.

Holen Sie die Kinder durch bestimmte Regeln zurück?

Nein. Wir Erzieherinnen telefonieren kurz miteinander und stellen sicher, dass das Kind dort wirklich angekommen ist. Aber dabei geht es uns nicht um Kontrolle, sondern um Sicherheit.

Gibt es in Ihrer Einrichtung besondere Mitsprachemöglichkeiten der Eltern?

Wir haben einen Elternrat und einen Elterntreff. Zu Beginn unserer Arbeit war es für die Eltern nicht leicht, unsere Arbeitsweise zu verstehen. Vielen erschien es bei uns nur regellos. Um unsere Arbeit transparent zu machen, haben wir – ähnlich wie den Kindertreff – einen Elterntreff eingerichtet. Die Eltern können als gleichwertiges Mitglied Fragen stellen und ihre Sorgen und Bedenken einbringen. Wir hatten z. B. ein Kind, das alle Zahnbürsten in den Gully gesteckt hat und sich immer wieder gewundert hat, dass sie plötzlich weg waren. Dass so etwas passieren konnte, gefiel einigen Eltern nicht. Es gab Eltern, die ihre Kinder stärker beaufsichtigt wissen wollten. Wir konnten ihnen aber zeigen, dass es keine Alternative ist, jeden Schritt der Kinder bis ins Kleinste zu kontrollieren oder dass alle Kinder nur das selbe tun dürfen.

Ist der Elternrat bei Ihnen anders strukturiert?

Nein, er funktioniert wie in anderen Einrichtungen auch. Allerdings habe ich nicht die übliche Leiterinnenrolle. D.h. ich habe das gleiche Stimmrecht wie alle Eltern auch. Wir entscheiden gemeinsam, wie wir beispielsweise unseren Etat verwenden.

Was ist das besondere an der Raumgestaltung?

Wir haben mehrere Werkstätten: eine Ton-, eine Mal-, eine Näh-, eine Holz- und eine Bastelwerkstatt. In diesen Werkstätten wird mit den verschiedensten Materialien wie Hölzer, Stoffe, Felle, Knöpfe, Borte oder Ton gearbeitet. Die Kinder dürfen diese Materialien nach eigenen Ideen, also nicht zweckgebunden verwenden.

Sind die Werkstätten mit Werkzeugen und Maschinen ausgestattet?

Ja, es gibt eine Bohrmaschine, eine Klebepistole, eine Nähmaschine, ein Bügeleisen und sogar ein Plastikeisen usw. Die Kinder wollen oft verschiedene Werkstoffe miteinander verbinden. Meistens probieren sie es erst mit Kleben. Sobald sie merken, dass das nicht reicht, nehmen sie entweder den Handbohrer, die Bohrmaschine oder Hammer und Nagel.

Was stellen die Kinder her?

Das ist sehr verschieden. Vom Ufo über Deckchen oder Hosen fällt ihnen immer etwas Neues ein. Unser Kita-Schild am Eingang ist übrigens auch von den Kindern gemacht worden.

Müssen die Kinder, wenn sie ein Werkstattdiplom machen wollen, bestimmte Werkstücke herstellen?

Nein. Sie entscheiden selbst, was sie herstellen wollen und wie lange und in welchen Abständen sie an ihren Dingen arbeiten. Sie können jederzeit auch ohne Diplom in einer Werkstatt arbeiten, nur muss dann entweder ein Diplomkind oder die Werkstatterzieherin anwesend sein. Meistens entscheidet sich ein Kind für ein Diplom, wenn es längere Zeit in einer Werkstatt sein will. Der Zeitpunkt ist sehr unterschiedlich. Manche Kinder machen auch nur ein einziges Diplom.

Dazu tragen sie sich in die Diplomliste ein und auf dem nächsten Werkstatt-Gruppentreffen besprechen wir noch einmal, wie ein Diplom erworben wird. Die Kinder müssen dazu sechsmal in der Werkstatt arbeiten. Manche Kinder stellen sechs verschiedene Produkte her, andere arbeiten sechsmal an einem Stück. Die Länge der einzelnen Arbeitseinheiten bleibt den Kindern überlassen. Wenn sie alle Regeln eingehalten haben, dürfen sie sich auf ihrer Diplomtafel einen Punkt ankleben.

■ Nähwerkstatt

Brauchen die Erzieherinnen für die Freinet-Pädagogik eine besondere Ausbildung?

Nein, meine Kolleginnen haben eine ganz normale Ausbildung. Den meisten von ihnen war die Freinet-Pädagogik vorher nicht bekannt. Und da es hier in Berlin keine Freinet-Einrichtung gibt, haben wir uns alles selbst erarbeitet. Die Begriffe „handelnder Kopf" und „denkende Hand", waren dabei für uns richtungsweisend.

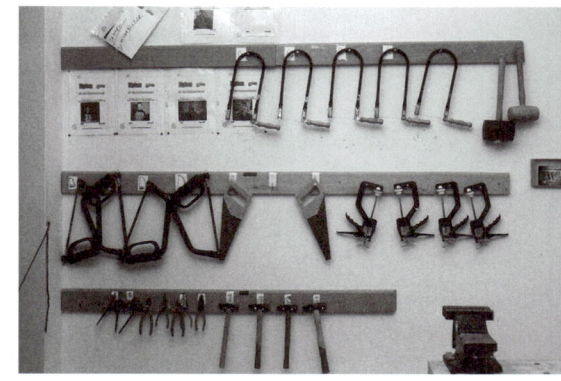

■ Werkzeuge

Und wie sind Sie zur Freinet-Pädagogik gekommen?

Als ehemalige DDR-Erzieherin musste ich einen Kurs zur Angleichung an die Ausbildung in Westdeutschland machen. In dieser Zeit habe ich zum ersten Mal etwas über die Lernwerkstätten und das entdeckende Lernen erfahren. Das hat mich angesprochen. Ich musste immer weiter lesen. Zum gleichen Zeitpunkt habe ich eine Klasse für meinen Sohn gesucht. Er ist Legastheniker, und ich wusste, dass dies mit den Methoden der Freinet-Pädagogik ausgeglichen werden kann. Dazu kam, dass mir der Klassenraum meines

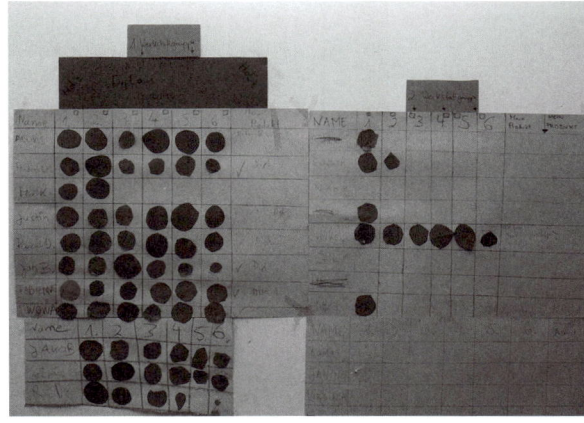

■ Diplom-Liste

Sohnes sehr gut gefiel. Ich habe mich dort sehr gerne aufgehalten, in der Leseecke gestöbert und gesehen, wie viel Freude die Kinder am Lernen haben.

Alles, was ich bisher in meiner pädagogischen Arbeit vermisst hatte, fand ich bei Freinet: die Mitbestimmung und die Autonomie der Kinder, die Methoden. Das ist sehr lebendig und ganz dicht am Leben. Schließlich wollte ich wissen, ob es geht.

Glauben Sie, dass man die Freinet-Pädagogik überall praktizieren kann?
Ich denke ja.

EIGENBETRIEB KINDERTAGESSTÄTTEN NORDWEST

Freinet-Haus „Entdeckerland"
Richard-Münch-Straße 1/3
13591 Berlin
Tel.: 030 – 36 99 85 0
Fax: 030 – 36 99 85 27
Leitung: Petra Oschecker
Trägerschaft: Eigenbetrieb Kindertagesstätten Nordwest
Art der Gruppen: Kindertagesstättengruppen
Anzahl der Gruppen: 3
Alter der Kinder: 0–6
Anzahl der Kinder: 130 (davon 8 Integrationskinder)

LITERATUR ZUM WEITERLESEN

Klein, Lothar (2002): Freinet-Pädagogik im Kindergarten. Freiburg:
  Herder
Riemer, Matthias (Hrsg.) (2005): Praxishilfen Freinet-Pädagogik. Bad
  Heilbrunn: Klinkhardt

2.4 Vergleichende Zwischenbetrachtung

Die reformpädagogischen Erziehungskonzepte Montessoris, Steiners und Freinets spielen im Bereich der Elementarpädagogik heute eine bedeutende Rolle. Trotz grundlegender Unterschiede bezüglich des biographischen Hintergrundes sowie ihrer theoretischen Grundlagen stützen sie sich in ihrem Praxiskonzept übereinstimmend auf drei fundamentale Prinzipien:

Der pädagogische Raum (Umgebung, Hülle, Milieu)

Maria Montessori richtete die Lernumgebung im Kinderhaus speziell auf die Bedürfnisse der Kinder aus. Dabei ging sie stets vom „wahren Wesen" des Kindes aus. Seine Fähigkeit, sich mit hoher Konzentration einer Sache zu widmen, beschrieb Montessori als Phänomen der „Polarisation der Aufmerksamkeit", das zum Leitmotiv für die Gestaltung des Kinderhauses wurde. Damit steht die Montessori Pädagogik für eine künstliche Lernumgebung, die von der Erzieherin für das Kind speziell zum Zwecke intensiver Lernerfahrungen vorbereitet wird.

Rudolf Steiner forderte hingegen eine harmonische Entwicklungsumgebung, die im Sinne einer „schützenden Hülle" auf die Wachstumskräfte des Kindes und die Ausgestaltung seiner Organe einwirkt.

Célestin Freinet zufolge sollte die Lernumgebung ein „das Interesse des Kindes förderndes Milieu" darstellen. Der Pädagoge stellte jedoch für die verschiedenen Lernstufen unterschiedliche Anforderungen an die Lernumgebung. Mit seinen Forderungen hinsichtlich Räumlichkeiten und Materialien gab Freinet Rahmenbedingungen vor, die dem Kind Raum für freie Entfaltung und selbstbestimmtes Handeln geben sollten.

Das pädagogische Material

Maria Montessori hat die Sinnesmaterialien des französischen Arztes Séguin ausgebaut und weiterentwickelt. Die Materialien sind in Farbe und Form festgelegt und bilden ein geschlossenes System. Für die Handhabung dieser Materialien entwickelte Montessori spezielle Übungen, die den Kindern mithilfe der „Dreistufenlektion" beigebracht werden sollen.

Rudolf Steiner äußerte sich hingegen, außer zur Puppe, kaum zur konkreten Beschaffenheit der Materialien. Er hob allein die Kriterien „unfertig" und „wenig vorgeformt" hervor, wodurch die Phantasiekräfte des Kindes angeregt werden sollten.

Auch **Célestin Freinet** machte wenig genaue Angaben zur Ausgestaltung spezieller didaktischer Materialien. Ganz allgemein forderte der Pädagoge solche, die dem Kind hinsichtlich Aufgabenstellung und Verwendungszweck sinnvoll erscheinen. Zudem sollten die Materialien Aufforderungscharakter besitzen und den jeweiligen Lernstufen angepasst sein.

Die pädagogisch handelnde Erzieherin

In der Erzieherin fordern die Reformpädagoginnen übereinstimmend eine Person, die in ihrem pädagogischen Handeln vom Kind ausgeht und in der Lage ist, sich in dessen Rolle bzw. Sichtweise hineinzuversetzen. Sie sollte Kindheit als eigenständige Lebensphase anerkennen, die es nach den jeweiligen pädagogischen Prinzipien möglichst optimal zu fördern gilt.

Diese drei Säulen des Konzeptes beruhen auf dem jeweiligen Bild vom Kind, seinen Entwicklungsbedingungen und seinen Fähigkeiten, sich aktiv mit der Umwelt auseinander zu setzen. Sie helfen der theoretischen Forderung zu ihrer praktischen Umsetzung. Ihr Gleichgewicht bildet die Grundlage für eine erfolgreiche Erziehung. Die einzelnen Prinzipien sind von den Reformpädagoginnen und -pädagogen jeweils unterschiedlich begründet und konzipiert worden, so dass jedes Konzept für sich eine Einheit bildet.

3 Moderne pädagogische Ansätze

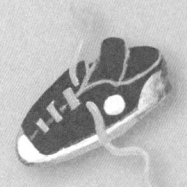

3.1 Der Situationsansatz

3.1.1 Allgemeine Betrachtung

Lernen im Alltag, Entdeckungen im Umfeld, Spielpflege und Eigentätigkeit sind Lernformen, die im Zentrum zahlreicher moderner pädagogischer Ansätze stehen. Dieses lebensweltorientierte Verständnis von Erziehung und Bildung liegt auch dem Situationsansatz zugrunde. In den 1970er Jahren, in Auseinandersetzung mit unterschiedlichen Strömungen traditioneller Kindergartenpädagogik und reformpädagogischen Ansätzen erarbeitet, wurde er seitdem in verschiedenen Facetten weiterentwickelt. Heute in vielerlei Variationen praktiziert, bildet dieser Ansatz die Grundlage für eine Reihe moderner Kindergartenkonzeptionen, die ihre pädagogische Praxis aus dem situativen Anlass heraus gestalten.

Der Situationsansatz gehört seit den 1970er Jahren zu den meist diskutierten Bildungskonzepten in Deutschland (vgl. Fthenakis 2000, S. 115). Viele seiner Grundgedanken regen zur kritischen Auseinandersetzung an; zudem weisen Variationen in der Begrifflichkeit – in der Literatur werden die Begriffe Situationsansatz und Situationsorientierung verwendet – auf unterschiedliche Nuancen in der Deutung dieses Konzeptes hin. Im Folgenden werden die Begrifflichkeiten Situationsansatz und Situationsorientierung synonym verwendet, da leichte Abweichungen in diesem Zusammenhang nicht von Bedeutung sind. Es geht darum, ein Erziehungskonzept vorzustellen, das seine pädagogische Praxis aus dem situativen Anlass heraus gestaltet. Die Ausführungen dienen dem besseren Verständnis der nachfolgenden modernen Ansätze, da auch die Reggio-Pädagogik, der Offene Kindergarten und der Waldkindergarten ihre pädagogische Praxis in Anlehnung an diesen Ansatz gestalten.

3.1.2 Ideengeschichte

Die ideengeschichtlichen Wurzeln des Situationsansatzes sind weit verzweigt. Sie weisen Bezüge zur europäisch-nordamerikanischen Reformpädagogik, zur lateinamerikanischen Educación popular auf sowie zur neueren Bildungsforschung.

Maßgeblichen Einfluss übte der Brasilianer Paulo Freire († 1997) auf die situationsorientierte Pädagogik aus. Als „furioser Anwalt der Armen mit weltweiter Wirksamkeit" (Zimmer 1998, S. 84) wurde der Pädagoge und Friedensnobelpreisträger vor allem für sein Buch „Pädagogik der Unterdrückten" bekannt. Aus seinem Genfer Exil setzte er sich viele Jahre für eine Öffnung der Pädagogik ein, die sich sowohl auf das Aufbrechen festgefahrener Denkstrukturen als auch hierarchischer Strukturen bezog. Lernen ist nach Freire ein Prozess soziopolitischer Bewusstwerdung, in dem ein Lehrer Schüler und ein Schüler auch Lehrer ist. „Lernen ist der Ausstieg aus dem Mythos von der Unabänderlichkeit der Situation und handelnder Einstieg in die Geschichte" (ebd.). Handlung und Reflexion sind dabei fest miteinander verbunden.

Eine weitere ideengeschichtliche Wurzel verweist auf die Bewegung der „Community Education", deren Ziel es ist, Leben und Lernen mit dem Gemeinwesen in Verbindung zu bringen. Als Paten wären hier beispielsweise Henry Morris, Gründer einer der ersten Community Schools in England sowie John Dewey, Vater der amerikanischen „progressive education" zu nennen.

Dritter bedeutender Ideenspender ist Paul B. Robinsohn († 1972), ehemaliger Direktor am Max-Planck-Institut für Bildungsforschung Berlin. Als Jude in Berlin aufgewachsen, in die Emigration getrieben und nach Deutschland zurückgekehrt, war Robinsohn Ende der 1960er Jahre maßgeblich an der Entwicklung des Strukturkonzeptes der Curriculumrevision beteiligt. Ausgangspunkt dieses Bildungskonzeptes sind nicht einzelne Fachgebiete, sondern Verwendungssituationen, in denen die erworbenen Qualifikationen angewendet werden können. Das Strukturkonzept sieht drei Abschnitte vor:
• Bestimmung und Analyse von Situationen
• Bestimmung von Qualifikationen
• Entwicklung passender Curriculum-Elemente.

Im Zentrum steht dabei die Rolle des Experten, der als Vertreter von Wissenschaftsdisziplinen die Aufgabe hat, die Situationen zu analysieren (vgl. ebd., S. 85). Beim Situationsansatz, wie er vom Deutschen Jugendinstitut München für die Elementarerziehung erarbeitet wurde, nehmen im Alltagsgeschehen vor allem Erzieherinnen, Eltern und Kinder die Rolle des Experten ein.

Die Arbeitsgruppe Vorschulerziehung des Deutschen Jugendinstituts begleitete Anfang bis Mitte der 1970er Jahre Modellversuche in Rheinland-Pfalz und Hessen. Später übernahmen dann andere Projektgruppen die Begleitung des Erprobungsprogramms und arbeiten seit Ende der 1990er Jahre in den neuen Bundesländern an dessen Weiterentwicklung.

3.1.3 Das Bildungs- und Erziehungskonzept des Situationsansatzes

Allgemeines

Das pädagogische Konzept der situationsorientierten Erziehung ist in den 1970er Jahren unter dem Einfluss unterschiedlicher Strömungen traditioneller Elementarpädagogik und reformpädagogischer Ansätze erarbeitet und seither weiterentwickelt worden (vgl. Zimmer 2000 und 2006). Heute gilt der Situationsansatz weithin als „dominierender konzeptioneller Rahmen" (Colberg-Schrader 1999, S. 87) für Kindergärten in Deutschland. Grundlage und Ausgangspunkt bildet ein lebensweltorientiertes Verständnis von Erziehung und Bildung, das die sich wandelnden Lebensbedingungen von Kindern immer wieder überprüft und die darauf bezogenen Inhalte, Ziele und Handlungsstrategien der pädagogischen Praxis neu definiert. Dies bezieht in der Praxis die individuellen Erfahrungen und Kompetenzen aller Beteiligten mit ein. Erziehung und Bildung in diesem Sinne bedeutet Lernen in Erfahrungszusammenhängen, Bezüge zwischen Lerninhalten und konkreten Lebenssituationen herstellen sowie Kompetenzen zur selbstbestimmten Bewältigung der Lebenssituationen vermitteln (vgl. Zehnbauer 1994, S. 60).

Autonomie, Solidarität und Kompetenz als übergreifende Erziehungsziele

Als der Situationsansatz Anfang der 1970er Jahre entwickelt wurde, war vieles im Aufbruch. Willy Brandts Slogan „Mehr Demokratie wagen" wurde in nahezu allen Lebensbereichen, insbesondere jedoch im Erziehungswesen, als Herausforderung verstanden. Dieser Zeitgeist mag u.a. Anlass dazu gegeben haben, die situationsorientierte Pädagogik unter das Zeichen zu stellen, „[...] Kinder mit verschiedener Herkunft und mit unterschiedlicher Lerngeschichte zu befähigen, in Situationen ihres gegenwärtigen und künftigen Lebens möglichst autonom, solidarisch und kompetent zu handeln" (Zimmer 1998, S. 14).

Autonomie, Solidarität und Kompetenz als übergreifende Erziehungsziele prägen die situationsorientierte Pädagogik in vielerlei Hinsicht. Autonomie, im Sinne von Selbständigkeit, Unabhängigkeit und Eigeninitiative, will Kinder darin stärken, ihr Recht auf Selbstbestimmung zu vertreten. Solidarität als Erziehungsziel soll ein Bewusstsein dafür zu schaffen, dass jeder einzelne Teil in einer Gemeinschaft ist, in der es gilt, anstehende Aufgaben gemeinsam zu bewältigen, Schwächere zu schützen und mit der Natur sorgsam umzugehen (vgl. Colberg-Schrader 1999, S. 98). Kompetenz bedeutet Bildung, Wissen und Befug-

nis. Kinder brauchen Kompetenzen, um in komplexen Alltagssituationen angemessen agieren zu können.

Insbesondere vor dem Hintergrund der jüngeren deutschen Geschichte stellt die
„Entwicklung von Weltverständnis" (Zimmer 1998, S. 15) als Bildungsanspruch
einen wesentlichen Teil des Situationsansatzes dar. Ein solches Weltverständnis
befähigt nach Zimmer, „[...] zum ‚richtigen' und ‚wirksamen' Verhalten in der
Welt [...]" (Zimmer 2000, S. 95), was bedeutet, Situationen nicht nur bestehen,
sondern auch aktiv gestalten zu können.

Als Konsequenz daraus erfolgt Bildung im Situationsansatz nicht in zerglie-
derten Einheiten, sondern in sozialen Zusammenhängen. Dabei lässt sich die
Vermittlung von Autonomie, Solidarität und Kompetenz sicherlich nicht in Hand-
lungsanweisungen festlegen. Sie sollte vielmehr als Grundprinzip in allen Bereichen der pädagogischen Praxis zum Ausdruck kommen.

Das Bild vom Kind

„Kinder verfügen über Möglichkeiten, ihre Entwicklung selbst zu steuern, den
aktiven Part im alltäglichen Tun zu übernehmen, soziale Akteure zu sein" (ebd.,
S. 18). Grundlage und Ausgangspunkt des Menschenbildes im Situationsansatz
bildet somit die Selbständigkeit des Kindes. Sie ist Voraussetzung für eine selbstbestimmte Entwicklung, die von Erwachsenen verständnisvoll und mit Impulsen begleitet, jedoch nicht inszeniert werden soll. Denn Kinder sind von ihrem
Wesen her neugierig. Sie wollen Situationen mitgestalten, bringen ihre Deutungen mit ein, äußern ihre Meinung, gehen ihren Phantasien nach und drücken sie im Spiel aus. Demnach gilt es, „[...] die Individualität des Kindes, seine
Lerngeschichte, seine Art der Aneignung von der Welt, seine Betroffenheit, seine Wahl und Sicht von Situationen, die Besonderheit seines Denkens und Handelns, seine Problemzugänge und Interessen [...]" (Zimmer 2000, S. 100) in den
Mittelpunkt der pädagogischen Überlegungen zu stellen. Ziel ist es, den Kindern Zugang zu anregungsreichen Realsituationen zu verschaffen, in denen sie
agieren können. Damit wird anerkannt, „dass Kinder ein Recht auf sinnstiftende
Tätigkeiten haben, ihre Lebensenergie freisetzen, das Leistungsvermögen, das
sie entwickeln und einbringen wollen, nicht auf „sinnlose", künstlich konstruierte, sondern auf angemessen dosierte, reale Anforderungen beziehen" (Zimmer 1998, S. 19).

Die psychische Entwicklung des Kindes

Wie sich Kinder ihre Umwelt aneignen, welche Rolle Lernprozesse in diesem Zusammenhang spielen und wie Entwicklung und Lernen zusammenhängen, sind

Fragen an die Entwicklungspsychologie, die die pädagogischen Überlegungen des Situationsansatzes in grundlegender Weise bestimmen. Grundsätzlich wird die frühe Kindheit als entscheidend für die darauf aufbauenden Entwicklungsmöglichkeiten gesehen. „Die psychische Entwicklung im Kindesalter nimmt ihren Verlauf vom Bewusstwerden der Außenwelt als Ausgangspunkt hin zum Bewusstwerden der Innenwelt zu einem eigenständigen Denksystem" (Zehnbauer 1994, S. 65).

Der Situationsansatz stützt sich damit auf kein eigenes entwicklungstheoretisches Konzept, sondern bezieht sich eher auf die Erkenntnisse der jüngeren internationalen Fachdiskussion. So wird die Betätigung der Sinnesorgane sowie eine Vielzahl motorischer Aktivitäten, insbesondere auf der Ebene der sensomotorischen Intelligenz, als ausschlaggebend für eine gelungene Entwicklung betrachtet (Piaget). Ergänzend zieht man nach Gardner den Bereich der sozialen Beziehungen, das kindliche Gefühlsleben sowie das erwachende Selbstbewusstsein des Kindes hinzu.

Die Unterschiede zwischen Kindern, beispielsweise hinsichtlich Temperament, Persönlichkeit und Geschwindigkeit der Informationsverarbeitung, werden somit zu wesentlichen Elementen des Lernprozesses. Solche individuellen Unterschiede treten bereits sehr früh in Wechselbeziehung mit der kulturellen Umwelt auf. Optimale Förderung erhält die kindliche Intelligenz- und Persönlichkeitsentwicklung durch eine aktive Auseinandersetzung mit der Umwelt und den daraus resultierenden Veränderungen als Konsequenz des eigenen Handelns. Diese Entwicklungsprozesse müssen nicht immer gradlinig aufwärts verlaufen. Fehler und Rückschritte lassen die Kinder systematisch ihr Wissen überprüfen und den Entwicklungsweg auf höherem Niveau weiterverfolgen.

Fthenakis merkt in diesem Zusammenhang jedoch kritisch an, dass obwohl im Zentrum aller pädagogischen Überlegungen das Kind steht, differenzierte Ausführungen zur Entwicklung des Kindes weitgehend fehlen. Zimmer fordert für den Situationsansatz, „dass an einer ihm kongruenten, pädagogisch reflektierten und differenzierten Entwicklungs- und Kognitionspsychologie gearbeitet wird" (Zimmer 2000, S. 100).

Kindliches Lernen

Der Situationsansatz betrachtet das Kind als aktiven Gestalter seiner Entwicklung. Spontaneität, Neugierde und Wissbegier, die dem Wesen des Kindes eigen sind, werden durch ein entsprechend mit Entwicklungsanreizen und Entfaltungsmöglichkeiten gestaltetes Umfeld gefördert. Dies setzt ein ganzheitliches Verständnis vom kindlichen Lernprozess voraus, das einzelnen menschlichen

Bereichen, wie Sprache, Motorik, Intelligenz und Kreativität, erst im Zusammenhang mit der „Schlüsselsituation" (Zehnbauer 1994, S. 63) ihre Bedeutung zukommen lässt.

Lernprozesse ebenso wie deren Inhalte werden offen gestaltet. Gerade Kinder im Vorschulalter erwerben durch die aktive Auseinandersetzung mit ihrer Lernwelt „[...] ein intuitives Verständnis von der Welt der Objekte, von Ereignissen und Personen in ihrer Umwelt, und sie entwickeln im Bezug auf die drei Bereiche Vorstellungen, die sich als Theorien kennzeichnen lassen" (ebd., S. 64). Diese aus Erlebnissen und Erfahrungen entstandenen Theorien bilden die Grundlage für spätere Lernprozesse.

3.1.4 Die Erziehungspraxis des Situationsansatzes

Das Erziehungsverständnis

Situationsorientierte Pädagogik ist nicht allein als eine Methode zur Gestaltung pädagogischer Angebote zu verstehen, sondern verändert die Einrichtung im Hinblick auf die Raumnutzung und -ausstattung, die Teamstrukturen sowie die Außenkontakte zu Trägern, anderen Einrichtungen und Familien in entscheidendem Maße. Sie nimmt Bedürfnisse, Ressourcen und Wertorientierungen in ihrem Umfeld wahr und bezieht sie in ihre pädagogischen Überlegungen mit ein.

In diesem Sinne umfasst pädagogisches Handeln auf der Grundlage des Situationsansatzes „[...] die Gesamtheit eines institutionskritischen, diskursiven, sozialpädagogischen Arbeitens und Lernens mitten im Alltag" (Colberg-Schrader 1999, S. 88). Im Mittelpunkt situationsorientierter Pädagogik steht das Lernen in Handlungszusammenhängen, die für Kinder überschaubar sind. Dazu gehören:
- Informationserwerb
- Ausprobieren und Einüben von Fertigkeiten
- Spielen
- Gegenseitige Verständigung
- Projektorientierte Aktivitäten.

Dies geschieht jedoch nicht nach einem festgelegten, hierarchischen Lehrplan, sondern ist in das Alltagsgeschehen der Kindertagesstätte eingebunden. Denn der Situationsansatz favorisiert Lernprozesse, die sich an den Erfahrungen der Kinder orientieren und an Anschauung und praktisches Handeln gebunden sind. Die Kinder organisieren ihre Erkundungen und Aneignungsprozesse vielfach selbst, haben im Bedarfsfall jedoch Anrecht auf die Unterstützung erwachsener Bezugspersonen (vgl. Naumann 1998, S. 87). Aktualität, persönlicher Bezug zum Thema, Gemeinschaftserleben und das Gefühl, dass die Welt veränderbar ist, stehen im Zentrum der Lernprozesse. Sie rufen eine besondere Motivation bei Kindern und Erzieherinnen hervor und regen selbstbestimmte Lernprozesse an.

Lernen in Lebenssituationen

Kinder wollen lernen! „Sie brauchen allerdings Bedingungen dafür, die den Bezug zu Lebenssituationen unterstützen und Kompetenzen herausfordern" (Colberg-Schrader 1995, S. 8). Merkmale lebensnahen Lernens können in diesem Sinne sein:

- Bezug zur Lebenssituation des Kindes
- Lernen in Erfahrungszusammenhängen
- Elternarbeit
- Generationsübergreifendes Lernen
- Veränderte Rolle der Erzieherin
- Enge Verbindung zwischen Kindergarten und Gemeinwesen (vgl. Colberg-Schrader/Krug 1982, S. 43).

Dies sind Kennzeichen einer auf die Lebenswirklichkeit bezogenen Pädagogik, deren Fundament bereits vor 30 Jahren im Curriculum „Soziales Lernen" gelegt wurde. Entscheidendes Merkmal des Situationsansatzes ist jedoch, dass er kein statisches Konzept ist, sondern sich immer weiter entwickelt. Denn *das* Kind bzw. *die* Wirklichkeit gibt es nicht. „Kinder leben in Wirklichkeiten, die für sie inszeniert sein mögen oder denen sie ausgesetzt sind – unabhängig davon existieren sie nicht" (Zimmer 1998, S. 27).

Das Wechselverhältnis von Kind und Realität nimmt im Situationsansatz eine zentrale Rolle ein. Es unterscheidet ihn damit von zahlreichen anderen pädagogischen Ansätzen, die durch die Gestaltung künstlicher Erfahrungsräume und immer gleicher Lernprogramme eine zeitlose „Kontextunabhängigkeit" zu erreichen suchen. Des Weiteren werden auch psychologische Anteile der Konstruktion des Bildes vom Kind in den Blickpunkt pädagogischer Überlegungen gerückt. „Wie ich das Kind ‚vor' mir erlebe, hängt auch damit zusammen, wie ich mit dem Kind ‚in' mir zu Rande komme, in welcher Weise ich mit meiner eigenen Biographie, mit mir selbst und dem Gepäck aus meiner Vergangenheit umgehe, wie ich das Kind in mir systematisch und psychoanalytisch verorte" (ebd.).

Die Schwierigkeit, dieses Wechselverhältnis aufzuklären und für die pädagogische Praxis sinnvolle Schlüsse daraus zu ziehen, verweist auf die Notwendigkeit, das Lehr- und Lernverständnis im Situationsansatz weiter zu differenzieren.

Die vier Schritte situationsorientierter Pädagogik

- Im *ersten Schritt* gilt es eine Situation wahrzunehmen und im Dialog mit anderen zu analysieren.
- Im *zweiten Schritt* wird zunächst analysiert, welche Anforderungen die Situation an die Kinder stellt und welche Qualifikationen von Bedeutung sind, damit sie die Situation aktiv mitgestalten können. Des Weiteren werden die Zielvorstellungen erarbeitet und formuliert. Was soll erreicht werden? Welche Fähigkeiten und Fertigkeiten sollen erworben werden? Die Forderung nach Autonomie, Solidarität und Kompetenz sollte dabei stets Berücksichtigung finden.
- Im *dritten Schritt* wird erarbeitet, nach welchen Methoden und Prinzipien die Situation gestaltet werden soll.
- Im *vierten Schritt* gilt es die Erfahrungen auszuwerten und über eventuell weiterführende Projekte nachzudenken.

Anspruchsvolle Aufgabe der Erzieherin ist es nun, Schlüsselsituationen zu erkennen und aus dem Alltagsgeschehen herauszufiltern (ebd., S. 31). Ziel ist es dabei nicht, besonders problematische oder anspruchsvolle Situationen auszuwählen, sondern vor allem jene, die im Zentrum kindlicher Aneignungsprozesse stehen. Sie geben den Kindern die Möglichkeit, mit ihren Deutungen selbst zu Wort zu kommen, sich ernst genommen zu fühlen und sie schützen sie davor, mit belastenden „Erwachsenenproblemen" behelligt zu werden.

Lernen in sozialen Bezügen

„Lernen in Erfahrungszusammenhängen, der Bezug von Lerninhalten zu den Lebenssituationen von Kindern und Familien und die Kompetenz zur selbstbestimmten Bewältigung von Lebenssituationen spannen den Gedankenrahmen, in dem sich eine situationsorientierte Pädagogik bei der Gestaltung ihrer Lernprozesse bewegt" (Zehnbauer 1994, S. 60).

Um den Lernmöglichkeiten und Aneignungsformen von Kindern im Vorschulalter entgegenzukommen, sollte das sachbezogene Lernen nicht aus den sozialen Bezügen des alltäglichen Lebens herausgelöst, sondern dem sozialen Lernen untergeordnet werden. Soziales Lernen meint in diesem Zusammenhang die Aneignung spezieller Kompetenzen in realen Situationen.

Die situationsorientierte Pädagogik geht davon aus, dass sich Kinder in ihrer Intelligenz und ihrem Sozialverhalten am besten in einer anregungsreichen Umgebung entwickeln, in der neben vielen visuellen und motorischen Impulsen auch emotionale Nähe erlebt werden kann (vgl. Colberg-Schrader 1995, S. 8). Sie sollten demnach bereits im Kindergarten das thematische Spektrum menschlichen Zusammenlebens, d.h. Höhen – Tiefen, Fröhlichkeit – Traurigkeit, Aktivität – Langeweile, Gemeinschaft – Alleinsein, Gewinner – Verlierer, erfahren und lernen, sich auch von gelegentlichen Widrigkeiten und Hindernissen des Alltags nicht entmutigen zu lassen.

Voraussetzung dafür ist, neben Wissen und Sachkenntnis, das Gefühl von Sicherheit und Akzeptanz, das den Kindern Mut macht, eigener Wege auszuprobieren und vor Fehlern nicht zurückzuschrecken. Die Angst vor einer Unterforderung der Kinder im Situationsansatz ist nach Colberg-Schrader unbegründet.

„Lernen in sozialen Bezügen umfasst nämlich eine Menge an Wissenserwerb, an Neugier und Forscherdrang, an differenzierter Sprachanwendung und vielfältigen Übungsmöglichkeiten in der Kooperation mit Kindern und Erwachsenen" (Colberg-Schrader 1999, S. 99).

Lernen in sozialen Bezügen bedeutet darüber hinaus die Vermittlung von Sinnzusammenhängen und Wertbezügen des Zusammenlebens in einer Gemeinschaft. Insbesondere vor dem Hintergrund der jüngeren deutschen Geschichte stellt das Lernen in Sinneszusammenhängen als Versuch, Kindern ein Stück Widerstandskraft zu vermitteln gegenüber der Ausnutzung ihrer Kompetenz durch Autoritäten und Demagogen, eine Grundforderung des Situationsansatzes in Deutschland dar. Denn Lernen in Sinnzusammenhängen kann zu Kettenfragen und -reaktionen führen, Erkenntniswege erschließen und „[...] in einen Prozess zunehmender Aufklärung und Aneignung der Welt münden" (Zimmer 1998, S. 42).

Bedeutung des Spiels im Situationsansatz

Kernstück des Situationsansatzes, wie er in den 1970er Jahren entwickelt wurde, ist das Curriculum „Soziales Lernen". Es umfasst 28 sogenannte didaktische Einheiten. Jede Einheit greift eine für Kinder relevante Lebenssituation auf und beschreibt exemplarisch pädagogische Handlungsmöglichkeiten, in denen sie lernen können, ihre individuellen Lebenssituationen zu verstehen und zu bewältigen. Spiel und spielerische Formen des Lernens sind dabei in jeder Einheit vorgesehen. Zusätzlich wurde eine Einheit „Spielsituationen" entwickelt, in der die Auffassung zum Spiel im Situationsansatz vertieft wird.

Das Spiel wird in der situationsorientierten Pädagogik als eine Form der Auseinandersetzung des Kindes mit seiner Umwelt verstanden. Die Spielsituation ist als eine vom Kind aktiv gestaltete Wechselbeziehung zwischen ihm und seiner Umwelt zu verstehen. Im Spiel wird dem Kind Raum gegeben, Verhaltensmöglichkeiten zu entwickeln, Ich-, Sozial- und Sacherfahrungen zu sammeln und seine Verhaltensmöglichkeiten zu entfalten (vgl. Naumann 1998, S. 19).

„Indem das Kind auf „seine" Umwelt einwirkt, eignet es sich sowohl die dazu notwendigen Fähigkeiten als auch die Wirklichkeit selbst an" (ebd., S. 41). Als Folge dieses Einwirkens auf die Welt sind in der Praxis oft, wenn auch vom Kind unbeabsichtigt, beeindruckende Lernerfolge zu beobachten. Beim Spielen entfaltet das Kind zum einen seine Spielfähigkeit bzw. -fertigkeit, erwirbt zu andern aber auch jene Kompetenzen, die es befähigen „[...] Lebenssituationen zunehmend selbstbestimmt, auf die Gemeinschaft bezogen und sachgerecht zu begegnen" (ebd., S. 46). In diesem Zusammenhang wären folgende Fähigkeiten zu nennen:

- **Bedürfnisrepräsentation:** wissen, was man will, bzw. nicht will
- **Kommunikation:** die Fähigkeit, sich anderen mitzuteilen
- **Empathie:** Wahrnehmung und Akzeptanz von Bedürfnissen anderer
- **Frustrationstoleranz:** Verstöße gegen eigene Wünsche akzeptieren
- **Verinnerlichte Normen:** Regeln kennen, die allgemein üblich sind
- **Kompetenz:** Kenntnisse, Fähigkeiten und Fertigkeiten zur Bewältigung von Situationen.

Spielen im Situationsansatz bedeutet selbstbestimmtes Lernen mit allen Sinnen, mit starker emotionaler Beteiligung sowie geistigem und körperlichem Einsatz. „Es ist ganzheitliches Lernen, weil es die ganze Persönlichkeit fördert und fordert" (ebd., S. 88). Im Spiel entgehen die Kinder dem belehrenden Einfluss des Erwachsenen. Sie lernen freiwillig und mit Freude, über Versuch und Irrtum, jedoch ohne Versagensängste. „Im Spiel stellen sie sich ihre Fragen selbst und erfinden selbst ihre Antworten − und das entspricht zugleich dem Prinzip der Förderung von Bildung und Selbstverständnis" (ebd.).

Der pädagogische Raum

Die pädagogische Raumgestaltung steht vielfach am Anfang eines Umstrukturierungsprozesses hin zur situationsorientierten Arbeit. Dabei stehen den Erzieherinnen scheinbar unendlich viele Möglichkeiten zur Verfügung, „ihren" Kindergarten als anregungsreichen Erfahrungsraum zu gestalten. Zimmer hat in diesem Zusammenhang zehn so genannte „Raum-Regeln" (Zimmer 1998, S. 67) zusammengestellt, die die Grundprinzipien der Raumgestaltung im Situationsansatz beschreiben.

- „Räume werden von Kindern mitgestaltet
- Räume sind veränderbar
- In Räumen spielt sich Unterschiedliches gleichzeitig ab
- Räume machen unterschiedliche Kulturen sichtbar
- Räume passen sich Menschen mit Behinderungen an, nicht umgekehrt
- Räume sind umweltfreundlich
- In Räumen ist weniger mehr und Ästhetik erlaubt
- Räume sprechen alle Sinne an
- Räume enthalten Material, das herausfordert" (ebd.).

Die Rolle der Erzieherin

„Die Wertschätzung der Individualität des Kindes ist die prinzipielle Haltung der Erzieherin, die nach dem Situationsansatz arbeitet" (Naumann 1998, S. 98). Kinder, vor allem im Vorschulalter, brauchen ein soziales Gegenüber, in dem sie sich spiegeln und ausprobieren können. Dieses Gegenüber sollten die Kinder in der Erzieherin finden. Sie steht im Situationsansatz nicht hinter, sondern neben dem Kind. Als Partnerin und Begleiterin nimmt sie eine vorwiegend impulsgebende und unterstützende Rolle an.

Unter Berücksichtigung des individuellen Entwicklungsstandes jedes Kindes gestaltet sie Angebote, in denen Kinder eigene Erfahrungen machen, Neues ausprobieren und Vertrautes vertiefen können. Entscheidend ist dabei, die Wahrnehmungs- und Aneignungsprozesse von Kindern zu entdecken. Nur wenn die Erzieherin zurück zur Betrachtungsweise der Kinder findet, selbst bereit ist zu lernen und alle Sinne zu öffnen, kann sie junge Menschen beim Erforschen der Welt unterstützen (vgl. Zehnbauer 1994, S. 69).

Die Kinder in ihren Aneignungsprozessen zu fördern, ohne sie zu überfordern, sie zu ermutigen, ihnen Freiraum zu geben, zu tun, was sei selbst wollen, stellt hohe Anforderungen an ihre Beobachtungs- und Interpretationsfähigkeit, an Geduld, Respekt, Taktgefühl und Fachwissen. Zimmer fasst die Rolle der Erzieherin im Situationsansatz wie folgt zutreffend zusammen: „Sie ist Anregerin, die Entwicklungsbegleiterin, die Forscherin, die Moderatorin, die Mitlernende, die Neugierige, die zwischen Tradition und Innovation Balancierende, die Entdeckerin und Kommunalpolitikerin" (Zimmer 1998, S. 72).

3.1.5 „Die Beobachtung ist das Wichtigste": das Praxisbeispiel situationsbezogener Arbeit der „ABC-Kita" in Essen

Die ABC-Kita in Essen ist im Januar 1997 entstanden. Die Erziehe-rinnen der ersten Stunde kannten sich nur von den Vorstellungsge-sprächen. Anfangs gab es kaum Einrichtungsgegenstände: einen Schreib-tisch, einen alten Schrank, zusammengewürfelte Stühle und das, was die Erzieherinnen von zu Hause mitgebracht haben.

In der Eile der Planung und Einrichtung erhielt die Kindertagesstätte der AWO spontan den Namen „ABC-Kita" nach der Neubausiedlung, in der sie liegt. In der ersten Zeit meldeten Eltern ihre Kinder in der Erwartung an, dass diese dort das ABC lernen und deshalb besonders gut auf die Schule vorbereitet würden.

Das Interview wurde mit Sigrid Jacob, Leiterin der Einrichtung, geführt.

Frau Jacob, in Ihrer Einrichtung wird situationsbezogen gearbeitet. Was sind die Grundgedanken Ihres Ansatzes?

Ausgangspunkt für unsere Arbeit ist die Lebenssitua-tion des Kindes. Kinder leben sehr unterschiedlich. Die einen sind Einzelkinder, die anderen haben viele Geschwister, das eine Kind lebt in einer engen Zwei-Zimmer-Wohnung, das andere wohnt in einem gro-ßen Haus, hat sein eigenes Zimmer und einen großen Garten zum Spielen. Daraus ergeben sich sehr unter-schiedliche Lebenslagen. An diesen Situationen setzen wir an. Für uns stellt sich die Frage, was braucht und will das Kind. Was beobachten wir in seinem Verhalten, womit beschäftigt es sich gerade. Wofür interessiert es sich? Womit kommt es gut zurecht, womit weniger gut. Unser Ziel ist es, das Kind dazu zu befähigen, mit sei-ner jetzigen, aber auch mit zukünftigen Lebenssituatio-nen zurechtzukommen und diese bestmöglich zu mei-stern. Es kann z. B. sein, dass ein Kind ungern bastelt und nicht gut mit Schere, Stiften und Kleber umgehen kann. Es kommt aber in einem Jahr in die Schule. An diese Beobachtung knüpfen sich für uns Fragen: Was

■ Spiegelwand

bestimmt die Aufmerksamkeit des Kindes? Was braucht es, um mit der auf es zukommenden Situation umgehen zu können? Um die Kulturtechniken zu erlernen, braucht ein Kind viel mehr als nur die Fähigkeit, mit Schere und Stift arbeiten zu können. Es muss beispielsweise ausreichend gespielt haben und es muss Selbstbewusstsein haben. Es geht uns um das Glück der Kinder. Und bei alledem ist die Beobachtung das Wichtigste.

Heißt das, dass situationsbezogenes Arbeiten ein lebensweltorientiertes Verständnis beinhaltet?
Ja, jedes Kind, das zu uns kommt, hat ja eine bestimmte Vergangenheit, und aus dieser bringt es etwas mit. In der Lebenswelt, in der sich das Kind bislang befand — meist das Elternhaus — hat es bereits Erfahrungen gesammelt. Daran knüpfen wir an. Wir wollen das Kind da abholen, wo es steht, es mit seinen Schwächen und Stärken sehen, es ernst nehmen. Dabei stehen für uns eher die Stärken im Vordergrund, denn jeder Mensch hat Stärken. Und über die Stärken des Kindes begegnen wir dann auch seinen Schwächen, um diese auszugleichen.

Welches Menschenbild liegt Ihrem Ansatz zugrunde?
Jedes Kind ist eine eigenständige Persönlichkeit mit eigenen Fähigkeiten. Es hat das Recht, so angenommen zu werden, wie es ist. Wir gehen davon aus, dass Kinder sehr neugierig sind und einen sehr großen Entwicklungsdrang haben. Für unsere Arbeit heißt das, dass wir mit dem Kind auf die Suche gehen und das erkunden, was das Kind interessiert. Wir versuchen also seine Fragen an die Welt gemeinsam mit ihm zu beantworten. Das geht nicht nach dem Motto „Ich als Erzieherin weiß etwas und ich sage dir jetzt einmal, wie das geht".

Damit sprechen Sie die Aufgabe der Erzieherin an. Wie sehen Sie deren Rolle?
Die Erzieherin ist Partnerin und Begleiterin des Kindes. Wir wollen mit dem Kind die Welt entdecken und erobern, mit ihm auf die Suche gehen und seinen Wissensdrang stillen. Wir beantworten nicht einfach die Fragen und dann ist Ruhe. Es geht uns um den Prozess, dass die Kinder selbst etwas herausfinden. Dafür stellen wir dem Kind unsere Erfahrung und unser Wissen zur Verfügung. Wir geben die nötige Hilfestellung, damit die Kinder ihre eigenen Antworten finden. Eine Erzieherin stellt sich trotz ihres Wissensvorsprungs nicht über das Kind. Sie ist vielmehr intensive Spielpartnerin des Kindes. Dabei ist es uns ein Anliegen, immer möglichst individuell auf jedes Kind einzugehen.

Sie betonen das Spiel. Warum?
Spiel ist ein wesentliches Element des situationsbezogenen Arbeitens. Das Kind braucht das Spiel, um seine Erlebnisse verarbeiten zu können und um sich uns mitzuteilen. Es ist die Ausdrucksmöglichkeit des Kindes! Deshalb steht es in unserer Arbeit im Vordergrund.

Trotzdem könnten Eltern sagen, dass ihr Kind auch geistige Nahrung braucht.

Das schließt sich nicht aus, sondern bedingt sich gegenseitig! Geistige Nahrung bekommen die Kinder immer durch unsere Projekte, die wir bewusst mit ihnen erarbeiten, aber auch durch den Alltag selbst. Das Kind lernt viel mehr in Alltagssituationen, als uns oft bewusst ist. Alltag ist An- und Ausziehen, Geschirr spülen, den Tisch abwischen, das Frühstück machen. Egal, was das Kind erlebt, es muss seine Erlebnisse verarbeiten können. Und das geht am besten im Spiel.

Welche Ziele verfolgen Sie mit dem Spiel und den Projekten?

Unser Ziel ist die ganzheitliche Förderung. Wir möchten das soziale Verhalten fördern, das Selbstwertgefühl und Selbstbewusstsein stärken. Uns ist es ganz wichtig, dass Kinder, die zur Schule gehen, ein großes Selbstbewusstsein haben. Ein starkes Kind kann lernen – Rechnen, Lesen – es hat den Kopf frei. Ein Kind mit wenig Selbstbewusstsein und geringem Selbstwertgefühl hat es da schwerer.

■ Kletterhaus für die Kleinsten

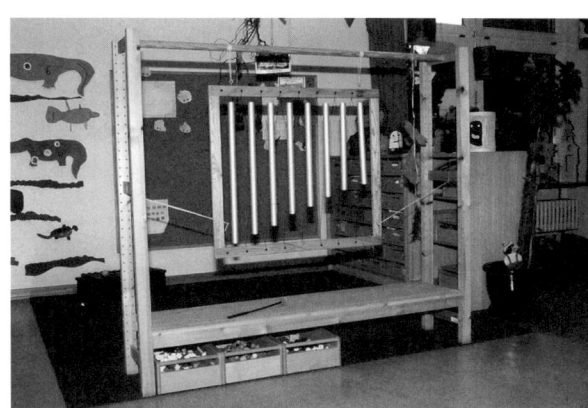

■ Spielbereich

Kann der situationsbezogene Ansatz überall praktiziert werden oder sind bestimmte Voraussetzungen notwendig?

Nein, wir sind weder an eine bestimmte Umgebung noch an streng festgelegte Materialien gebunden. Aber man braucht eine fundierte Ausbildung als Erzieherin und eine gute Beobachtungsgabe.

Welche Rolle spielt in Ihrer Arbeit der Austausch?

In unserer Arbeit ist der Austausch unserer Beobachtungen unerlässlich. Eine genaue Beobachtung allein macht noch keine gute situationsbezogene Arbeit aus. Durch das Gespräch mit den Kolleginnen verfeinern wir unser Bild und unser Verhalten. Es wird klarer, was wir den Kinder zurückgeben können. Durch den Austausch stellen wir aber auch Nähe und Geborgenheit her. Das betrifft sowohl die Kolleginnen als auch die Kinder.

Gibt es in der situationsbezogenen Pädagogik dafür besondere Strukturen z. B. einen Morgenkreis oder etwas Vergleichbares?

Es muss nicht immer ein Morgen- oder Mittagskreis sein. Es gibt Einrichtungen, die jeden Tag neu entscheiden, wann sie einen Gesprächs- oder Morgenkreis machen und ob überhaupt. Dies hängt jeweils davon ab, wie die Kolleginnen die Situation in der Gruppe, also das Bedürfnis bei den Kindern, wahrnehmen. Unsere Einrichtung hat sich für eine Kinderkonferenz entschieden, die täglich stattfindet. Wir versammeln uns mit den Kindern auf dem Teppich. Ein Stein geht von Kind zu Kind und das Kind, das den Stein in den Händen hält, kann etwas sagen. So können die Kinder Wünsche äußern und die Wünsche der anderen hören. Sie lernen gleichzeitig, sich mit anderen Meinungen auseinander zu setzen und demokratisch abzustimmen. Uns ist es z. B. wichtig, dass die Kinder unsere Feste selber gestalten. Es können aber nicht immer alle Wünsche berücksichtigt werden. In solchen Situationen stimmen wir ab.

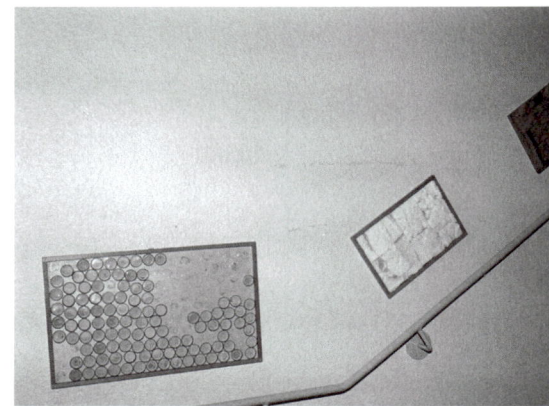

■ Treppenaufgang

Wie sehen Sie Ihre Rolle als Leiterin der Einrichtung?

Einer meiner Aufgaben ist es, dafür zu sorgen, dass alle Mitarbeiterinnen gut informiert sind, nicht nur die Stellvertreterin. Der Informationsfluss muss gewährt sein. Jeden Montagmorgen setzte ich mich mit einer Kollegin aus jeder Gruppe zusammen, um organisatorische Dinge zu besprechen. Unsere Arbeitsergebnisse werden dann in die Gruppen getragen und die restlichen Kolleginnen darüber informiert. Zudem hat jede Gruppe zwei Stunden pro Woche Zeit, um die pädagogische Arbeit zu planen. Auch dabei bin ich anwesend. Ich höre zu, was die Gruppe plant, und unterstütze die Kolleginnen mit Ratschlägen.

Welche Rolle spielt in Ihrem Konzept Weiterbildung?

Weiterbildung spielt bei uns eine große Rolle. Alle Kolleginnen sollten möglichst auf dem neuesten Stand sein. Dabei spielen persönliche Interessen der einzelnen eine entscheidende Rolle. Natürlich gibt es auch Kolleginnen, die man etwas anstupsen muss. Manchmal hat eine Kollegin eine Hemmschwelle oder ist persönlich sehr eingebunden.

Ihr Haus wirkt wie ein kleines Paradies. Worauf legen Sie bei der Gestaltung Wert?

Weniger ist mehr. Die Kinder dürfen nicht mit Reizen überschüttet werden. Mir fällt auf, dass Kinder oft mit optischen und akustischen Reizen überladen werden: mit Reklame, Musik, Geräuschen. Der Tastsinn wird dagegen kaum angesprochen. Viele Materialien fühlen sich gleich an. Die meisten Spielsachen sind heute aus Plastik. Sie sind glatt und kalt. Der Tastsinn der Kinder wird dadurch kaum ausgebildet. Und das versuchen wir mit unseren Materialien auszugleichen.

Wie muss das Spielmaterial beschaffen sein, um dieses Defizit auszugleichen?

Es muss Aufforderungscharakter haben, und es muss für das Kind erreichbar sein. D. h., die Materialien dürfen nicht in irgendwelchen Schränken weggeschlossen werden, sondern müssen jederzeit für die Kinder zugänglich sein. Sie müssen sich das nehmen können, was sie gerade wollen.

Wie finden Sie Materialien, die Aufforderungscharakter haben?

Das beginnt mit ganz einfachen Dingen. Papier, Stifte, Kleister, Farbe, Scheren — all das steht den Kindern bei uns immer zur Verfügung. Aber auch Bücher und Kassetten sind wichtig. Wir wollen den Kindern so die Möglichkeit geben, sich nicht nur die Bücher anzuschauen, sondern auch gegenseitig Geschichten zu erzählen.

Das gibt es alles auch in anderen Einrichtungen.

Ja, aber entscheidend ist, was die Kinder aus dem Material machen können, welche Impulse sie bekommen! Bei uns entscheiden die Kinder zunächst einmal, mit welchem Material sie arbeiten wollen. Sie können aus einer Fülle unterschiedlicher Materialien auswählen und experimentieren. Und sie dürfen aus den Materialien gestalten, was sie wollen, gleichgültig ob es ihnen gelingt, gleichgültig ob ein vorzeigbares, ansehnliches Produkt im Sinne der Erwachsenen entsteht. Die Kinder müssen ihre eigene Phantasie entwickeln können, um kreativ etwas herzustellen. Bei uns gibt es deshalb sehr selten Bastelvorlagen oder Schablonen. Kreativität kann sich nicht mit vorgegebenen Bildern entwickeln, die nur ausgemalt werden müssen.

Welche Rolle übernehmen die Eltern?

Nichts geht ohne sie! Das Kind kommt mit seinen Erfahrungen — und die hat es aus seinem Elternhaus —

■ „das Haus"

zu uns. Elternhaus und Kita stehen nicht isoliert nebeneinander, sondern beziehen sich aufeinander. Da spielen die Eltern eine sehr große Rolle. Das Anknüpfen kann nur gelingen, wenn Eltern und Kita Interesse aneinander zeigen und aufeinander zugehen. Zur professionellen Arbeit gehört es dann auch, dass wir als Einrichtung u. U. den ersten Schritt tun und uns um die Eltern bemühen.

■ Mobile

Haben die Eltern ein besonderes Mitspracherecht?

Die Eltern bekommen alles zur Kenntnisnahme, was hier passiert. Wir versuchen, unsere Arbeit transparent zu machen und haben deshalb viele Aushänge. Zusätzlich führen wir viele Gespräche zwischen Tür und Angel. Damit auch ein Austausch zwischen den Eltern stattfinden kann, haben wir zudem ein Elterncafé eingerichtet. Ab und zu komme ich oder jemand vom Team dazu. Und natürlich haben wir, wie andere Kindergärten auch, einen Elternrat.

Sind die Eltern auch an der pädagogischen Arbeit beteiligt?

Ja, die Eltern machen mit, wenn es um die Gestaltung von Ausflügen und Festen geht. Bei uns dürfen die Eltern aber auch während des Tages kommen und bei der praktischen Arbeit mitmachen. Ganz wichtig ist die Eingewöhnungsphase. Hier sind die Eltern immer dabei. Wir staffeln die Eingewöhnung. Wir beginnen je nach Kind und Eltern mit eineinhalb bis zwei Stunden. Die Bezugsperson ist mit in der Gruppe, bis wir merken, dass sich das Kind schon wohl fühlt. Die Zeiten werden dann verlängert. Auch die Eltern müssen sich eingewöhnen, sie geben ihr Kinder ja in fremde Hände. Manchmal müssen die Mütter mehr eingewöhnt werden als die Kinder.

Würden Sie sich wieder für diesen Ansatz entscheiden?

Ich kann mir keine andere Arbeitsweise mehr denken!

LITERATUR ZUM WEITERLESEN

Preissing, Christa (Hrsg.) (2007): Qualität im Situationsansatz.
    Qualitätskriterien und Materialien für die Qualitätsentwicklung
    in Kindertageseinrichtungen. Berlin, Düsseldorf, Mannheim: Cornelsen
    Scriptor
Wolf, Bernhard u. a. (Hrsg.) (2003): Der Situationsansatz im Zeitvergleich
    und Längsschnitt. Einschätzungen von Erzieherinnen, Untersuchungs-
    leiterinnen, Lehrern, Kindern und Eltern. Aachen: Shaker
Zimmer, Jürgen (2007): Das kleine Handbuch zum Situationsansatz. Berlin,
    Düsseldorf, Mannheim: Cornelsen Scriptor

3.2 Reggio-Pädagogik

3.2.1 Allgemeine Betrachtung

Die Reggio-Pädagogik benennt sich programmatisch nach der norditalienischen Stadt Reggio Emilia. Diese gibt als Träger von derzeit ca. 35 Krippen und Tageseinrichtungen den juristischen, finanziellen, unternehmerischen, konzeptionellen und auch kulturellen Rahmen für die Praxis der Reggio-Pädagogik vor (vgl. Küppers 2004).

Schon zwischen 1910 und 1920 kam es in Reggio zur Gründung kommunaler Kindergärten, während sonst die Kindergartenträgerschaft in Italien überwiegend in der Hand der Kirchengemeinden lag (vgl. Dreier 2007, S. 104 f., 108 f.; Göhlich 1993, S. 135). Ende des Zweiten Weltkriegs organisierten sich Frauen, um das städtische Leben wieder zu beleben. Besonders wichtig war seit 1943 die Aktivität der Unione donne italiane (UDI = Vereinigung italienischer Frauen) und des Comitato di Liberazione Nazionale (CLN = Nationales Befreiungskomitee), in dem sich alle antifaschistischen Parteiorganisationen sammelten. Diese beiden Organisationen gründeten dann auch ab 1945 sechs später kommunalisierte Kindertageseinrichtungen, die heute das Konzept der Reggio-Pädagogik vertreten. Die Kita-Gründungen in der unmittelbaren Nachkriegszeit reagierten u. a. auf die Notlage von Frauen, die Lohnarbeit auf den Reisfeldern in der Lombardei suchten und ihre Kinder zuhause lassen mussten (vgl. Göhlich 1993, S. 135 ff.).

Die konzeptionelle Entwicklung der Reggio-Pädagogik

Die eigentliche Phase der Entwicklung von Organisationsstruktur und pädagogischer Konzeption der reggianischen Kindereinrichtungen lag in den Jahren zwischen 1962 und 1973 (siehe hierzu Dreier 2007; Göhlich 1993, 1997): 1962 stellten mehrere UDI- und CLN-Kitas den Antrag auf Kommunalisierung. Dahinter stand die Vorstellung, dass die Kommune Verantwortung für die Qualität und die Zukunftsperspektive des Zusammenlebens der Menschen in der Stadt übernehmen müsse. 1963 und 1964 wurden die ersten kommunalen Tageseinrichtungen gegründet. 1968 verabschiedete das italienische Parlament das Gesetz 444, das die staatliche und kommunale Trägerschaft vorschulischer Einrichtungen absichert. Das Gesetz stellt die politische und rechtliche Basis für die kontinuierliche Ausweitung des kommunalen Angebots für Krippen und Kitas in Reggio dar (1975: 19 Einrichtungen; 1997: 33 Einrichtungen).

1970 war das wichtigste Jahr für die konzeptionelle Konkretisierung der Reggio-Pädagogik: Das Koordinationsbüro der kommunalen Kindereinrichtungen erhielt in Loris Malaguzzi einen mit Kompetenz und Ausstrahlung ausgestatteten Leiter sowie ein professionell besetztes Sekretariat. Im gleichen Jahr begann Mariano Dolci seine (bald darauf hauptamtlich geführte) Tätigkeit als Puppenspieler in den reggianischen Kindereinrichtungen. Ferner wurden die ersten Werkstattleiter/innen eingestellt, die von da an für die Arbeit in den Ateliers der Einrichtungen verantwortlich waren. 1971 wurde das italienische Krippengesetz verabschiedet, das die Arbeit kommunaler Einrichtungen fördert. In dieser Zeit fand in Reggio ein großer Kongress zur Kleinkindpädagogik statt. 1972 führte Gianni Rodari, Autor zahlreicher Kindergedichte und Vertreter einer konsequent kindorientierten ästhetischen Erziehung, in den reggianischen Kindereinrich-

tungen Workshops durch und widmete ihnen seine „Grammatik der Fantasie"
(Cambi 1990, S. 64 ff.; Rodari 1992).

Die 1980er und 1990er Jahre bildeten eine Phase der Konsolidierung und vor
allem der gezielten Förderung der Außenwirkung und des internationalen Austauschs: Seit Beginn der 1980er Jahre kommen Besuchergruppen aus den verschiedensten europäischen und außereuropäischen Ländern nach Reggio, um
dort in den städtischen Kindereinrichtungen zu hospitieren. 1981 wurde die
(1995 überarbeitete) Wanderausstellung „Die 100 Sprachen der Kinder" konzipiert und gestaltet; sie ist seither in einer Reihe europäischer und außereuropä-
ischer Länder gezeigt worden (vgl. Municipality of Reggio Emilia 1996, S. 31).
1990 fand in Reggio ein großer pädagogischer Kongress statt, auf dem die Ideen
und die Praxis der Reggio-Pädagogik einem internationalen Publikum vorgestellt wurden (vgl. Göhlich 1997, S. 189). 1991 wurden die reggianischen Kindereinrichtungen von der amerikanischen Zeitschrift Newsweek als beste vor-
schulische Institution der Welt ausgezeichnet.

Reggio-Pädagogik in Deutschland

Seit den frühen 1980er Jahren bemühen sich Vertreter der reggianischen Kindereinrichtungen um eine internationale Zurkenntnisnahme und Diskussion
ihres Konzepts. Die Ausstellung „Die 100 Sprachen der Kinder", die Veranstal-
tung von Gruppenhospitationen und Fachtagungen sowie die Herausgabe von
Publikationen waren die wichtigsten Mittel, die zur Förderung des internationalen Austauschs eingesetzt wurden. Vor allem in Skandinavien stößt die Reggio-
Pädagogik seit zwei Jahrzehnten auf große Resonanz.

In Deutschland ist die Umsetzung von Ideen und Praxiselementen der Reggio-
Pädagogik eher verhalten. Adaptionsbarrieren sind äußerer und innerer Natur: Ein Gemeinwesen, das wie die Stadt Reggio Emilia der Entwicklungsförderung von Kindern im Vorschulalter so viel Beachtung und entsprechende Mittel
zuwendet, ist in Deutschland kaum zu finden. Auch fehlen historische Tradi-
tionslinien, Institutionskultur und Lebenspraxis, die eine konsequente Demo-
kratisierung der Kita-Strukturen und eine komplementär organisierte Elternpar-
tizipation fundieren könnten (vgl. Krieg 1997, S. 209 ff.). Die stärksten Barrieren
für eine praktische Rezeption wesentlicher Elemente der Reggio-Pädagogik liegen vermutlich in der Rolleninterpretation der Erzieherin. Diese ist oft bestimmt
durch eine aus Unsicherheit, Veränderungs- und Kontrollängsten gespeiste Re-
sistenz gegenüber beruflichen Innovationen. Hinzu kommen:
• Die mangelhaft geübte Fähigkeit, Kinder loszulassen, um ihnen Eigenverantwortung für einen großen Teil ihrer Entwicklung zu geben, sowie

- Die mangelnden äußeren (betrieblichen) und inneren (kulturell-mentalen) Bedingungen für eine kooperationsintensive Teambeziehung, in der Transparenz, Ehrlichkeit und das Interesse an den Wahrnehmungen, Erfahrungen, Deutungen und Ideen der anderen an die Stelle von Konkurrenzängsten und Hierarchie treten.

Es wäre allerdings vorschnell gefolgert, dass die Ideen der Reggio-Pädagogik in der Bundesrepublik keine Voraussetzungen für eine Rezeption und Umsetzung finden können. Das Herzstück der Reggio-Pädagogik, die Philosophie von einem Kind, das über einen hohen Grad an Autonomie und Selbstorganisationsfähigkeit bei der Entwicklung seiner Persönlichkeit, Kompetenzen und Ausdrucksmöglichkeiten verfügt, ist nur bedingt kulturabhängig.

Die Einpassung der Impulse aus Reggio in unterschiedliche nationale Denk-, Kultur- und pädagogische Praxistraditionen stellt allerdings einen Prozess dar, bei dem es stets auch zu Um- und Neuinterpretationen der reggianischen Pädagogik-Philosophie kommt. Die Vorstellung, dass die Reggio-Pädagogik international nicht als Ganzes transferierbar ist, sondern selektiv rezipiert und dabei neu interpretiert wird, entspricht ihrerseits dem in der Reggio-Pädagogik verankerten konstruktivistischen Modell von der Prozesshaftigkeit und der fortdauernden Interpretierbarkeit von Wissen und Wahrheit.

Dieses theoretische Konstrukt macht es dann auch verständlich, dass in deutschen Einrichtungen, in denen sich Kolleginnen um das Aufgreifen von Ideen der Reggio-Pädagogik bemühen, auffallend oft bestimmte Veränderungsschritte vorrangig gegangen werden: die Veränderung der räumlich-materiellen Umgebung und gegenständlichen Ausstattung der Einrichtung (z. B. durch Installation von Spiegeln, Erhöhung der räumlichen Transparenz, offene Materialpräsentation, Ausgestaltung des Eingangsbereichs als „Visitenkarte" der Einrichtung; vgl. Hermann 2001, S. 205). Meist nur zögerlich angegangen wird die Veränderung der Erzieherinnenrolle durch Verstärkung einer Haltung, zu der das Abwarten, Zuhören, Beobachten, interessierte Begleiten, Dokumentieren, kollegiale Austauschen und vorsichtige Impuls-Geben gehören.

Diese selektive Adaption von Impulsen der Reggio-Pädagogik dürfte mit Vorstellungen von der Professionalität und dem Selbstbild von Erzieherinnen zu tun haben. Die Veränderung professioneller Selbstbilder verlangt viel schärfer als die Änderung von Raumgestaltung und Materialpräsentation einen Bruch mit den in Ausbildung und beruflichem Alltag aufgebauten Wert- und Normsystemen und mit den im Berufsleben eingeschliffenen Routinen. Und sie geht selten ohne Konflikte mit eigenen Erwartungen sowie den Erwartungen von Kolleginnen, der Leitung, der Eltern und oft auch der Kinder vonstatten. Die Veränderung der

Erzieherinnenrolle hängt eng mit den Problemen des Loslassen-Könnens, des Ausbalancierens von Nähe und Distanz sowie der Genugtuung durch das Helfen und (An-)Leiten der Kinder zusammen.

Eine wichtige Unterstützung für die Integrationen von Ideen der Reggio-Pädagogik, z.B. durch Fachtagungen und regionale Arbeitskreise, bietet seit 1995 z.B. „Dialog Reggio – Vereinigung zur Förderung der Reggio-Pädagogik in Deutschland e.V." (www.dialogreggio.de) (vgl. Knauf 2004a).

Die pädagogischen Dimensionen der Reggio-Pädagogik

Die Reggio-Pädagogik ist kein ausgefeiltes Theoriemodell, aus dem sich bestimmte professionelle Handlungsweisen für die elementarpädagogische Praxis ableiten lassen. Sie lässt sich eher als eine Erziehungsphilosophie verstehen, die eine Reihe von Grundannahmen und flexibel handhabbaren Praxiselementen miteinander verbindet. Zu nennen sind vor allem:

• Das Bild vom Kind
• Die Bedeutung von Identität und Gemeinschaft
• Die Vorstellung von Bildung und Lernen
• Die Bedeutung von Projekten
• Die Rolle der Erwachsenen
• Die Bildungsfunktion von Räumen (der Raum als „dritter Erzieher").

Mit diesen zentralen Elementen stellt sich die Reggio-Pädagogik als ein Konzept dar, das durch

• Optimismus
• Offenheit und
• Ganzheitlichkeit

eine hohe Attraktivität aufweist, das aber auch von den Beteiligten die Überwindung traditioneller Vorstellungen von der helfenden Erzieherin abverlangt, die die Probleme der Kinder löst und es den Kindern „schön machen" möchte.

Berechtigt ist die Frage, ob die Reggio-Pädagogik sich nur in den kommunalen Kindertageseinrichtungen in Reggio Emilia realisieren kann, weil sich hier ein unverwechselbares Zusammenspiel von historischen, kulturellen und politischen Bedingungen für die Entfaltung einer spezifischen theoretisch reflektierten elementarpädagogischen Praxis ergeben hat (vgl. Göhlich 1993, S. 135 ff.; Dreier 2007).

Geht man von der Reggio-Pädagogik als einer Erziehungsphilosophie aus, wird man dagegen feststellen, dass die zentralen Grundannahmen der Reggio-Pädagogik, vor allem die Vorstellung vom aktiven, die Welt erschließenden Kind, relativ unabhängig von den äußeren Rahmenbedingungen umsetzbar sind. Die materiellen und insbesondere personellen Bedingungen elementarpädagogischer Praxis können andererseits die Umsetzungsqualität der Reggio-Pädagogik erheblich beeinflussen.

3.2.2 Das Bild vom Kind

In der Reggio-Pädagogik wird das Kind als Konstrukteur seiner Entwicklung und seines Wissens und Könnens betrachtet (vgl. u. a. Lingenauber 2004, S. 18). Es weiß daher am besten, was es braucht und verfolgt mit Energie und Neugierde die Entwicklung seiner Kompetenzen – eine Vorstellung, wie sie ähnlich schon Anfang des 20. Jahrhunderts von Maria Montessori vertreten wurde (vgl. Knauf 2000, S. 181 u. 184). Dementsprechend wird davon ausgegangen, dass das Kind „über natürliche Gaben und Potentiale von ungeheuerer Vielfalt und Vitalität" (Reggio Children 1998, S. 63) verfügt. In vielen Texten aus Reggio Emilia werden diese Gaben emphatisch umschrieben. Die Erzieherin Paola Caligari spricht etwa davon, dass das Kind „unendlich viele Fähigkeiten (hat), die nur so sprudeln und die größer und mehr sind als alle Entwicklung je sein kann" (zit. nach Stenger 2001, S. 181). Die wichtigste Gabe des Kindes ist nach der Reggio-Pädagogik die des „eifrigen Forschers" (Malaguzzi 1984, S. 4).

Forscher sein bedeutet dabei zweierlei: Das Kind will Welt – und das sind die Dinge, Lebewesen und Vorgänge, die es in seinem Erfahrungsfeld, in Medien oder in seinen Fantasien sieht – verstehen und in eine Beziehung zu sich bringen.

Das Kind will durch Experimente, durch Versuch und Irrtum, durch das Ausloten von Grenzen seine alltagspraktische und soziale Handlungskompetenz erweitern. „Der empörte Ausruf, eines der am frühesten eroberten und am häufigsten gebrauchten Worte: ‚selber' oder ‚(a)lleine', bekräftigen das unbändige Verlangen, selbst Protagonist seines Tuns und Versuchens zu sein. Es bedeutet: Ich will selbst herausfinden, wie es sich anfühlt, eine Treppe emporzuklimmen und dabei größer und größer zu werden" (Stenger 2001, S. 184).

Die Bedeutung von Identität und Gemeinschaft

Der Entwicklung der kindlichen Identität wird in der Reggio-Pädagogik eine besondere Bedeutung beigemessen. Dies ergibt sich aus dem Menschenbild: Der Mensch wird gesehen als Mitglied von kooperativen Gemeinschaften, wie z.B. Familie, Betrieb, z. B. Kita, Nachbarschaft, Stadtteil und Stadt. Die Qualität des Gemeinwesens resultiert aus der Vielfalt der Kompetenzen, die seine Mitglieder in die Gemeinschaft einbringen, sowie aus Gemeinsinn und Solidarität, die alle verbinden. Die Unverwechselbarkeit des Einzelnen wird nicht verstanden als Ausdruck von Individualismus, sondern als Reichtum und als die Gemeinschaft förderndes Potential einer Gesellschaft.

Das Kind wird wie der Erwachsenen als vollständiger und zugleich als sich entwickelnder Mensch betrachtet. Identität ist nicht produktförmiges Ziel von Sozialisation, sondern ein sich im steten Wandel befindlicher Ausdruck von Erfahrungen, kommunikativen und interpretativen Prozessen. Dementsprechend kann Identität, die immer personale, soziale und kulturelle Identität zugleich ist, nicht gelernt und nicht gelehrt werden. Identitätsaufbau ist vielmehr Teil des fortwährenden Entwicklungsprozesses, in dem das Individuum Wissen, Können, soziale Kompetenzen, Selbstbewusstsein, Deutungsmuster, Interessen und neue Fragestellungen erwirbt und immer wieder neu sortiert, neu interpretiert und vernetzt. Dieser Entwicklungsprozess bedarf der aktiven Auseinandersetzung mit der sozialen und gegenständlichen Umwelt, der Kommunikation und des Dialogs, der Konfrontation von Selbst- und Fremdbildern (vgl. Knauf 2000, S. 187).

Darin besteht gerade die „Mächtigkeit des Kindes, (…) sich nicht nur aus dem eigenen Inneren schöpfen zu müssen, sondern seine Identität aus dem wechselseitigen Kommunikationsprozess mit der umgebenen Welt zu entwickeln. Identität entsteht also nicht isoliert, sondern im Austausch mit anderen" (Stenger 2001, S. 182).

Die Mächtigkeit der Kinder ist aber auch zerbrechlich, weil Zuwendung und Interesse der anderen (Erwachsenen oder Kinder) schwankend und je nach Familienkonstellation auch instabil sein kann (vgl. ebd., S. 185). Daher brauchen Kinder auch Rechte, die sie selber formulieren, um ihre Bedürfnisse umsetzen zu können (vgl. Reggio Children 1998). So haben Kinder ihren eigenen Rhythmus, sie brauchen Zeit und Freiheit zum Spielen, Diskutieren, Gestalten, zum Ruhen und Träumen, zum Ausprobieren von Neuem (vgl. Krieg 2004, S. 12 ff.).

3.2.3 Die Vorstellung von Bildung und Lernen: Projekte

Der im Deutschen geläufige Begriff Bildung hat im Italienischen wie in fast allen anderen europäischen Sprachen keine unmittelbare Entsprechung. Dennoch kommt die reggianische Vorstellung von Lernen einem komplexen Bildungsbegriff sehr nahe, wie er vor zwei Jahrhunderten von Wilhelm von Humboldt geprägt wurde (vgl. Tenorth 2004, S. 110 ff.); denn Lernen schließt in der Reggio-Pädagogik immer auch die Beteiligung der ganzen Person und eine intensive interaktive Beziehung zwischen Individuum und (Um-)Welt mit ein.

Der reggianische Bildungsbegriff lässt sich auf einer phänomenologischen und einer theoretischen Ebene umreißen. Phänomenologisch ist vor allem der Beziehungsaspekt bedeutungsvoll, der in der reggianischen Vorstellung von Bildung und Lernen zwei Seiten hat: einerseits die „intensive und herzliche Begegnung", das „innerliche berührt Werden" (Stenger 2001, S. 183), der Aufbau emotionaler Identifikation mit dem Gegenstand des Erkenntnisinteresses. Im Anschluss an Malaguzzi spricht Ursula Stenger sogar von „Sich Verlieben" und bezieht dieses Phänomen auch auf Tiere und Objekte, die dem Kind am Herzen liegen und über die es mehr wissen will (vgl. ebd., S. 182).

Dieser sich öffnenden und aufnehmenden Beziehung steht der Dialog gegenüber, die Verhandlung (italienisch: „negoziazione"). „Grundlage dieser Verhandlungen ist die Tatsache, dass jeder Mensch einzigartig ist und deshalb auch seine je eigene Art hat, die Welt zu sehen und zu verstehen" (ebd., S. 183).

„Meine Wahrheit" ist nur „eine mögliche Wahrheit" (ebd.). „Diese verschiedenen ‚Wahrheiten' stellen im Grunde Hypothesen über die Wirklichkeit dar (...). Der Sinn des Dialogs besteht zum einen darin, sich der Vorläufigkeit dieser ‚provisorischen Wahrheiten' (Gesichtspunkte) bewusst zu werden und in der Auseinandersetzung, eben jener ‚negoziazione', den eigenen Standpunkt zu verlassen und gemeinsam einen neuen Gesichtspunkt zu schaffen" (ebd.).

Im Zentrum des Bildungs- und Lernkonzepts der Reggio-Pädagogik steht die wechselseitige Durchdringung von Wahrnehmung, Beziehungsaufbau, Kommunikation, gegenständlicher Produktion (Gestaltung) und Dokumentation, z.B. der Lebewesen, Gegenstände und Prozesse, die dem Lernenden bedeutungsvoll sind.

Mit diesem Konzept ist die Reggio-Pädagogik nicht einer ganz bestimmten Lerntheorie verpflichtet. Sie reflektiert vielmehr intensiv die lerntheoretischen Ansätze der letzten Jahre, soweit sie mit dem reggianischen Bild vom Kind vereinbar und miteinander kompatibel sind. Lernen und Kompetenzentwicklung entspringen analog zum „Kompetenzkonzept" Robert Whites aus dem menschlichen Bedürfnis nach Verstehen der Lebenswirklichkeit und nach wirkungsvollem Handeln in realen Lebensbezügen.

Im Anschluss an Jean Piaget wird Lernen als aktive Auseinandersetzung mit der gegenständlichen und sozialen Umwelt interpretiert. Dabei bildet der Wunsch nach dem Lösen der kleinen und großen Probleme des Alltags eine wesentliche Triebkraft, aus der die Bereitschaft resultiert, sich neuen und fremden Strukturen anzupassen. Diese Akkomodationsleistung hat ihre Entsprechung in der Assimilationsleistung, durch die neue Kompetenzen in vorhandenes Wissen und Können integriert werden.

Lernen ist zu einem großen Teil „entdeckendes Lernen" (Jerome Bruner) und forschendes Lernen, mithilfe dessen Beziehungen zwischen Objekten, Personen, Strukturen und Prozessen gedeutet werden. Schon das werdende Leben nimmt die ersten sinnlichen Informationen auf (Wärme, Bewegung, Körperkontakt, später Licht usw.). Sinnliche Informationen sind die Grundlage von kognitiven Deutungen und Emotionen.

Entsprechend dem von Bruner (1971) formulierten System von „Repräsentationsebenen" wird das Aufnehmen, Verarbeiten und Speichern von Informationen zunächst vor allem unmittelbar handelnd („enaktiv") erlebt, dann über sinnliche, vor allem visuelle Medien („ikonisch") und schließlich sprachlich („symbolisch") realisiert. Die zentralen Elemente der Reggio-Pädagogik, der Austausch mit der Welt über „100 Sprachen", das Lernen in Projekten und deren Dokumentation, sind auf die Förderung aller drei Repräsentationsebenen bezogen.

Das von Bateson, Pierce, Watzlawick, von Glasersfeld u. a. entwickelte Paradigma einer konstruktivistischen Weltdeutung und Erkenntnistheorie spiegelt sich in der Vorstellung wider, dass Lernen nie fertiges, sondern nur vorläufiges Wissen konstruiert, das immer wieder neuer Deutungen bedarf. Neue Erfahrungen, aber auch der Austausch mit anderen fordern Neuorientierung und Neuinterpretationen unserer Wissensbestände heraus. In den „Forschungsprozessen" der Kinder in reggianischen Kindereinrichtungen geht es daher nicht um den Erwerb „richtigen" Wissens, sondern um die Erprobung von Strategien für die Annäherung an Wahrheit.

Das Verhalten von Kindern und Erwachsenen sowie die sprachlichen und gegenständlichen Äußerungen von Menschen fordern aber auch zu selektivem Imitations- oder Modellernen heraus (vgl. Albert Banduras sozialkognitives Lernkonzept; Reggio-Children 1998 a, S. 16). Die Entwicklung von sozialer und personaler Identität hat viel mit Selbsterkenntnis und der Erkenntnis der eigenen Unverwechselbarkeit, aber auch mit der Wahrnehmung der Ähnlichkeit mit anderen zu tun. Das partielle Sich-selber-sehen und Wiedererkennen in anderen, das Sich-spiegeln in anderen, aber auch das Sich-auseinandersetzen mit dem eigenen Spiegelbild und das Experimentieren mit verschiedenen Rollen im Verkleiden und im darstellenden Spiel sind Mittel zum Identitätsaufbau.

Die Offenheit und relative Pluralität in der lerntheoretischen Fundierung sichert der Reggio-Pädagogik auch ihre Lebendigkeit und schützt sie vor dogmatischer Erstarrung.

Die Bedeutung von Projekten

Die heutige Theorie und Praxis des Lernens in Projekten wurde am stärksten durch die Reformpädagogik im ersten Drittel des 20. Jahrhunderts geprägt, insbesondere durch die beiden Amerikaner John Dewey und William H. Kilpatrick. Kilpatrick betonte das Moment des emotionalen Engagements: Er spricht vom Projekt als einer von Herzen kommenden, absichtsvollen Aktivität („whole-hearted purposeful activity"; vgl. Frey 1996, S. 35). Dewey prägte den Begriff der „denkenden Erfahrung" (vgl. Speth 1997, S. 23). Erfahrung verstand er als Prozess und zugleich Ergebnis der aktiven Auseinandersetzung des Menschen mit seiner Umwelt. In der Erfahrung gewinnt der Mensch Erkenntnis, wirkt durch sie aber auch wiederum auf die Welt ein. Der Erfahrungsaufbau von Kindern ist (nach Dewey) in hohem Maß geprägt durch die Selektivität ihrer Interessen und ihrer emotionalen Beteiligung (vgl. Speth 1997, S. 31 f.). Die inhaltliche Struktur kindlicher Erfahrungen selber ist andererseits bestimmt von den in Handlungen gewonnenen Erkenntnissen, Gedanken und Interpretationen erlebter Situationen. Ein Großteil der Erfahrungen hat eine soziale Dimension, da sie in Situationen gewonnen werden, an denen auch andere Personen (Kinder wie Erwachsene) beteiligt sind. Die so entstehenden sozialen Erfahrungen bilden das Material für die Gestaltung neuer Situationen und sind damit Grundlage sozialen Lernens (vgl. Knauf 2001, S. 15).

In der Reggio-Pädagogik spielen Projekte als Handlungsform zur Gewinnung von alltagsbezogenen Fertigkeiten und vor allem von Selbst- und Weltverständnis eine zentrale Rolle. Die Ausstellung „Die 100 Sprachen des Kindes" ist dementsprechend aufgebaut als Dokumentation von Projekten aus den 80er und 90er Jahren des 20. Jahrhunderts in reggianischen Einrichtungen. Der Projektbegriff selber wurde allerdings von den Verantwortlichen in Reggio Emilia, insbesondere von Loris Malaguzzi, eher an Beispielen oder im Gesamtzusammenhang kindlichen Lernens und der Persönlichkeitsentwicklung von Kindern erläutert (vgl. Reggio Children 2007, S. 34 ff.). Dies hängt mit der Besonderheit des reggianischen Bildes vom Kind als aktivem Gestalter seiner Entwicklung zusammen.

Es ist Aufgabe der Kindertageseinrichtung, Kindern die Rahmenbedingungen für diese aktive Rolle als Konstrukteure und Gestalter ihrer Entwicklung und ihres Wissens zu sichern. Diesem Auftrag entsprechend werden durch die Pädagoginnen in der Einrichtung Aktivitäten ermöglicht, stimuliert, begleitet und dokumentiert, in denen Kinder die Konstrukteurs- und Gestalterrolle übernehmen. Das sind neben Projekten:
* Spielhandlungen, insbesondere Bauspiele, darstellende Spiele und Entdeckungs- oder Erkundungsspiele (vgl. Knauf 2000, S. 190 ff.)

- Gemeinschaftshandlungen, etwa der Morgenkreis, die Mittagsmahlzeit, Ausflüge, Feste, kleinere Dienste (vgl. u. a. Göhlich 1993, S. 123).

Zwischen diesen Handlungsformen gibt es vielfältige Verbindungen und Überlappungen. So kann der Morgenkreis genutzt werden, um Projektideen zu sammeln, über sie zu entscheiden, Ergebnisse und Zwischenergebnisse von Projekten vorzustellen und zu diskutieren (vgl. Reggio Children 2007, S. 30). Auch zwischen Spiel und Projekten gibt es vielfache Verbindungen: Oft gehen Projekte aus Spielaktivitäten hervor, ja manchmal durchdringen sich Spiel- und Projekttätigkeiten (vgl. Knauf 2001, S. 17). Dies sind nicht nur Zufälligkeiten der elementarpädagogischen Praxis, sondern Phänomene, die ihre Entsprechung in spiel- und entwicklungstheoretischen Überlegungen haben. Gianni Rodari, der 1972 als Berater und Fortbildner in Reggio Emilia tätig war, drückte dies folgendermaßen aus: „Das Spiel ist (...) ein Prozess, durch den das Kind die Gegebenheiten der Erfahrung miteinander verbindet, um eine Realität zu konstruieren" (Rodari 1992, S. 174). Der Spieltheoretiker Donald Winnicot geht analog davon aus, dass Kinder im Spiel in einem Grenzbereich zwischen der Subjektivität der eigenen Vorstellungswelt und der Objektivität der erfahrbaren und erforschbaren Welt handeln (vgl. Winnicot 1973).

Projekte im Verständnis der Reggio-Pädagogik verbinden ebenfalls Subjektivität und Objektivität. Schon in der Frühgeschichte der Projektmethode spielte diese Verbindung eine Rolle. Im späten 16. Jahrhundert wurden die Entwurfsarbeiten der fortgeschrittenen Studenten der ersten Kunstakademien in Italien Projekte (progetti) genannt (vgl. Knoll 1995, S. 12). Dies war bereits ein Anspruch, der von Leonardo da Vinci an die künstlerische Tätigkeit gestellt wurde: die Suche nach Erkenntnis und nach der Wahrheit der Dinge. Bilder und Zeichnungen sind Dokumente der Suche nach Wahrheit.

Dies ist ein zentraler Punkt, der im reggianischen Projektverständnis aufgegriffen und weitergeführt wurde: Verbale und nonverbale Sprachen, selbst gestaltete oder die Bilder anderer sind Manifestationen, in denen sich Weltverstehen und eigene, innere Vorstellungen der Kinder sowie individuelle Bedeutungen und soziale Kommunikationsprozesse miteinander verbinden (vgl. Göhlich 1997, S. 56 ff.; Stenger 2001, S. 12 f.; Reggio Children 2007, S. 35 f.).

Insgesamt vereinigen sich in Projekten der reggianischen oder reggio-orientierten Einrichtungen immer wieder aufs Neue folgende Aktivitätsformen:
- Sinnliche Wahrnehmung
- Exploratives, erkundend-experimentelles Handeln
- Deuten von Beobachtungen
- Nachdenken über Wirkungszusammenhänge

- Aktivieren von Emotionen
- Aktualisieren von Erinnerungen an ähnliche Situationen
- Vernetzen von Wahrnehmungen und inneren Bildern
- Kommunikation über Beobachtungen, Handlungen, Hypothesen und Gefühle
- Darstellen der persönlich bedeutungsvollen Gegenstände und Handlungen sowie der ausgelösten Assoziationen und Phantasien mittels verschiedener Ausdrucksmittel
- Gestalten oder Verändern von Gegenständen als Träger des neu gewonnenen Wissens und Gestalten der Vorstellungen der Kinder über die persönlich wichtigen Ideen, Personen und Gegenstände.

Diese Handlungselemente lassen sich nicht in eine bestimmte projekttypische Abfolge bringen, wie sie im schulischen Kontext häufig praktiziert wird (vgl. z.B. das Prozessmodell von Frey 1996, S. 63 ff.). Die Prozess-Struktur reggianischer Projekte lebt vielmehr von der variierenden Wiederholung der Momente Wahrnehmung – Reflektion – Aktion – Kommunikation. In einigen der (älteren) reggianischen Projekte findet sich allerdings eine gewisse „Taktigkeit", die von der sinnlichen Annäherung an ein Thema (z.B. den Regen) über das messende Erfassen des Phänomens zum Hypothesen Aufstellen und Überprüfen führt (vgl. Reggio Children 2007, S. 80ff.).

Projekte sind keine Sonderveranstaltungen in der Kindertageseinrichtung. Sie gehören zu den Alltäglichkeiten der Kita-Praxis. Sie entwickeln sich aus Spielhandlungen, Gesprächen oder Beobachtungen der Kinder. In der Morgenversammlung kann über mögliche Projektthemen diskutiert und entschieden werden, auch Erzieherinnen können verbal oder über mitgebrachte Gegenstände Impulse für Projekte vermitteln.

Projekte basieren auf dem authentischen Interesse und oft auf konkreten Erlebnissen der Kinder (z.B. der plötzliche Regen, das Jungekriegen einer Katze). Ein Projekt kann von unterschiedlicher Dauer sein (von zwei Stunden bis zu einem Jahr). Auch die Zahl der Projektteilnehmer hängt allein von der Interessenbindung der Beteiligten ab. Letztlich kann ein Projekt auch nur von einem Kind realisiert werden.

Meistens ist es allerdings eine Kleingruppe von ca. drei bis fünf Kindern, in der sich ein gemeinsames Interesse am ehesten finden und stabil halten lässt. In länger andauernden Projekten kann die Zahl der beteiligten Kinder schwanken, Kinder können aussteigen und andere dafür einsteigen.

Durch gegenständliche oder verbale Impulse (Fragen, Schilderung eigener Erlebnisse, mitgebrachte Bilder) können Erzieherinnen dem Interessen- und Handlungsspektrum der Kinder neue Akzente vermitteln. Ausgangsbasis für solche Impulse sind die Beobachtungen und die darauf basierenden (täglichen) Kurzprotokolle über die Aktivitäten der in Projekte eingebundenen Kinder. Die Protokolle einschließlich knapper schriftlicher Interpretationen werden regelmäßig im Team diskutiert. Ziel des Austauschs der Kolleginnen ist die Verständigung darüber, welche Materialien, Räume, Orte und Impulse die Kinder für die Stabilisierung und Weiterentwicklung ihres Projektes brauchen könnten. Dabei bleibt das Prinzip der freien Wahl der Kinder unberührt. Es kann gerade als Geheimnis des Erfolgs reggianischer Projekte angesehen werden, dass ihre zentrale Motivation das authentische Interesse der Kinder ist und sich die Beteiligung Erwachsener auf folgende Handlungsaspekte konzentriert:

- „Stilles, wohlwollendes Begleiten" der Kinder (Schäfer 1999, S. 225)
- Interessiertes Auseinandersetzen über die inhaltliche Bedeutung, über Sinn und offene Fragen der Aktionen der Kinder (vgl. ebd.)
- Herausfordern, „einen Abstand einführen zwischen dem, was man (...) verstanden hat, und dem, was vielleicht darüber hinaus möglich oder wünschenswert wäre" (ebd., S. 226)
- Verstärkende und bereichernde Impulse und Ressourcen
- Krisenmanagement (vgl. Knauf 2001, S. 18 f.).

So entsteht ein „pädagogischer Dialog zwischen Kind und Erwachsenen" (Laewen 2000, S, 50), in dem den Kindern Themen gewissermaßen als Konstruktionsaufgaben zugemutet werden. „In welcher Weise Kinder damit umgehen und zu welchen Schlüssen sie kommen, kann nicht vorhergesehen werden" (ebd.).

Notwendig ist das Ausbalancieren von Nähe und Distanz im Erzieherinnenverhalten. Für dieses Ausbalancieren gibt es nur die Grundlage des genauen Beobachtens und Hinhörens sowie des kontinuierlichen Dokumentierens und (gemeinsamen) Interpretierens von Handlungsprozessen, Bedürfnissen und individuellen Entwicklungspotentialen der Kinder. Das Team der Erzieherinnen hat die Freiheit, aber auch die Verantwortung, aus den Interpretationen der Kinderbedürfnisse pädagogische Entscheidungen abzuleiten. Sie können beinhalten, den Kindern ein Mehr an Impulsen und Ressourcen zukommen zu lassen oder aber die Offenheit der Handlungsprozesse und Interaktionssituationen zu betonen.

Ein zentrales Element der reggianischen Projektpraxis ist die sinnlich-gegenständliche Dokumentation der Handlungsprozesse durch großflächige Wanddokumentationen (sprechende Wände) und/oder vervielfältigbare Heftdokumentationen. Bestandteile der Dokumentationen sind gegenständliche Kinderarbeiten, Kinderäußerungen, Fotos oder auch Videos, die den Aktionsprozess darstellen, Überschriften und kurze Kommentierungen. Die Erzieherinnen sind für Materialauswahl und Gestaltung der Dokumentationen verantwortlich.

Vielfach werden die Kinder aber an der Dokumentationserstellung beteiligt. Gestärkt werden dadurch ihre Eigenverantwortlichkeit, Selbständigkeit und Identifikation mit Prozess und Ergebnis der Dokumentation. Die Dokumentation stellt die Entwicklung der Vorstellungen, Entdeckungen und Erkenntnisse der Kinder dar. Insbesondere wenn sie parallel zum Projektverlauf erstellt wird, verleiht sie dem Prozess Struktur, sie vermittelt den Kindern Wertschätzung, Rückmeldung, Anlässe zum Sich-erinnern und Material zur selektiven Imitation. Auch für die Erzieherinnen und Eltern stellen die Projektdokumentationen eine wichtige Informationsquelle über das Denken, Fühlen, Können der Kinder und deren Entwicklung dar.

In den Projektdokumentationen hinterlassen Kinder Spuren ihres Handelns. Daher ist es nicht erforderlich, dass Projekte durch das Fertigstellen und Präsentieren von Werken ihren Abschluss finden. Enden kann ein Projekt in den reggianischen Kindereinrichtungen auch mit Fragen oder mit einer Rückschau auf den vorangegangenen Prozess.

Kleingruppenbeobachtung in Projekten

Datum	Beteiligte Kinder	Aktivitäten	Kommentar
29.11.	Simone, Giulio, Christian	Schauen sich zwei Pferdebücher an, zeichnen auf verschiedenen Formaten Pferde.	Giulio vergleicht seine Zeichnungen mit den Bildern in einem der Bücher.
30.11.	Simone, Giulio, Christian, Roberto	Es werden weitere Pferde gezeichnet und gemalt.	Das Malen mit Farben „färbt" auf das Zeichnen ab: vermehrt Buntstifteverwendung.
01.12.	Simone, Giulio, Christian, Roberto	Simone u. Roberto malen, Giulio u. Christian beginnen Pferde aus Ton zu modellieren.	Christian arbeitet zum ersten Mal mit Tonern. Sein Vorbild ist Giulio.

Tab. 1: Kleingruppenbeobachtung in Projekten – Projekt „Pferde" 2. Woche: 29.11.–03.11.2004

3.2.4 Die Rolle Erwachsener: Eltern und Erzieherinnen

Kinder werden in der Reggio-Pädagogik als Persönlichkeiten voller Energie und im Besitz vielfältiger Potenziale gesehen, die sie aber nur entfalten können, wenn sie über sichere emotionale Beziehungen verfügen. Malaguzzi beschreibt diesen Zusammenhang in der Erläuterung zu den Rechten der Kinder, der Erzieherinnen und Eltern:

„Von daher kommt das Recht der Kinder, ihre individuellen Fähigkeiten zu verwirklichen und zu erweitern, soziale Kompetenzen weiterzuentwickeln, von anderen Affektivität und Vertrauen zu empfangen, Freude am Lernen zu empfinden und die eigenen Lernbedürfnisse zu befriedigen. Dies kann um so eher gelingen, als sich Kinder einer stabilen Beziehung zu Erwachsenen sicher sein können, die bereit sind, ihnen zu helfen und ihnen einen Vorschuss an Vertrauen und Erfahrung zu geben. Dies ist für die Entwicklung der Kinder wertvoller als die Vermittlung von Wissen und Fertigkeiten" (Reggio Children 1998, S. 63).

Kinder, Eltern und Erzieherinnen bilden ein Wirkungsgefüge, in dem alle versuchen, für eine optimistische Grundstimmung und eine positive emotionale Beziehung untereinander zu sorgen (vgl. Lingenauber 2002, S. 53 f.). So sind dann auch Bildung und Erziehung in der Kindertagesstätte eine Gemeinschaftsaufgabe von Erzieherinnen, Eltern und Kindern (vgl. Lingenauber 2004, S. 44). Man könnte die kommunalen Kindertagesstätten in Reggio Emilia daher auch als Häuser für Kinder und Familien bezeichnen.

Eltern werden als Experten ihrer Kinder verstanden, die über besonderes Wissen verfügen im Hinblick auf
• Die Lebensgeschichte ihres Kindes
• Seine Gewohnheiten, besonderen Interessen, Vorlieben und Aversionen
• Seine Stärken und unterstützungsbedürftigen Bereiche (vgl. ebd., S. 45).

Die Erzieherinnen

Der Erzieherin in Reggio Emilia werden von Sabine Lingenauber auf der Grundlage von Beobachtungen und Originaltexten drei wesentliche Rollen zugewiesen:
• (Weg-)Begleiterin
• Forscherin und
• Zeugin (vgl. Lingenauber 2002, S. 31 ff.; Lingenauber 2004 a, S. 49 ff.).

Der Terminus der Begleiterin wird in der Reggio-Pädagogik gewählt, um sich von der traditionell anleitenden Erzieherinnenrolle abzugrenzen. Das Kind wird als der eigentliche Akteur und Konstrukteur seiner Entwicklung gesehen. „Dabei braucht es jedoch eine Wegbegleiterin, die es in seinen Selbst-Lern-Prozessen bestärkt" (Lingenauber 2004 b, S. 49; Hervorhebung im Original). Das Begleiten und Bestärken geschieht auf mehreren Handlungsfeldern (vgl. Knauf 1998 a, S. 16 ff.):

• **Schaffen einer Atmosphäre des sozial-emotionalen Wohlbefindens:** Dadurch fühlen sich die Kinder angesprochen und können Ängste überwinden, um eigentätig Spiel-, Erkundungs- und Gestaltungsaktivität zu entwickeln. Die Reggio-Pädagogik nimmt hier Bezug auf das humanistische Menschenbild Carl Rogers, der Achtung, Wärme, Rücksichtnahme, einfühlendes Verstehen (Empathie), Echtheit (Kongruenz) für den Umgang mit Menschen fordert. Durch die Formen des sozialen Umgangs, aber auch durch die Gestaltung von „Lebensräumen" in der Einrichtung sollen Kinder die emotionale Dimension von Stabilität, Sicherheit, Vertrauen und Kontinuität erfahren.

- **Ganzheitliches, einfühlsam verstehendes Beobachten und Zuhören:** Auf diese Weise wird das Kind nicht in normativ orientierte Teilfunktionen zerlegt. Malaguzzi sprach von „einem dritten Auge bzw. einem dritten Ohr" das die Erwachsenen besitzen sollten, um Gesten, Mimik und Worte der Kinder feinfühlig wahrzunehmen und zu verstehen. Die Erzieherin wird zur Zeugin. Verstehen kann dabei immer nur Interpretation sein, in die auch die Subjektivität des Interpreten eingeht. Um verschiedene Perspektiven und Zugangsweisen zum beobachteten Geschehen einnehmen zu können, ist es entscheidend, dass Beobachtungen möglichst unverzüglich dokumentiert und damit der Einschätzung mehrerer Personen (Kolleginnen im Team) sowie der Interpretation zu einem späteren Zeitpunkt zugänglich werden. Alltägliche Hilfsmittel der Dokumentation sind Aufzeichnungen per Kassettenrekorder, Notizen in einem pädagogischen Tagebuch oder auf Blättern mit Tabelleneinteilung, aber auch Fotos und Videoaufzeichnungen.

- **Aktiv, forschendes und Rückmeldung gebendes Begleiten der Kinder:** Dieses forschende Begleiten hat kommunikative, reflexive und pragmatische Anteile. Es umschließt das Aufnehmen, Verarbeiten, die (kollegiale) Interpretation der vielfältigen Äußerungen und Ausdrucksformen der Kinder und das darauf aufbauende Bereitstellen ganz unterschiedlicher Ressourcen für die Entwicklung von Kindern (z. B. in Gestalt von Zeit, speziellen Räumlichkeiten, Nähe und Zuwendung, Interesse, herausfordernden Fragen, Ideen oder Gegenständen) die inspirieren, umgestaltet oder einfach verbraucht werden können. Das pädagogische Planen wird Teil dieses Begleitprozesses, in dem Beobachtungen dokumentiert und im Hinblick auf die Frage interpretiert werden. Was brauchen die einzelnen Kinder dieser Gruppe für ihre Entwicklung? Die als Antwort auf diese Frage bereitgestellten entwicklungsfördernden Ressourcen wirken auf die Kinder als Impulse, die ihre Aktivität stimulieren. Impulse können verbaler und nonverbaler Natur sein: z. B. Fragen, Kommentare oder aber Gegenstände, die etwa beim morgendlichen gemeinsamen Treffen präsentiert werden und die Kinder zum Erinnern, Phantasieren und konkreten Handeln herausfordern. Da die Impulse Antworten auf das beobachtete und dokumentierte Handeln der Kinder darstellen, können Kinder selbstbewusst nach dem Prinzip der freien Wahl mit Impulsen umgehen. Die Erzieherinnen erhalten ihrerseits Rückmeldungen darüber, inwieweit der gewählte Impuls auf die situationsabhängigen Kinderbedürfnisse abgestimmt war. Sie begleiten die (Inter-)Aktionen der Kinder nicht distanziert, sondern befinden sich vielmehr in einer ständigen intellektuellen, emotionalen, experimentellen und kreativen Auseinandersetzung mit dem, was die Kinder inhaltlich beschäftigt.

Kategorien pädagogischen Handelns

Bei diesen Formen des Begleitens spielen spezifische Kategorien des pädagogischen Handelns und der Gestaltung des Kita-Alltags eine besondere Rolle:

- **Vertrauen:** Dieses Prinzip hat zwei Komponenten: Zum einen den Aspekt des so genannten Urvertrauens, den Erik Erikson als die entscheidende Grundlage für die frühkindliche Entwicklung beschrieben hat. Es ist die Quelle, aus der Kinder die Kraft für das Gewinnen neuer Erfahrungen beziehen. Die andere Komponente ist das Zutrauen, wie es in den Tageseinrichtungen in Reggio Emilia gepflegt wird, wo schon die Dreijährigen aus Porzellangeschirr essen und mit dem Overheadprojektor Entdeckungen und Experimente mit Licht und Schatten machen können. Etwas den Kindern zutrauen heißt hier, ihnen Wertschätzung und eben Vertrauen zu vermitteln, sie zugleich herauszufordern, den angemessenen Umgang (nicht nur) mit Dingen zu üben und zu beachten.
- **Freiheit:** Für Maria Montessori war die Freiheit der Wahl von Tätigkeit, Zeit, Raum und Partner zentraler Ausdruck für die Achtung des Kindes und wichtigste Grundlage für das Finden des eigenen inneren Bauplans, der eigenen Möglichkeiten und des eigenen Rhythmus'. Und Loris Malaguzzi formulierte radikal: Ein Kind lernt nur dann erfolgreich, wenn es verliebt ist in den Gegenstand. Und Liebe oder Verliebtheit verlangt Freiheit (vgl. Stenger 2001, S. 182).
- **Zeit:** Zeit hat viel mit dem Eigenen zu tun. Der eigene Zeitrhythmus, das eigene Aktivitätstempo, das nur selber spürbare Bedürfnis nach dem Wechsel von Anspannung und Entspannung – all das sind Dimensionen der Individualität, die uns aber durch die Gesellschaftlichkeit des menschlichen Lebens teilweise genommen werden. Zeitdruck und Hektik als Stressfaktoren, die uns nicht mehr zu uns selber kommen lassen, halten oft genug auch Einzug in die Kindertagesstätte – meist, weil man vermeintlichen Erwartungen der Eltern, der Tradition oder ungefragt der Kinder entsprechen will. Bei der Gestaltung von Zeitstrukturen in den reggianischen Kindereinrichtungen wird darauf geachtet, dass einerseits der äußere Zeitrahmen, z.B. der Morgenkreis, eine verlässliche Orientierung gibt, andererseits Freiräume für flexible Zeitnutzung durch die Kinder bleiben.

Die Kollegin und das Team — soziale Aspekte und Vielfalt der Erzieherinnenrolle

Eine wichtige Aufgabe übernimmt das wechselseitige Sich-beraten im Team, das Beraten der Eltern und Sich-austauschen mit den Eltern sowie die fortwährende Weiterqualifizierung nicht nur in den Bereichen Pädagogik und Psychologie, sondern auch in Feldern persönlichen Interesses oder aktuellen Kompetenzbedarfs.

Die amerikanische Erziehungswissenschaftlerin Carolyn Edwards, die über Jahre hinweg durch Beobachtungen, Interviews und Gruppendiskussionen versucht hat, die Spezifik der Erzieherinnenrolle in den reggianischen Kindereinrichtungen zu erfassen, betont insbesondere die Bedeutung der Teamkooperation als Grundlage für Sicherheit und zugleich Vielfalt des Erzieherinnenverhaltens: Kaum dass sich aus den Gesprächen, Beobachtungen oder Spielhandlungen der Kinder ein Projekt entwickelt, beginnen die Erzieherinnen gemeinsam zu überlegen und zu recherchieren, auf welche Weise, mit welchen Aktivitäten, Attraktionen und Hilfsmitteln das Projekt bereichert oder erweitert werden kann. Zugleich sprechen die Erzieherinnen die Eltern an und versuchen sie zu ermutigen, sich in die Aktivitäten ihrer Kinder einzubringen, indem sie sich beispielsweise um Gegenstände, Bücher oder Raumgestaltung kümmern, die für das jeweilige Projektthema notwendig oder förderlich sind.

Die Einbindung der Erzieherin in das Team der Gruppe wie der Einrichtung spiegelt in gewisser Weise die sozialen Beziehungsnetze wider, die jedes Kind in der Einrichtung vorfindet und je nach seinen Bedürfnissen (insbesondere in selbstgewählten Kleingruppen) weiterentwickelt. Für jede Gruppe ist (neben dem Hilfspersonal) ein „Tandem" von zwei Erzieherinnen verantwortlich, die über Jahre zusammenarbeiten, dabei eigene Formen der Kooperation, Arbeitsteilung und vor allem einer offenen, auch Kritik einschließenden Kommunikation entwickeln. Die Offenheit und Unverwechselbarkeit der Partner- und Teambeziehung entlasten die Erzieherin: Sie muss sich gegenüber den Kolleginnen nicht beweisen, nicht ihre Kompetenz zur Schau stellen oder ihre Entscheidungen rechtfertigen. Daher ist sie frei, den Kindern zuzuhören, sie zu beobachten und ihr eigenes Verhalten einfühlsam auf das abzustimmen, was Kinder brauchen.

3.2.5 Der Raum als „dritter Erzieher"

Der Raum als dritter Erzieher ist eine viel zitierte, verschieden interpretierbare und auch missverständliche Metapher (vgl. Beek 2001, S. 197; Dreier 2004, S. 137). Ist der Raum nach den beiden hauptamtlichen Erzieherinnen in der

Gruppe einer reggianischen Einrichtung der dritte Erzieher? Ist er es, weil er Eltern und Kita-Personal den Vortritt lässt oder weil er dem Kind als Selbst-Erzieher und seinen ko-konstruktiven Begleitern folgt?

Wie die erwachsenen Erzieher erfüllt der Raum für Kinder zwei Hauptaufgaben: Er gibt Kindern Geborgenheit (Bezug) und ist zum anderen Herausforderung (Stimulation). Der Raum ist in Reggio Teil des pädagogischen Konzeptes (vgl. Reggio Children 2007, S. 40). Er umfasst allerdings mehr als nur die Räume und die Ausstattung der einzelnen Kindereinrichtung. Zum pädagogisch wirksamen Raum gehört vielmehr auch das ganze von den Kindern (überwiegend zu Fuß) erschließbare Umfeld: die Straßen, Plätze, öffentlichen Gebäude der Stadt ebenso wie die Reste von Natur in der Stadt und an ihrem Rand: Parks, Gärten, Äcker, Wiesen, Teiche und Wasserläufe. Mit ihrer Präsenz im Alltagsleben der Stadt bringen sich Kinder in die Welt der Erwachsenen ein, kommunizieren mit ihr.

Die Öffnung des Kita-Alltags zum Leben in der Stadt und zur Erwachsenwelt wird durch die Architektur der meisten reggianischen Kindereinrichtungen zum Ausdruck gebracht: durch große, tief heruntergezogene Fensterflächen werden optische Barrieren zwischen drinnen und draußen abgebaut. „In Reggio sind Kindergärten und Krippen eine Art Aquarium: Man kann jederzeit hinaussehen, und von draußen haben alle Einblick, um zu verstehen, was da drinnen geschieht" (Sommer 1988, S. 379). Auch die Gestaltung des Eingangsbereichs fördert die Öffnung der Einrichtung zum städtischen Umfeld: „Der Eingangsbereich ist die Visitenkarte der Einrichtung (...) Alle Besucher sollen sich eingeladen fühlen, das Haus zu betreten" (Krieg 1993, S. 37). Mitarbeiterinnen und Kinder stellen sich hier mit Fotos vor; Wandzeitungen und Projektdokumentationen können auf die Arbeit und das Leben in der Einrichtung neugierig machen. „Die Eingangshalle soll aber nicht nur Informationen vermitteln (...) Mit einem Gefühl des Wohlbehagens sollen Kinder wie Erwachsene (Erzieherinnen, Eltern, Großeltern, Bürger/innen und Verantwortliche der Stadt, auswärtige Besucher/innen) die Einrichtung betreten und Interesse gewinnen, auch die anderen Räume der Kita aufzusuchen" (Knauf 1995, S. 18). Zu einer solchen aktivierenden Atmosphäre tragen vor allem Bilder und Pflanzen bei.

Auch innerhalb der Einrichtung entwickelt sich ein interaktives, dialogisches Verhältnis zwischen den Kindern (aber auch den Erwachsenen) und dem räumlichen Ambiente. Insofern übernimmt der Raum die Funktion eines „dritten Erziehers" neben den beiden Erzieherinnen, die jeder Gruppe zur Verfügung stehen (vgl. Göhlich 1993, S. 67 ff.). Räume übernehmen somit verschiedene pädagogische „Rollen" in den reggianischen Kindereinrichtungen. Sie sollen

- Eine Atmosphäre des Wohlbefindens schaffen, die sowohl Geborgenheit vermittelt als auch aktivierend wirkt
- Die Kommunikation in der Einrichtung stimulieren
- Gegenständliche Ressourcen für Spiel- und Projektaktivitäten bereitstellen
- Impulse geben für Wahl und Bereicherung von Kinderaktivitäten.

Mit dem Anspruch der reggianischen Kindereinrichtungen, eine Atmosphäre des Wohlbefindens für Kinder (und Erwachsene) zu schaffen, wird Bezug auf die radikale Kindorientierung Janusz Korczaks genommen, der „das Recht des Kindes auf den heutigen Tag" einforderte (vgl. Dreier 2007, S. 131). Daraus ergibt sich die Konsequenz, dass sich Raumgestaltung an den Bedürfnissen der Kinder orientieren muss. Dazu gehört:
- Sich zurückziehen zu können, um Geborgenheit, Stille, Alleinsein, Wärme und Nähe eines einzelnen Partners oder weniger Partner zu erfahren
- Motorik in schnellen Bewegungen erleben zu können
- Anregungen zum Tätigwerden durch Gegenstände mit Aufforderungscharakter zu bekommen (vgl. Knauf 1995, S. 18)
- Durch die Sichtbarkeit der Aktivität anderer zur Kontaktaufnahme, zum Mitmachen oder zum imitativen Handeln eingeladen zu werden
- Die Ästhetik, die Sinnlichkeit des Raumes, insbesondere seine Farbigkeit, seine Proportionierung, die Verknüpfung zu Nachbarräumen, seine abgestuften Helligkeitsgrade, die Materialität seiner Begrenzung und seine gegenständliche Ausstattung, je nach situativ-individueller Stimmungslage einmal als Stimulans, ein anderes Mal als Beruhigung zu erleben (vgl. Knauf 1996, S. 21 ff.)
- Räume durch Mitgestaltung, insbesondere durch die Ausstattung mit eigenen Werken, persönlich und vertraut, gewissermaßen zu etwas Eigenem zu machen.

In Reggio werden verschiedene Mittel genutzt, um diese Bedürfnisse aufzugreifen, zu berücksichtigen und weiterzuentwickeln. Dazu gehört z. B. die **räumliche Vielgestaltigkeit** der Einrichtungen, in denen sehr unterschiedlich proportionierte und unterschiedlich helle Räume zu verschiedenartigen Tätigkeiten stimulieren. Des Weiteren bedeutsam ist die **klare, aber nicht starre funktionale Akzentuierung der Räume:** Neben der Eingangshalle und den differenzierten Raumkomplexen für die einzelnen Gruppen verfügen die meisten Tageseinrichtungen über ein zentrales großes Forum, die „Piazza", die wie der Marktplatz einer spätmittelalterlichen Stadt Herzstück des Gemeinwesens ist und damit Bedeutung und Lebendigkeit sozialer Bezüge in der Einrichtung konkret zum Ausdruck bringt (so Elena Giacopini auf einem Vortrag am 05.11.1997 in Reggio; vgl. Krieg 1993, S. 37). Ein weiteres wichtiges Charakteristikum in der Raumstruktur reggianischer Einrichtungen ist das **Atelier** (vgl. Knauf 2004), in der eine Werkstattleiterin oder ein Werkstattleiter („atelierista") Kinder beim Ausprobieren und Erweitern der individuellen sinnlichen Ausdrucksmöglichkeiten („die 100 Sprachen der Kinder") unterstützt. Jeder Gruppe ist in der Regel zusätzlich ein „Miniatelier" als Arbeits- und Magazinraum zugeordnet. Entsprechend der besonderen kulturellen und sozialen Bedeutung des Essens speziell in Italien (vgl. Dreier 2007, S. 35) sind die Speiseräume als offene Restaurants gestaltet, die sich oft an die Piazza anschließen, sich aber auch zur Küche hin öffnen. Diese gehört ebenfalls zu den Aktionsbereichen der Kinder, in denen sie etwas ausprobieren, aber auch durch Imitation lernen können.

Die Räume zeichnen sich durch **Offenheit und Transparenz** aus (vgl. Knauf 1995, S. 20 f.). Kinder werden aufgefordert, die ganze Einrichtung (und ihr Umfeld) zu erkunden, um durch das Entdecken immer wieder von Neuem Wissbegierde als eine wichtige Grundhaltung zu stabilisieren und um (immer wieder neu) Orte, Partner und Aktivitäten zu finden, von denen sie sich persönlich angesprochen fühlen. Durch Briefkästen für jedes Kind (vgl. Krieg 1993, S. 42) und durch Schlauchtelefone wird die Bereitschaft der Kinder zu kommunizieren noch verstärkt.

Als **Ressourcen und Impulse** für das Stimulieren von Kinderaktivitäten werden in den verschiedenen Räumen Geräte (vom Spiegelzelt bis zum Overheadprojektor), von Kindern oder Erwachsenen geschaffene ästhetische Objekte, vor allem aber vielfältige Gebrauchsmaterialien platziert (vgl. Knauf 1995, S. 20 ff.; Krieg 1993, S. 45). Alles ist – mit den montessorischen Grundsätzen der „vorbereiteten Umgebung" vergleichbar – offen, zugleich wohl geordnet und ästhetisch ansprechend präsentiert und verfügt damit über einen unmittelbaren Aufforderungscharakter zum Aktivwerden. Die Schönheit der Präsentation enthält zugleich die implizite Aufforderung, mit Materialien und ihren Arrangements sorgfältig und behutsam umzugehen.

Die **Räume werden von den Kindern mitgestaltet:** Die Resultate ihrer Forschungs- und Gestaltungsprozesse sind die wichtigsten Medien zur Ausgestaltung der Räume. Die Räume gewinnen durch die Werke der Kinder ihren spezifischen ästhetischen Charakter und werden dadurch zugleich zu Dokumenten und Spiegeln der Entwicklung der Kinder. Besonders intensiv ist der Mitgestaltungsprozess der Kinder zu Beginn des neuen Kita-Jahres, wenn sie neue Gruppenräume erhalten. Sie überlegen dann, was sie aus ihren alten Räumen mit in die neuen nehmen wollen, um eine Balance zwischen Bewahren und Verändern als Ausdruck ihrer Entwicklung zu finden.

Trotz des insgesamt sehr differenzierten Konzepts der Raumgestaltung in der Reggio-Pädagogik sind Architektur, Ausstattung und Detailgestaltung der reggianischen Einrichtungen bemerkenswert unterschiedlich und unverwechselbar: „Räume, die ‚ansprechend' sind, haben etwas mitzuteilen, vor allem über die Geschichte ihrer Nutzung und über die Personen, die als Gestalter/innen oder Nutzer/innen mit einem Raum verbunden sind" (Knauf 1995, S. 18).

3.2.6 „Wir wollen mit den Kindern die Welt erforschen": das Praxisbeispiel der reggio-orientierten städtischen Kindertagesstätte „Budenzauber" in Werdohl

Die städtische Kindertagesstätte Budenzauber in Werdohl begann im Januar 1994 als dreigruppiger Kindergarten mit der Arbeit. In den nächsten fünf Jahren vollzog sich schrittweise eine Umstrukturierung in eine Kindertagesstätte, in der heute auch Schulkinder betreut werden.

Die äußeren Veränderungen waren für das pädagogische Team Anlass, auch über die Inhalte ihrer Arbeit nachzudenken. Die Erzieherinnen wollten nicht an einer Pädagogik festhalten, nur weil sie sie einmal erlernt hatten. Zum Zeitpunkt der Neuorientierung wurde die Reggio-Pädagogik in Deutschland viel diskutiert. Die Erzieherinnen hörten davon und waren begeistert. Reggio „passte". So kam die Reggio-Pädagogik zu den Erzieherinnen, ohne dass sie danach gesucht hätten.

Das Interview wurde mit Karina Wionsek, der Leiterin der Einrichtung, geführt.

Frau Wionsek, bezeichnen Sie Ihre Einrichtung als Reggio-Kindergarten?
Ich würde uns lieber als reggio-orientierten Kindergarten bezeichnen. Wir haben viele Elemente aus der Reggio-Pädagogik übernommen, aber wir konnten nicht alles umsetzen. Zudem haben wir auch Elemente aus der Waldorfpädagogik und der offenen Kindergartenarbeit aufgegriffen. Die Bezeichnung „reggio-orientiert" ist treffender.

Was sind die wesentlichen Prinzipien der Reggio-Pädagogik?
Im Mittelpunkt steht die am Kind orientierte Arbeit und die Einstellung, die wir zum Kind haben. Es ist nicht nur wichtig, was ich mit dem Kind mache. Wesentlich ist auch die Einstellung, die ich dem Kind gegenüber einnehme, die Perspek-

tive, aus der ich es sehe. Wir möchten den Kindern möglichst viele Erfahrungen bieten. Deshalb ist eine sorgfältige Gestaltung der Räume sehr wichtig. Die Kinder sind aktiv. Sie kommen mit ihren Neigungen und Interessen zu uns, und unsere Aufgabe ist es, ihnen Möglichkeiten zu bieten, an ihre Neigungen anzuknüpfen. Wichtig sind Raum, Zeit und Material. Bei uns finden sich die Kinder in kleinen Gruppen zusammen und können ihren Spielpartner und den Raum frei wählen — aber auch die Bezugsperson und die Aktivität.

Auch andere pädagogische Konzepte stellen das Kind in den Mittelpunkt. Was ist das Spezifische an der Reggio-Pädagogik?

Die Reggianer haben eine andere Sicht, sie nehmen das Kind anders wahr. Das zeigt sich z. B. in der Idee der „hundert Sprachen der Kinder". Gemeint ist damit, dass ein Kind sehr viele Ausdrucksmöglichkeiten hat. Es äußert sich nicht nur über die Sprache, nicht nur über Worte, wie wir Erwachsenen dies vorrangig tun. Die Eltern, aber auch wir Erzieherinnen müssen deshalb die Kinder viel mehr anspornen, ihre unterschiedlichen Ausdrucksmöglichkeiten auszuprobieren und zu nutzen.

Hundert Sprachen, das klingt faszinierend. Wie ist das gemeint?

Wie ich bereits gesagt habe, geht es nicht nur um das gesprochene Wort. Jeder, der Kinder hat, weiß beispielsweise, dass sie gerne und viel malen. Kinder drücken sich über Bilder aus; sie sagen uns, wie sie die Welt erleben, welches Bild sie von ihr haben. Das Malen ist also eine weitere Sprache. Wir Erwachsen müssen lernen, die Sprachen der Kinder zu verstehen und mit ihnen umzugehen. Kinder drücken sich z. B. über ihre Spiele, ihre Bewegungen, ihre erfundenen Lieder aus. Das Besondere an der Reggio-Pädagogik ist, dass die Kinder mit ihren Ausdrucksmöglichkeiten wahrgenommen werden, dass diesen Aufmerksamkeit geschenkt wird. Die Arbeiten der Kinder werden als kleine Kunstwerke gewertschätzt. Die Erwachsenen gehen nicht achtlos an den von den Kindern produzierten Dingen vorbei, sondern würdigen sie, indem sie ihnen einen Platz geben.

■ Atelier

Das beanspruchen auch andere Einrichtungen.

Ja, aber der Unterschied ist die Intensität. Es geht nicht darum, jeden Pinselstrich, den Kinder machen, überzubewerten. Es geht darum, die Auseinandersetzung des Kindes mit sich, seiner Umgebung und den Materialien anzuerkennen und sie als seine Ausdrucksmöglichkeit, als seine Form der Kommunikation zu verstehen. Die verschiedenen Ausdrucksmöglichkeiten werden in der Reggio-Pädagogik in vielerlei Hinsicht unterstützt. Beispielsweise gibt es die Freundschaftskästen. Jedes Kind hat ein Kästchen. Hier dürfen Freunde, Eltern, Erzieherinnen kleine Geschenke, Briefe, Bilder oder sonstige kleine Kostbarkeiten hineinlegen. Auf diese Weise wird die Kommunikation der Kinder untereinander angeregt und auf eine andere Ebene gebracht. Kinder lernen so, auch ohne viele Worte zu sagen: „Du bist mein Freund", „Ich mag dich."

Welches Bild vom Kind haben die Reggianer?

Wir nehmen das Kind als sehr aktiv war. Wir sehen es als Konstrukteur, als Mitschöpfer seines Wissens. Es ist kein unbeschriebenes Blatt oder leeres Gefäß, das nur mit Wissen gefüllt werden muss. Kinder, so jung sie auch sind, haben bereits Vorstellungen von der Welt und wie diese funktioniert. Wir greifen dieses Wissen auf, regen die Kinder an, über ihr Wissen zu sprechen. Dabei halten wir uns mit unserem eigenen Wissen zurück und geben den Kindern Raum zum Spekulieren, zum Experimentieren, für eigene Fragen. Beispielsweise sehen die Kinder, dass die Kaffeemaschine übergelaufen ist und sie fragen, warum das passiert ist. Wieso gibt es einmal eine Überschwemmung und das andere Mal nicht? Wir greifen diese Beobachtung der Kinder auf und fragen sie, was passiert sein könnte. Dann lassen wir sie erneut Wasser einfüllen und beobachten, was jetzt passiert. So werden die Kinder zu handelnden Personen.

■ Leuchttisch

■ Materialregal

Was sind Ihrer Meinung nach die wichtigsten Ziele in der reggio-orientierten Arbeit?

Wir möchten aktive Kinder haben, keine passiven. Unser Ziel ist, den Kindern zu einer möglichst großen Selbständigkeit und Eigenaktivität zu verhelfen, ihre Autonomie zu fördern, damit sie selber Ideen entwickeln und sie auch umsetzen. Sie sollen in unserer Einrichtung viel erleben.

Kann die Reggio-Pädagogik überall praktiziert werden oder ist sie an bestimmte Bedingungen gebunden?

Eigentlich kann Reggio überall praktiziert werden, denn vieles hat mit der Haltung der Erwachsenen zu tun, wie sie die Kinder sehen und ob sie ihnen eigene Rechte zugestehen. Aber natürlich ist neben dieser Haltung auch der äußere Rahmen wichtig. Um den Kindern die Möglichkeit zu geben, ihre Ideen umzusetzen, brauchen sie bestimmte Räumlichkeiten, bestimmte Materialien und Zeit. Wir sehen den Raum als dritten Erzieher.

Gibt es in Ihrer Einrichtung Material, das sich von der üblichen Ausstattung unterscheidet?

Unser Material ist unfertig. Die Kinder können das Material noch bearbeiten. Sie finden nicht nur das Übliche – wie Stifte und Scheren – vor. Bei uns gibt es Naturmaterialien, Ton, Steine, also Werkmaterialien, die es den Kindern erlauben, viel differenzierter zu arbeiten. Dazu gehören z. B. auch Räume, in denen Kinder mit Licht und Schatten experimentieren. Wir haben Leuchttische, Diaprojektoren, Leinwände, die unterschiedlich angeleuchtet werden können. Uns ist es wichtig, dass Kinder einen differenzierten, einen anderen und genaueren Blick entwickeln. Sie sollen das, was sie interessiert, aus unterschiedlicher Perspektive betrachten, vergrößern und verkleinern können. Die Kinder dürfen fotografieren und haben Ferngläser.

■ Materialtisch

Sind die Ferngläser und die Lichtwände in den Gruppenräumen frei zugänglich?

Ja, die Sachen können jederzeit von den Kindern genutzt werden. Also nicht wir Erzieherinnen setzen die Dinge als Highlight ein, sondern die Kinder nutzen sie selbständig. Die Kinder sollen mit den Materialien experimentieren, sie bearbeiten, die Eigenschaften kennen lernen – und darauf bauen wir dann auf.

Wenn wir Themen aufgreifen, setzen wir deshalb bewusst die verschiedensten Materialien ein.

Ihnen ist Materialvielfalt sehr wichtig.
Ja. In anderen Kindergärten gibt es häufig Tischspiele oder viel Plastikspielzeug. Bei uns gibt es überwiegend Naturmaterialien und wenig Spielzeug, das die gleiche Oberflächenbeschaffenheit hat. Die Sinne sollen angesprochen werden, und da spielen die Materialien eine große Rolle.

Haben Sie alle klassischen Materialien, die zu einem Reggio-Kindergarten gehören?
Nein, sicher nicht alle, aber die meisten. Wir haben Podeste, sehr viele Spiegel, sehr viele verschiedene Werkmaterialien, die Werkbänke, Zangen, Bohrer, Schrauben, die Tafeln, die Staffeleien, den Leuchttisch, all das ist typisch für Reggio.

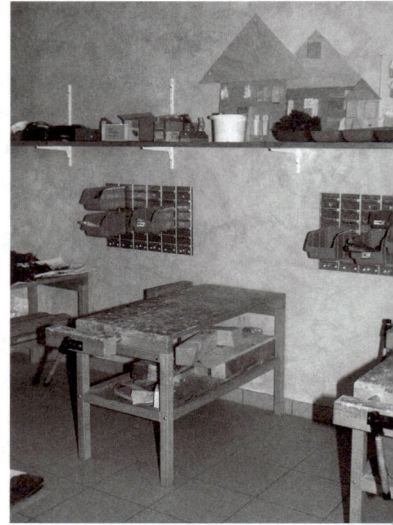

■ Werkraum

Wie sieht es mit den Räumen aus?
Wir haben unsere Gruppenräume nach Funktionen eingerichtet. Es gibt den Rollenspielbereich, den Entspannungsbereich, den Bau- und Experimentierbereich, den Mal- und Werkbereich, den Bewegungsbereich und den Außenspielbereich. Diese Bereiche sind den Kindern jederzeit zugänglich. Sie kommen ja morgens mit den unterschiedlichsten Bedürfnissen in unsere Einrichtung und sollen sich ausleben können.

Haben Sie eine Ausbildung für die Reggio-Pädagogik?
Nein. Ich habe mir die Reggio-Pädagogik schrittweise erarbeitet. Wir haben entsprechend unserer Möglichkeiten Element um Element dazugenommen. Wir haben viel miteinander gesprochen, gelesen und uns informiert.

Aber nicht jede Erzieherin weiß, wie man mit einer Werkbank oder mit Ton umgeht.
Das stimmt. Voraussetzung für die Arbeit in einem bestimmten Bereich ist immer, dass wir Erzieherinnen selbst Interesse daran haben. Aber nicht jede aus dem Team muss alles gleich gut können oder ist für alle Bereiche immer gleichermaßen zuständig. Wir gestehen uns unsere Vorlieben für bestimmte Dinge zu. Aber wir achten im Team darauf, dass alle Bereiche abgedeckt werden. Und dabei ist es sehr wichtig, dass wir uns öffnen, selbst experimentierfreudig und bereit sind, uns vieles zu erarbeiten. Die eigene Motivation spielt eine große Rolle. Wenn ich mit Kindern neue Wege gehen will, muss ich selbst Spaß daran haben. Experimentierfreude ist nichts Passives. Das muss ich vorleben.

Welche Bedeutung kommt der Weiterbildung zu?

Für uns hat sie eine große Bedeutung, weil sich unsere Arbeit schrittweise entwickelt hat. Wir hatten das Glück, dass unsere gesamte Einrichtung an einer Fortbildung zum Thema Reggio teilnehmen durfte. Alle Kolleginnen konnten Fragen stellen. In einem begleiteten Rahmen konnten wir gemeinsam als Team überlegen, wie unsere Arbeit reggio-orientiert wird,.welche Elemente der Pädagogik wir sofort übernehmen konnten, was zu unseren Kindern, was zu uns passte? Die Weiterbildung hat uns eine wesentliche Starthilfe gegeben.

Gilt das immer noch?

Natürlich. Ich halte Weiterbildung für notwendig, um nicht auf der Stelle zu treten. Reggio-Arbeit ist ein ständiger Prozess, der durch Fortbildung unterstützt wurden muss.

Wie sehen Sie die Rolle der Erzieherinnen?

Sie haben zunächst die Aufgabe, die Kinder zu begleiten und zu unterstützen. Am Anfang steht immer die Beobachtung. Womit spielen die Kinder, mit welchen Ergebnissen kommen sie zu uns? Welche Spiele tun den Kindern gut, welche Themen greifen sie auf? Die Erzieherinnen geben den Kindern Raum für ihre eigenen Erfahrungen und setzen Impulse. Sie schaffen erst die Rahmenbedingungen, damit die Kinder zu handelnden Personen werden. Das geht Schritt für Schritt. Eine Erzieherin vermittelt niemals nur Wissen oder präsentiert Ergebnisse. Im Gegenteil: Die Erzieherinnen fragen, und die Kinder suchen nach Antworten. Die wichtigste Aufgabe einer Erzieherin ist also die des aktiven Begleitens. Wir sehen uns weniger als diejenigen, die die Kinder behüten, sondern es geht eher darum, den Kindern das Gefühl zu geben, dass sie stark sind, dass sie etwas schaffen, dass sie selbst in der Lage sind, viele Dinge herauszufinden.

Haben Sie, um das sicherzustellen, besondere Kommunikationsstrukturen?

Uns ist es wichtig, dass wir alle im Team zusammenarbeiten und nicht ein oder zwei für sich alleine. In den Dienstbesprechungen wird auch über die Situation einzelner Kinder gesprochen. Dort halten wir fest, welche Kinder an welchen Aktionen teilnehmen.

Ganz klassisch sind in der Reggio-Pädagogik die sprechenden Wände und der Morgenkreis. Haben Sie diese Elemente übernommen?

Wir haben beides. Im Morgenkreis werden Absprachen getroffen. Die Kinder können hier ihre Wünsche anmelden. Das ist sehr wichtig, ebenso die sprechenden Wände. Viele Aktionen und Entwicklungsschritte der Kinder werden hier festgehalten. So bekommen die Eltern einen besseren Einblick in unsere Arbeit und wissen immer, was gerade geschieht. Sie bekommen aber auch etwas von den Prozessen mit, die in den Gruppen oder bei einzelnen Projekten stattfinden.

Welche Rolle spielen bei Ihnen die Eltern?

Sie spielen eine sehr große Rolle. Wir wollen die Eltern an möglichst vielen Dingen beteiligen und einen Bezug zum Lebensumfeld der Kinder herstellen. Die Tagesstätte ist keine Insel. Ein Beispiel: Wir hatten hier die 900-Jahr-Feier in Werdohl und machten das zum Thema in den Gruppen. Im Team überlegten wir, wie wir für die Kinder einen Bezug zur Geschichte unserer Stadt herstellen können, und die Eltern gebeten, alte Fotos, Bilder, Gegenstände etc. mitzubringen. Die Resonanz war enorm. Es war deutlich zu spüren, dass die Kinder an dem, was die Eltern mitgebracht haben, sehr interessiert waren. Aber auch die Eltern waren begeistert und haben sich Gedanken gemacht, was sie uns geben wollen und was sie mit der Stadt verbindet. Vieles in unserer Arbeit könnten wir ohne Hilfe der Eltern gar nicht tun. Sie unterstützen unsere Arbeit nicht nur durch Materialspenden, sondern sind auch zu den verschiedensten Arbeiten bereit, entsprechend ihrer Fähigkeiten und ihrer Zeit.

Würden Sie sich wieder für die Reggio-Pädagogik entscheiden?

Ich würde auf keinen Fall wieder anders arbeiten wollen. Für mich ist es die optimale Pädagogik, um mit Kindern die Welt zu erforschen.

**STÄDTISCHE TAGESEINRICHTUNG
FÜR KINDER „BUDENZAUBER"**

Erlenweg 9
58791 Werdohl
Tel.: 0 23 92 – 18 18 21
Fax: derzeit nicht vorhanden
Leiterin der Einrichtung: Karina Wionsek
Trägerschaft: Stadt Werdohl
Art der Gruppen: Kindertagesstättengruppe, Kindergartengruppen
Anzahl der Gruppen: 3
Alter der Kinder: 3–6
Anzahl der Kinder: 70

LITERATUR ZUM WEITERLESEN

Dreier, Annette (2007): Was tut der Wind, wenn er nicht weht? Begegnung mit der Kleinkindpädagogik in Reggio Emilia. Berlin, Düsseldorf, Mannheim: Cornelsen Scriptor

Knauf, Tassilo (2000): Reggio-Pädagogik. In: Fthenakis, Wassilios E. / Textor, Martin R. (Hrsg.): Pädagogische Ansätze im Kindergarten. Weinheim: Beltz, S. 181–201

Knauf, Tassilo u. a. (2001): Reggio-Pädagogik (= PÄD Forum 3/2001). Baltmannsweiler: Schneider Hohengehren

Krieg, Elsbeth (Hrsg.) (2004): Lernen von Reggio. Theorie und Praxis der Reggio-Pädagogik im Kindergarten. 2. Aufl. Lage: Jacobs

Lingenauber, Sabine (2002): Einführung in die Reggio-Pädagogik. Kinder, Erzieherinnen und Eltern als konstitutives Sozialaggregat. 2. Aufl. Bochum: Projekt Verlag

Lingenauber, Sabine (Hrsg.) (2004): Handlexikon der Reggio-Pädagogik. Bochum: Projekt Verlag

Ullrich, Wolfgang / Brockschnieder, Franz-Josef (2001): Reggio-Pädagogik im Kindergarten. Profile für Kitas und Kindergärten. Freiburg: Herder

3.3 Der offene Kindergarten

3.3.1 Allgemeine Betrachtung

Der offene Kindergarten will „[...] das Kind zur Rose machen" (Klattenhoff u. a. 1999, S. 11). Diese Metapher beschreibt ein seit mehr als zehn Jahren bestehendes Konzept, das sich nicht allein auf ein verändertes Menschenbild, sondern vor allem auf einen veränderten Umgang mit dem Menschen bezieht. „Schön, dass es dich gibt und dass du so bist, wie du bist" (ebd.). Im offenen Kindergarten geht es demnach nicht darum, eine gesellschaftskonforme Erziehung zu konzipieren, sondern das Kind in seiner Individualität anzunehmen und es im Sinne einer menschlicheren Gesellschaft zu einer eigenständigen Persönlichkeit zu erziehen.

Damit versteht sich die offene Arbeit als Antwort auf die heutige Kindheit und nimmt in ihrem situationsangemessenen Handeln Bezug auf den in den 1970er Jahren entwickelten Situationsansatz. Folglich kann es *den* offenen Kindergarten nicht geben, sondern lediglich eine Fülle „offener" Elemente und Prinzipien, die hinsichtlich Form und Grad ihrer Umsetzung, jeweils den örtlichen Gegebenheiten angepasst werden müssen (vgl. Regel 1996, S. 12).

3.3.2 Begriffsklärung „offen"

In unserer Gesellschaft ist das Wort „offen" ein positiv besetzter Begriff, dem viele Bedeutungen zugeschrieben werden. Er kann zum einen eine nach innen gerichtete Öffnung beschreiben. Für sich selbst offen zu sein bedeutet in diesem Sinne, „[...] sich zu kennen, Zugang zu seinem Inneren zu haben, [...], die eigenen Gedanken, Emotionen, Wünsche und Probleme [...] zu akzeptieren, zu sich selbst ehrlich zu sein. ‚Offen' heißt aber auch, sein Innerstes zu ‚offenbaren', Einblicke in seine Lebenssituation zu gewähren, keine Geheimnisse zu haben, aufrichtig zu anderen zu sein, sich eindeutig und klar auszudrücken. ‚Offen' bedeutet, für die ‚Öffentlichkeit', die Allgemeinheit, die anderen Menschen zugänglich zu sein" (Becker-Textor/Textor 1997, S. 7).

Zum anderen kann der Begriff offen aber auch eine Öffnung nach außen beschreiben, was bedeutet, „[...] für außen Existierendes oder von außen Kommendes zugänglich zu sein, die Umwelt in ihrer ganzen Komplexität wahrzunehmen, die Lebenssituation, Bedürfnisse und Wünsche anderer Menschen zu erkennen, von außen etwas hereinzulassen" (ebd.).

In diesem Sinne wird der Begriff offen in den letzten Jahren vermehrt auf Kindergärten und Kindertagesstätten als sich nach außen öffnende bzw. offen gemachte Institutionen angewendet.

3.3.3 Grundlegende Strukturelemente im offenen Kindergarten

Das Menschenbild im offenen Kindergarten

Grundlage eines jeden Erziehungskonzeptes bildet die jeweilige Vorstellung vom Bild des Menschen. Viele verschiedene Theorien, Konzepte und Paradigmen wurden im Bereich der Humanwissenschaft bereits entwickelt. Sie stellen dar, „[...] was den Menschen ausmacht und was ihn als erkennendes Wesen definiert" (Wieland 1993, S. 16). Insgesamt zeichnen sich zwei konträre Grundannahmen ab, die den Menschen wie folgt beschreiben:

- „[...] als einen auf objektiv gegebene Reize reagierenden Organismus [...]" (ebd., S. 17).
- „[...] das aufgrund eigener Theorien handelnde Subjekt" (ebd.).

Die offene Kindergartenarbeit orientiert sich an letzterem Paradigma. Ihr liegt ein Menschenbild zugrunde, das das Kind als „Akteur und Selbstgestalter seiner Entwicklung" betrachtet. Damit wird den Erziehungskonzepten moderner Reformpädagoginnen, wie z. B. Maria Montessori, die das Kind als „Baumeister des Menschen" (Montessori 2000, S. 13) betrachtet, aktuelle Bedeutung verliehen.

Kinder gelten im offenen Kindergarten nicht als Mängelwesen, sondern als junge Menschen, die zur Selbstorganisation und Eigenständigkeit fähig sind. Sie haben einen inneren Antrieb zu wachsen, den sie im ständigen Streben, ihren Erfahrungshorizont zu erweitern, ausleben wollen. Dabei ist jedes Kind einzigartig und Gestalter seiner Wirklichkeit. Seinen individuellen Zugang zur Welt erreicht es über eigene Wege des Verstehens und Lernens, die durch Impulse aus der Umwelt ständig verändert und erweitert werden.

Dieses Bild vom Kind bezieht in der pädagogischen Praxis auch die Aktivitäten der Erzieherin mit ein. Auch sie ist in diesem Sinne Akteur ihrer Entwicklung, was auf der Ebene des professionellen Handelns bedeutet, dass sie Selbstgestalterin ihrer Pädagogik ist. Nur wenn die Erzieherin in diesem Selbstverständnis arbeitet, kann sie dem Kind einen autonomen, selbstbestimmten Entwicklungsweg ermöglichen (vgl. Regel 1999, S. 261 f.).

Die Rolle der Erzieherin

„Eine so verstandene Offenheit ist die Entscheidung zu einer Philosophie der Begegnung, in der die bewusste Berührungsaufnahme zu sich, zu anderen, zur Umgebung, Ausgangspunkt des Tuns wird" (Regel 1996, S. 16). Begegnung in Bezug auf die Kinder im offenen Kindergarten bedeutet, dass sie selbst Akteure bzw. Selbstgestalter ihrer Entwicklung sein können. Voraussetzung hierfür ist jedoch das Vertrauen in die Fähigkeit des Kindes, seinen Weg im Kindergarten selbst gehen und durch eigene Aktivitäten entwickeln zu können. Diese Einstellung zum Kind findet ihre Entsprechung in der pädagogisch tätigen Erzieherin. Sie ist nicht länger Akteur für die Entwicklung des Kindes, sondern wird zum „Akteur ihrer eigenen Pädagogik" (vgl. ebd.). „Diese zu einer gemeinsamen zu entwickeln, sichtbar in der bewussten Gestaltung der Räume drinnen und draußen, im Durchführen von Angeboten, Projekten und Gemeinschaftserlebnissen, im bewussten pädagogischen Handeln und unsichtbar in der Berührungsaufnahme, im Annehmen und Lieben von Kindern [...]" (ebd.), ist die elementare Aufgabe der Erzieherin im offenen Kindergarten. Dabei befindet sie sich in einem ständigen Spannungsfeld von Distanz und Nähe. Einerseits sollte sie Distanz zu den Kindern halten, um ihnen in der Rolle des Partners und Begleiters den nötigen Freiraum zu schaffen. Andererseits gibt sie ihnen die notwendige Nähe, indem sie, beobachtend im Hintergrund, ständig präsent ist, wenn sie gebraucht wird.

Grundlage ihrer Arbeit ist also die Schaffung eines Freiraums, der von den Kindern durch vielfältige bedürfnisorientierte Angebote sowie die Nutzung der herausfordernden Umgebung ausgefüllt werden kann. Dabei versteht sich die Erzieherin in der offenen Kindergartenarbeit als unterstützende Begleiterin und in Angeboten als Anregerin (vgl. Lienen 1993, S. 317 ff.).

3.3.4 Das Methodenkonzept der Handlungsforschung

„Immer dort, wo Menschen anfangen, in einem gemeinsamen Prozess über die Ursachen, Folgen und Konsequenzen ihres Handelns nachzudenken, diese dann möglichst aufgrund ihrer Reflexionen zu verändern beginnen, findet in unserm Sinne Handlungsforschung statt" (Wieland 1993, S. 43). Der Begriff Handlungsforschung entspringt dem Bereich der Sozialwissenschaft und bezeichnet einen zyklischen Wechsel von Erkennen, Planen und Handeln (vgl. Kautter 1988, S. 28).

Nach Wieland hat die in der Pädagogik des Kindergartens angewendete Handlungsforschung jedoch keinen Anspruch auf Wissenschaftlichkeit. Im Gegensatz zu wissenschaftlichen Untersuchungen, denen eine größtmögliche Objektivität zugrunde liegen sollte, will und kann die hier angewandte Handlungsforschung nicht objektiv sein, sondern ist subjektiv und parteilich (vgl. Wieland 1993, S. 13 f.).

Mit diesem Methodenkonzept, das die Vorgehensweise des situativen Arbeitens und Handelns umfasst, wird betont, dass der Weg zu einer kindgemäßen Pädagogik noch erarbeitet werden muss und nicht im Voraus durch pädagogische Konzepte festgestellt werden kann. Der offene Kindergarten bietet den entsprechenden Rahmen dafür (vgl. Lammers / Mikulka 1999, S. 184).

Ausgangspunkt der Handlungsforschung bilden immer die Probleme der Alltagspraxis. Sie sind die Auslöser von Reflexion und Handeln. Ist ein Praxisproblem definiert, setzt die Informationsgewinnung in Form einer sorgsamen Analyse der Umstände ein. Daraufhin erfolgt die Zielsetzung und Planung im Diskurs mit allen Beteiligten (vgl. Wieland 1992, S. 23). In einem beständigen Aufeinander-eingehen werden die Entscheidungen nicht per Mehrheitsbeschluss herbeigeführt, sondern solange im gemeinsamen Austausch erörtert, bis alle eine gemeinsame Lösung gefunden haben. Das Ergebnis von Wahrnehmung und Reflexion ist das Probehandeln, das einen Prozess abschließt oder neu begründet vgl. Lammers / Mikulka 1999, S. 184).

„Im offenen Kindergarten steht die Beobachtung der Kinder an erster Stelle, verbunden mit der Fragestellung: ‚Wie kommt das Kind in der Lebens- und Lerngemeinschaft Kindergarten zurecht, wie entwickelt es sich aufgrund der bestehenden Herausforderungen?'" (ebd.)

Beobachtungen unter diesem Aspekt lassen Praxisprobleme deutlich werden, die einer Bearbeitung im Rahmen der Handlungsforschung bedürfen und zum Probehandeln führen müssen. Der inhaltliche Entwicklungsverlauf sollte demnach durch das Ergebnis von Wahrnehmung, Reflexion, Informationsgewinnung und kreativem pädagogischen Handeln bestimmt werden. „Pädagogik im offenen Kindergarten hat offenen Charakter, erfordert offene Gespräche, tägliches Reflektieren und Planen mit Mut zum neuen Handeln" (ebd.).

Bedürfnisorientierung

Allgemeines

Die Bedürfnisorientierung stellt im Erziehungskonzept des offenen Kindergartens ein richtungsweisendes Element dar. Sie ist die Konsequenz aus einem Menschenbild, das insbesondere auf die Ideen der Reformpädagogik zu Beginn des 20. Jahrhunderts zurückgeht. Demnach gilt das Kind nicht länger als Objekt erzieherischen Handelns, sondern wird zum Akteur seiner eigenen Entwicklung (vgl. Regel 1993, S. 52 ff.). Dieser Sichtweise schließt sich auch die offene Kindergartenarbeit an. Sie betont die Individualität des Kindes, indem sie sich auf seine Erfahrungen, Motive, Beweggründe und Entwicklungsinteressen bezieht und als entscheidende Größe in ihre pädagogischen Überlegungen mit aufnimmt.

Entwicklung orientiert sich damit nicht mehr nur an festgelegten Entwicklungsplänen und Förderzielen, sondern an den Interessen und Entwicklungsbedürfnissen des Kindes sowie an der Art und Weise, wie es sich seine Umwelt aktiv aneignet.

„Das Kind ist, auf der Grundlage seiner subjektiven Wahrnehmung, Erfahrung und mit den Handlungen, für die es sich entscheidet, Akteur seiner Entwicklung. [...] Ziel der offenen Kindergartenarbeit sollte es sein, sich Kinder zu Verbündeten zu machen, mit denen ihre vorhandenen Fähigkeiten weiterentwickelt werden können, und nicht zu Erziehungsbedürftigen, denen fehlende Fähigkeiten antrainiert werden müssen" (Lindemann 1999, S. 238).

Somit steht die Erzieherin in der Alltagspraxis in einem ständigen Spannungsfeld zwischen ihrem Bedürfnis, dem Kind Dinge zu lehren, die für seine Entwicklung zu einer eigenständigen Persönlichkeit wichtig sind, und der Akzeptanz des kindlichen Bedürfnisses, nur das zu lernen, was ihm selbst sinnvoll erscheint.

Bedürfnis nach Zugehörigkeit und Unabhängigkeit

Bei Zugehörigkeit und Unabhängigkeit handelt es sich „[...] um die grundlegenden Bedürfnisse des Menschen, deren Äußerungsformen in jeder Altersstufe, bis ins hohe Alter und in allen Kulturen unserer Erde anzutreffen sind" (Regel 1993, S. 62). Dieses Bedürfnis ist je nach Lebenssituation und -alter unterschiedlich stark ausgeprägt. Kritiker der offenen Kindergartenarbeit halten feste Bezugspersonen in der Gruppe sowie die Geborgenheit der Gruppe für unbedingt erforderlich. Dem sind jedoch die Erfahrungen der Alltagspraxis entgegenzusetzen, die gezeigt haben, dass die große Anzahl von Kindern in einer Gruppe Geborgenheit eher verhindert als stiftet. Geborgenheit vermittelt in diesem Fall nicht die Gruppe, sondern eher die Vertrautheit mit dem Raum und dessen Atmosphäre.

Kinder geben sich auch gegenseitig Halt. Dies geschieht meist in Zweierfreundschaften oder kleinen Freundschaftsgruppen. Dazu bietet der offene Kindergarten wesentlich größere Möglichkeiten als die Stammgruppe. Eine wichtige haltgebende Lebenserfahrung ist zudem der sichtbare Zusammenhalt der Mitarbeiter sowie der Zusammenhalt von Erwachsenen und Kindern bei Gemeinschaftserlebnissen (z. B. Feste, Gottesdienste, Freizeiten, Fahrten).

„Das Verlangen nach Zugehörigkeit wird gegenüber Kindern dann erfüllt, wenn sie das Grundgefühl in sich spüren: Ich darf hier sein mit meinen Möglichkeiten, ich bin willkommen. Der Kindergarten ist für mich da. Er ist auch mein Haus, in dem ich mit anderen spielen und zusammenleben, mich wohl fühlen und mich beteiligen darf" (ebd., S. 66).

Zudem werden im offenen Kindergarten bewusst Freiräume und damit Entscheidungsmöglichkeiten geschaffen, um dem kindlichen Streben nach Unabhängigkeit Rechnung zu tragen. Den Kindern „[...] wird zugemutet, eigenen Bedürfnissen zu folgen und für das eigene Lernen und für die eigene Zufriedenheit mehr und mehr Selbstverantwortung zu übernehmen" (ebd., S. 79). Dadurch wird ihnen ermöglicht, sich aus der Vielfalt des heutigen Lebens ein eigenverantwortliches Leben aufzubauen.

Bedürfnis nach Grenzziehung und Orientierung

Kinder benötigen zu einer gesunden Persönlichkeitsentwicklung immer wieder eine Korrektur ihres Verhaltens. Eindeutige Reaktionen erwachsener Bezugspersonen und anderer Kinder dienen dabei der Orientierung und Einschätzung des eigenen Verhaltens. Man spricht in diesem Zusammenhang von der Notwendigkeit der Grenzziehung.

Zeigen Kinder Schwierigkeiten, Regeln bzw. Vereinbarungen zu akzeptieren, bedürfen sie der besonderen Zuwendung. In gemeinsamen Gesprächen sollten Erzieherin und Kind versuchen herauszufinden, wodurch die Beziehung zwischen Erwachsenem und Kind eventuell belastet worden ist (vgl. ebd., S. 71 f.). Vertrauen und Selbstbestimmung befähigen die Kinder dabei häufig zu einer konstruktiven Konfliktbewältigung.

„Im offenen Kindergarten, in dem Kinder bewusst aus pädagogischen Gründen unter sich sein können, zeigt sich immer wieder, dass Kinder von sich aus sinnvolle und vernünftige Regeln finden und sich dabei recht lebendig auseinandersetzen" (ebd., S. 72).

Kinder mit besonderen Entwicklungs- und Förderbedürfnissen

„Je mehr ein Kindergarten zu einer Einrichtung für ‚alle' Kinder wird, um so breiter wird das Spektrum der Kinder, die aufgrund ihrer besonderen Lebenssituation besondere Bedürfnisse signalisieren" (ebd., S. 73). Zu den Kindern mit besonderen Entwicklungs- bzw. Förderbedürfnissen zählen, neben solchen mit abweichendem Verhalten, auch Kinder „[...] mit

- Körperlichen Schädigungen und Einschränkungen (sog. behinderte Kinder)
- Chronischen Krankheiten
- Besonderem Bildungshunger (sog. hochbegabte Kinder)
- Anderen kulturellen und religiösen familiären Hintergründen
- Einer anderen Muttersprache
- Bestimmten Entwicklungserfahrungen (so genannte entwicklungsverzögerte Kinder, besonders in der Wahrnehmung, Motorik und Sprache)" (ebd., S. 75).

Solche Kinder signalisieren Besonderheiten, die in der Alltagspraxis als individuelle Bedürfnisse und Förderansprüche wahrzunehmen sind. Das bedeutet jedoch nicht, dass all diese Kinder gleich zu Objekten spezieller pädagogischer oder therapeutischer Förderprogramme zu machen sind. Vielmehr will der offene Kindergarten durch seine vielfältigen Entfaltungsmöglichkeiten allen Kindern zunächst eine eigenständige Entwicklung zugestehen und ihnen somit ermöglichen, mit ihren Stärken ihre individuellen Defizite zu kompensieren. Welche anregende, unterstützende und fördernde Begleitung dabei notwendig ist, sollte jeweils im Einzelfall entschieden werden (vgl. ebd., S. 75 f.).

Bedürfnis nach Pflege und Zuwendung

Kinder brauchen für ihr körperliches und seelisches Wohlergehen Pflege und Zuwendung. Wird auf dieses Grundbedürfnis im familiären Umfeld nicht genügend eingegangen, suchen sie entsprechende Erfahrungen im Kindergarten.

Denn „[...] körperliches Wohlfühlen ist Grundbedingung für die Entfaltung psychischer Bedürfnisse und damit Grundlage für eine differenzierte Entwicklung" (ebd., S. 61). Folglich sollte der Kindergarten diesen Bereich als ebenso bedeutsam ansehen wie andere pädagogische Aktivitäten.

Verletzungsvermeidung

Die Gestaltung der kindlichen Umgebung im Kindergarten sowie die Ausstattung seiner Räumlichkeiten muss so konzipiert sein, dass die körperliche Verletzungsgefahr der Kinder weitgehend vermieden werden kann. „Das bedeutet jedoch nicht, jegliches Risiko zu vermeiden. Kinder brauchen für ihre Entwicklung herausfordernde Situationen, um ihren Mut zu erproben. Körperliche Sicherheit entsteht nicht von selbst. Sie ist das Ergebnis vielfältiger mutiger Bewegungserfahrungen" (ebd.).

Psychomotorik im offenen Kindergarten

Betrachtet man die grundlegenden Veränderungen der Kindheit, so ist der Wunsch, dass die Kinderwelt eine Bewegungswelt sei, in der Kinder Freiräume haben und im Spiel ihren Körper mit allen Sinnen bis zu seinen Grenzen erfahren können, als eher unrealistisch zu bewerten.

Schon J.H. Pestalozzi (1746–1827) setzte sich für ein kindliches Lernen mit „Kopf, Herz und Hand" ein. Die Alltagspraxis stellt sich jedoch heute meist ganz anders dar. Mangelnder Bewegungsraum wird immer mehr zur kindlichen Normalität. Neu gebaute Kindergärten überschreiten nur selten den vorgeschriebenen Mindestraum pro Kind. Dadurch entstehen Störungen, die die Diskrepanz zwischen pädagogischem Anspruch und Realität weiter vergrößern. Der offene Kindergarten versteht sich als eine Antwort auf diese veränderten Lebensbedingungen. Freiwilligkeit und Bewegungsfreiheit bilden hier entscheidende Prinzipien der pädagogischen Praxis (vgl. Beins 1999, S. 195).

Wesentliche Begründung findet das Prinzip der Psychomotorik im Entwicklungsmodell des Schweizer Kinderpsychologen Jean Piaget. Er versteht das Kind als aktives, kreatives und selbstorganisiertes Subjekt, das einem komplexen Umfeld gegenübersteht, das es sich handelnd erschließt. „Das Kind kann also als ‚Akteur seiner Entwicklung' angesehen werden, weil es aus dem Verhalten der Menschen seines Bezugsfeldes, aus den Erfahrungen mit seinem Umfeld Konsequenzen zieht und daraufhin sein Leben gestaltet" (Regel 1993, S. 93).

Der Begriff „Psychomotorik" weist auf eine Verbindung von Körper, Seele und Geist hin. „Während im Bereich des Körpers die Bewegung (= Motorik) erkennbar ist und unmittelbar damit die Sinnestätigkeit (= Sensorik) verbunden ist, müssen wir im psychischen Bereich von einer kognitiven und emotionalen Aktivität ausgehen, die unsichtbar ist, aber bestimmte Bewegungen, Handlungen und Tätigkeiten ermöglicht und bewirkt" (Schwarz 1992, S. 81).

Die Psychomotorik geht davon aus, dass die Entwicklung dieser beiden Bereiche nicht von einander getrennt werden kann und somit der Mensch in seiner Ganzheitlichkeit (Körper, Seele, Geist) betrachtet werden muss. „Psychomotorik als Lern- und Erziehungsprinzip" (ebd.) sieht demnach die ganzheitliche Förderung des Kindes vor und findet ihre pädagogische Umsetzung in der Umwandlung des ‚Sitzkindergartens' zum ‚Bewegungskindergarten'. Unter diesem Gesichtspunkt findet Lernen dann statt, wenn Kinder sich aktiv betätigen und in immer differenzierterer Weise sensomotorische und sprachliche Kompetenzen ausbilden (vgl. ebd., S. 82).

Dies geschieht vornehmlich im Spiel, der Hauptaktivität des Kindes. „Auch in einer psychomotorisch ausgerichteten Kinderarbeit bekommt das Spiel eine kardinale Bedeutung" (Regel 1993, S. 101). Es ist eine vom Kind selbst gewählte Handlungsaktivität, die seinen Handlungsspielraum erweitert. Folglich ist es wichtig, innerhalb und außerhalb des Kindergartenbereiches komplexe Handlungsfelder zu schaffen, in denen sich das Kind entsprechend seinem Entwicklungsstand die Umwelt spielerisch aneignen kann.

„In welcher Form auch immer Kindern neue Möglichkeiten eröffnet werden, ob im Angebot, in Bewegungsstunden oder in Therapiestunden, das Spiel sollte im Mittelpunkt stehen. Förderung kann so als ‚Herauslocken von Kompetenzen in Spielsituationen' definiert werden" (ebd.).

Piaget hat die verschiedenen Stufen geistiger Entwicklung beschrieben und in eine Theorie gebracht. Demnach bilden die sensomotorischen Unterrichtserfahrungen des Kindes die Grundlage seiner Intelligenzentwicklung. „Infolge dieser allgemeinen Umgestaltung des Handelns kommt es, bewirkt vor allem durch den Einfluss des Sprechens und der Sozialisierung, im Kleinkindalter zu einer Verwandlung der Intelligenz, die aus etwas bloß Sensomotorischem oder Praktischem nunmehr in das eigentliche Denken übergeht" (Piaget 1972, S. 206).

Je vielfältiger und differenzierter die Handlungserfahrungen eines Kindes sind, desto kreativer und phantasievoller gestalten sich auch seine Handlungs- bzw. Ausdrucksmöglichkeiten. Vielfach erprobte und variierte Handlungen werden als Handlungsmuster verinnerlicht. Der Sprache kommt dabei eine besondere Bedeutung zu. Sie „[...] erlaubt dem Individuum, seine Taten zu schildern, und liefert ihm die Möglichkeit, zugleich die Vergangenheit zu rekonstruieren, sie also in Abwesenheit der Objekte, die die früheren Verhaltensweisen betroffen haben, wieder heraufzubeschwören und künftige, noch nicht durchgeführte

Handlungen so weit vorwegzunehmen, dass sie manchmal durch das Wort allein ersetzt und nie ausgeübt werden" (ebd., S. 207).

Methodisch-didaktische Prinzipien

Das **Freispiel** unterstützt das kindliche Bedürfnis nach Eigenverantwortung. Dies geschieht beispielsweise durch:

- „Freie Wahl von Spielart und Spielplatz (bezogen auf den ganzen Kindergarten, einschließlich des Außengeländes)
- Freie Wahl von Spielzeug, Spielthema und Spielinhalt
- Freie Wahl von Spieldauer" (Regel 1993, S. 107).

Eine **herausfordernde Umgebung mit offenem Charakter** enthält viele unterschiedlich gestaltete Spielorte, die zum Handeln und Bewegen oder zum Ausruhen und zu ruhigen Tätigkeiten auffordern (vgl. ebd.).

Abwechslungsreiche **Angebote** eröffnen ständig neue Spielmöglichkeiten, die das entdeckende Lernen fördern, beispielsweise „[...] in Verbindung mit Spielideen, musikalisch-rythmischen Erfahrungen mit unbekannten Materialien oder durch Aufgaben" (ebd., S. 107 f.).

Erlebnisorientiertes Lernen braucht Möglichkeiten des Experimentierens sowie Anlässe der Herausforderung. Arbeitsansätze hierzu bieten:

- Erlebnisthemen aus dem Alltagsgeschehen: z.B. Regen in der Stadt, Wind und Blätter, der Geräuschebaum, das Wolkenbilderbuch
- Spielideen, mit denen sich die Kinder identifizieren können, z.B. Rollenspiele wie der Bau eines Piratenschiffes
- „Abenteuerliche" Erlebnisse auf dem Außengelände: z.B. Anlegen einer Feuerstelle, Spiel im Dickicht
- Gemeinschaftserlebnisse bei Ausflügen oder Übernachtungen im Kindergarten
- Gegenseitige Besuche
- Vortragen von Anliegen bei Personen, die nicht unmittelbar im Bezug zur Kindergartenarbeit stehen, z.B. Kommunalpolitiker (vgl. ebd., S. 108 f.).

Kindergartenalltag als Lernfeld: Tätigkeiten der Alltagspraxis, wie z.B. Frühstück, Mittagessen, Aufräumen, Räume fegen, Räume schmücken, werden zu wichtigen Erfahrungen, die zur Mitverantwortung erziehen und geschlechtsspezifisches Rollenverhalten verändern können.

Lernen durch **Nachahmung** und **Identifikation** geschieht im Kontakt zwischen Kindern unterschiedlichen Alters sowie durch die Orientierung des Kindes am Handeln des Erwachsenen (vgl. ebd., S. 109 f.).

3.3.5 Prinzipien und Dimensionen der Offenheit

Der Begriff „offen" ist in den letzten Jahren vermehrt auf Kindergärten und Kindertagesstätten angewendet worden. In der Praxis hat sich jedoch gezeigt, dass „Öffnung" schon allein aufgrund der weit gefassten Begriffsdefinition sehr unterschiedlich verstanden werden kann.

Öffnung nach innen:
* „Öffnung des Kindergartens für die Lebenssituation der Kinder und ihrer Familien [...]
* Öffnung des Kindergartens für die Perspektive der Kinder [...]
* Öffnung der Kindergartengruppe für Kinder mit besonderem Integrationsbedarf [...]
* Öffnung der Kindergartengruppen zueinander [...]
* Öffnung der Kindergartengruppen für jüngere und ältere Kinder [...]
* Öffnung des Kindergartens für Eltern und andere Familienmitglieder [...]" (Becker-Textor/Textor 1997, S. 7 f.).

Öffnung nach außen:
* „Öffnung des Kindergartens zu seinem Umfeld hin [...]
* Öffnung des Kindergartens zu psychosozialen Einrichtungen hin [...]
* Öffnung des Kindergartenteams [...]
* Öffnung des Kindergartens zu Ausbildungsstätten und zum Fortbildungsbereich hin [...]
* Öffnung des Kindergartens zu den Medien hin [...]
* Öffnung des Kindergartens für die Politik [...]" (ebd., S. 9).

Die Auflistung der verschiedenen Öffnungsformen macht die große Bandbreite der Möglichkeiten deutlich, in denen sich Kindergärten öffnen können. Somit ist davon auszugehen, dass es *den* offenen Kindergarten nicht gibt, sondern lediglich eine Vielzahl offener Kindergärten, die jeweils ihr eigenes Profil entwickelt haben, angepasst an die individuellen Bedürfnisse vor Ort.

Offenheit der pädagogischen Fachkräfte

Grad und Umfang der Öffnung können in jedem Kindergarten sehr unterschiedlich sein. Sie werden vor allem von den Menschen bestimmt, die in der jeweiligen Einrichtung zusammenarbeiten und -leben. „Je offener sie dabei miteinander, mit ihren Erwartungen, aber auch mit ihren Ängsten und Befürchtungen umgehen, desto ‚offener' kann auch der Lebens- und Erfahrungsraum Kindergarten gestaltet werden" (Wieland 1992, S. 10).

Voraussetzung für die offene Kindergartenarbeit ist zunächst einmal die prinzipielle Offenheit der pädagogischen Fachkräfte, die aufgeschlossen sein und ein persönliches Interesse an der Weiterentwicklung und Veränderung ihrer Arbeit haben sollten. Veränderungen gehen dabei stets mit einer kritischen Betrachtung der bisherigen pädagogischen Arbeit einher sowie mit der Umstellung persönlicher Prinzipien (vgl. Regel 1993, S. 161 f.). Diese Umstellung ist als Folge eines Lernprozesses zu betrachten. „Es ist normal, hierbei Widerstände, Ängste, [...], Skepsis und Irritation zu empfinden. [...] Lieb gewonnenes Denken und Handeln wird relativiert oder muss sogar verabschiedet werden" (ebd., S. 164).

Wer erkennt, dass pädagogische Konzepte veränderbar sind, wer offen ist für Neues, offen für die Meinung anderer und bereit zur Kooperation ist, wer in erster Linie das Kind in seiner Individualität annimmt und ein kindorientiertes Handeln anstrebt, der ist offen für die offene Kindergartenarbeit (vgl. ebd., S. 161 ff.).

Offene Planung

In der offenen Planung „[...] ist der Alltag im Kindergarten an den Lebenswelten der Kinder orientiert" (Kazemi-Veisari 1996, S. 9). Sie stellt „[...] die Kinder als handelnde, denkende, fühlende und werdende Personen in den Mittelpunkt" (ebd.). Die offene Planung orientiert sich an den Bedürfnissen der Kinder und wird im Diskurs mit ihnen abgestimmt. Auch Zeitplanung und Raumgestaltung sind wichtige Aspekte der offenen Planung. Da es im Kindergarten keinen Lehrplan gibt, der die Alltagspraxis bestimmt, bleibt den Erzieherinnen viel Freiraum für die Gestaltung ihrer Arbeit.

Öffnung der Gruppen

Die Öffnung der Kindergartengruppen kann sich auf unterschiedliche Weise vollziehen:
- Auflösung der Stammgruppen
- Zeitweise Öffnung der Gruppe für Freispiel
- Öffnung der Gruppen für verschiedene Altersstufen (vgl. Becker-Textor/Textor 1997, S. 21 ff.).

In bereits bestehenden, traditionell arbeitenden Kindergärten kann diese Form der Öffnung nur schrittweise realisiert werden (vgl. ebd., S. 21). Bestehen gar keine Gruppen, bilden sich für Zeitabschnitte dennoch immer wieder kleinere Gruppierungen, aus denen die Kinder nach Belieben wieder ausscheiden können. „Die ‚Gruppenbildung' wird also verlagert in die Verantwortung der Kinder und damit losgelöst von den Entscheidungen der Erzieherinnen oder gar der Eltern" (ebd., S. 24).

Bei einer zeitweisen Öffnung für gruppenübergreifende Angebote verbringen die Kinder einen Teil des Tages in ihrer Gruppe. Nach der ersten Spielzeit oder der Freispielzeit werden ihnen verschiedene Angebote vorgestellt, zwischen denen sie sich entscheiden können. Ein Wechsel oder Hin- und Herpendeln ist dann nicht mehr möglich. Nach Abschluss der Aktivitäten findet ein Treffen aller Kinder zum Erlebnis- und Erfahrungsaustausch statt.

Ein Effekt dieser gruppenübergreifenden Angebote ist das Aufbrechen des häufig auftretenden „Konkurrenzverhaltens" zwischen den Gruppen in der Einrichtung. Keine Gruppe ist besser oder schlechter bzw. spannender oder langweiliger als die andere. Die Erfahrung, Interessengruppen bilden zu können, ist schon für Kinder im Vorschulalter sehr bedeutsam. Sie lernen somit, dass sie an Aktivitäten teilnehmen können, an denen auch die Kinder anderer Gruppen ein großes Interesse haben (vgl. ebd., S. 26 f.).

Offenes Arbeiten in Funktionsräumen

Die Einrichtung von Funktionsräumen sowie die Nutzung bisher unbeachteter Flächen, wie beispielsweise Flur, Garderobe, Nebenräume oder Küche erweitern das Raumangebot für die Kinder beträchtlich. Funktionsräume sind Aktivitätszentren, die einer bestimmten Funktion dienen, z. B. der Ruheraum, der Bewegungsraum, die Werkstatt, der Frühstücksraum oder der Flur als Spielraum.

Wenn in diesem Sinne eine Öffnung gelingen soll, sind Regeln „[...], die die Vielfältigkeit das Alltags strukturieren helfen [...]" (ebd., S. 33), ebenso unverzichtbar wie das grundlegende Vertrauen, das den Kindern entgegengebracht werden muss. „Kinder, die aus Zutrauen und Vertrauen Sicherheit spüren, lösen sich vom Erzieher, vom Gruppenraum, wollen sich entfernen und größere Bereiche haben" (Regel / Wieland 1993, S. 145).

Altersmischung

Die Alltagspraxis im Elementarbereich lässt verschiedene Formen der Altersmischung zu:
- „Kleine' Altersmischung: Kleinst- und Kleinkinder werden gemeinsam in einer Gruppe betreut
- ,Große' Altersmischung: Kleinst-, Klein- und Schulkinder (bis hin zu Zehn- oder Zwölfjährigen) leben in einer Gruppe zusammen
- Einzelintegration andersaltriger Kinder [...]
- Zeitweilige Altersmischung: [...] [bei] Freispiel, [...] angeleiteten Aktivitäten oder Projekten" (Becker-Textor / Textor 1997, S. 35).

Öffnung zur Familie

Ziel der Öffnung des Kindergartens zur Familie hin ist der Aufbau einer „Erziehungspartnerschaft" (ebd., S. 67) mit den Erziehungsberechtigten. Erziehungsmethoden und -ziele sollten von beiden Partnern gemeinsam festgelegt werden. Der Kindergarten bekommt somit eine Ergänzungsfunktion zur familiären Erziehung (vgl. ebd., S. 59 ff.). Dabei kann die Elternarbeit viele Formen haben. „Niemals kann die Aufzählung von Formen der Elternarbeit abgeschlossen oder ein Konzept der Elternarbeit endgültig sein" (ebd., S. 70). Der Kindergarten, als Zentrum für Familien, beinhaltet aber auch ein Kennenlernen der Familien untereinander. Dies kann beispielsweise in Form gemeinsamer Freizeitgestaltung oder der Hilfe bei Betreuungsproblemen geschehen (vgl. ebd., S. 74).

Öffnung nach außen

Damit für Kinder die ganze Lebenswirklichkeit erfahrbar wird, muss sich der Kindergarten auch nach außen hin öffnen. „Im Umfeld des Kindergartens finden Kleinkinder nicht nur eine Fülle an Anschauungsmaterial und Erfahrungsmöglichkeiten, sondern erleben das Lernen auch als abwechslungsreicher, interessanter, reizvoller und lebensnäher als in der Einrichtung" (ebd., S. 75).

Das Umfeld wird somit zu einem Aktionsraum, der den Kindern sonst verschlossen bliebe. Die Öffnung nach außen kann sich in vielfältiger Form gestalten. So können Außenstehende in den Kindergarten geholt werden, indem beispielsweise Theater- oder Musikgruppen Aufführungen veranstalten. Die Einrichtung selbst kann aber auch Kontakte nach außen suchen, indem z. B. Lokalzeitungen über den Kindergarten berichten, Kommunalpolitiker die Einrichtung besuchen usw. (vgl. ebd., S. 75). Fast alle Formen der inneren und äußeren Öffnung sind in der Pädagogik des Situationsansatzes zu finden.

3.3.6 „Offen-sein ist eine Haltung": das Praxisbeispiel offener Arbeit in der städtischen Kindertageseinrichtung und Familienzentrum Duisburg

Noch während des Umbaus einer ehemaligen Schule in eine Tagesstätte für Kinder wurde der Betrieb der Einrichtung aufgenommen. Kinder, Erzieherinnen und Bauarbeiter lebten „Tür an Tür" und bekamen das

Treiben des anderen aus unmittelbarer Nähe mit. Das Abtragen der Chemieraummauer sorgte bei einem Kind für Spannung: Ob es die Steine wohl zum Bauen haben könnte? Diese Situation beobachtete die Leiterin und ermöglichte den Dialog zwischen Maurer und Kind. Steine, Mörtel und Tipps wurden vom Fachmann an den jungen „Kollegen" weitergeben und es entstand ein ansehnliches kleines Haus, das von den Kindern mit einer Treppe, einer Klingel und einem Regenrohr versehen wurde. Dieses Schlüsselerlebnis wurde für das pädagogische Team der Einstieg in die offene Arbeit.

Das Interview wurde mit Kerstin Kropp, der Leiterin der Einrichtung geführt.

Frau Kropp, wie sind Sie zur offenen Arbeit gekommen?

Bevor ich hier 1977 die Leitung übernommen habe, habe ich bereits in einer Einrichtung spielzeugreduziert gearbeitet. Dabei habe ich gemerkt, dass Offenheit als Haltung eine wesentliche Voraussetzung ist, um die unterschiedlichsten Bedürfnisse der Kinder, Eltern und Kolleginnen mitzubekommen. Durch diese Wahrnehmung wurden meine Beobachtungen intensiver. Ich sah mit einem Mal, dass die Kinder sich weder für unsere Angebote noch für die üblichen Spielmaterialien, wie Regelspiele wirklich interessierten. Es gab viele Konflikte und die Aggressionsbereitschaft war sehr hoch. Schon mit vier Jahren hatten die Kinder „Null-Bock" und waren launisch. Ich begann mir die Strukturen des Kindergartens genauer anzusehen. Mir viel auf, dass die Gruppenstruktur − in einer normalen Kindergartengruppe sind die Kinder zwischen drei und sechs Jahren alt − sehr ungünstig ist. Die Entwicklungsspanne ist sehr groß. Die Erzieherinnen können diese Entwicklungsunterschiede kaum auffangen und dem einzelnen Kind kaum gerecht werden. Für die Kinder entsteht schnell eine Über- oder Unterforderung. Mit dem Angebot, die Leitung dieses Hauses zu übernehmen, habe ich genau das verändert. Wir haben hier Entwicklungsgruppen. In unserer Einrichtung gibt es drei Kindergartengruppen, die wir in vier Stammgruppen eingeteilt haben. Die Stammgruppen setzen sich nach Entwicklungsstand und Alter zusammen. Diese Aufteilung erweist sich seit zwei Jahren als sehr positiv.

Wie sehen die Grundgedanken der offenen Arbeit aus?

Der Grundgedanke unserer Arbeit ist, dass sich jedes Kind frei entfalten kann und so angenommen wird, wie es ist. Die Kinder haben bei uns viele Möglichkeiten, selbst aktiv zu werden. Wir sehen das Kind als Subjekt, das eigene Erfahrungen auf dem Weg des Lernens machen muss. Dazu gehört auch, den Kindern unterschiedliche Räume anzubieten, die einen hohen Aufforderungscharakter haben.

Kinder wollen selbst begreifen und mit anderen Kindern in Kontakt kommen. Zum Grundgedanken gehört auch, den Kindern alternative Spielmöglichkeiten zu geben. Deshalb spielen sie bei uns mit Materialien und Dingen, die sie selbst gebaut haben. Die Materialien sind nicht fertig. Dadurch wird die Phantasie der Kinder angeregt und sie gehen viel kreativer mit den Dingen um.

Welches Menschenbild liegt Ihrem Ansatz zugrunde?

Wir gehen von einem reflexiven Subjektmodell aus. Das bedeutet, dass jeder Mensch sich nur in der Auseinandersetzung mit der Umwelt, mit den Menschen und dem Material entwickeln kann. Jedes Kind trägt in sich die Kräfte, sich selbst zu entwickeln. Wir als Erwachsene sind dazu da, das Kind zu begleiten, zu unterstützen.

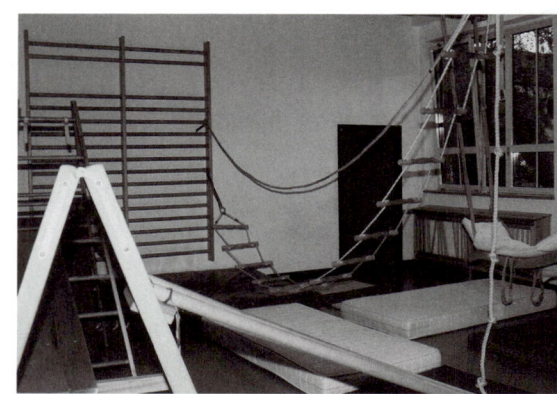

■ Bewegungsbaustelle

Wir sehen es ähnlich wie Maria Montessori. Die Kinder sind Baumeister ihres eigenen Lebens. Um ihre Fähigkeiten zu entwickeln, brauchen die Kinder eine ganz bestimmte Umgebung. Und sie brauchen Erwachsene, die ihnen offen gegenübertreten, damit sie sich nach ihren Kräften entwickeln können. Das gilt auch für Kinder mit Entwicklungsrückständen. Wenn wir einem Kind mit Entwicklungsrückständen offen gegenüber treten, wird es die Offenheit in Anspruch nehmen und sich entsprechend seiner Möglichkeiten und Interessen entwickeln wollen.

Was verstehen Sie unter „offen"?

Unter „offen" verstehen wir, offen zu sein für die Bedürfnisse der Kinder, offen zu sein für ihre Wünsche, für ihre Ideen. Dazu gehört auch, Veränderungen in den Lebensumständen der jeweiligen Familien wahrzunehmen. Die Lebenssituation der Kinder zu berücksichtigen ist eine Voraussetzung, um mit den Kindern arbeiten zu können. Das schießt auch eine Offenheit gegenüber den Bedürfnissen der Eltern ein. Und all das muss immer im Kontext gesehen werden.

Was sind die wichtigsten Ziele Ihrer Arbeit?

Ein sehr wichtiges Ziel der offenen Arbeit ist, dass Kinder ein hohes Selbstwertgefühl, eine hohe Ich-Stärke entwickeln. Ein Kind muss unserer Meinung nach wissen, wo seine Stärken, aber auch wo seine Schwächen liegen. Nur so kann es als Akteur sein Leben selbst gestalten und bewusst seinen Weg des Lernens wählen. Dazu müssen Kinder sehr früh erfahren, dass auch Fehler notwendig sind und ihnen weiterhelfen. Ihnen soll deutlich werden, dass das Leben nicht nur in geraden Bahnen verläuft. Auch das Nichtstun gehört zum Leben. Aber Nichtstun heißt nicht, dass ich gar nichts tue, sondern es heißt, verweilen zu dürfen, den Augenblick zu genießen, zu beobachten, ohne direkt etwas machen zu müssen, selbst zu bestimmen, wann sich ein neues Spiel oder eine Aktion ergibt.

Diese von uns angestrebte Autonomie der Kinder birgt ein hohes Konfliktpotenzial in sich. Die Konfliktfähigkeit der Kinder von klein auf zu steigern, ist deshalb ein weiteres Ziel. Die Kinder lernen das bei uns bereits sehr früh.

Wie machen Sie das? Gerade Kindergartenkinder haben Probleme, Konflikte zu lösen. Sie nehmen oft einfach ihre Schippe und hauen zu.

Mit Kindern Konfliktlösungen zu entwickeln, ist eines der schwierigsten Aufgaben. Es gibt Situationen, in denen zwei Kinder – egal welchen Alters – Konflikte auch ohne Hilfe selber lösen können. Wir nehmen deshalb zuerst immer die Beobachterposition ein und schauen, ob die Kinder alleine zurecht kommen. Die Kinder wissen bei uns, dass sie immer die Hilfe der Erwachsenen bekommen, wenn sie nicht mehr weiter wissen.

Wir versuchen dann, gemeinsam mit ihnen herauszufinden, was passiert ist, und zwar aus der Sicht aller beteiligten Kinder. Streit, den anderen nicht mögen, Wut auf jemanden haben, das ist für uns in Ordnung. Das wissen auch die Kinder. Es ist aber nicht in Ordnung, Wut, Ärger oder Unmut an anderen auszulassen. Die Kinder lernen bei uns, dass es Wege gibt, sich von diesen Gefühlen zu befreien. In unserer Einrichtung gibt eine Geste – die Kinder zeigen dem anderen mit den Händen: „Stopp! Ich will das nicht". Diese Regel, das Stopp des anderen zu akzeptieren, lernen die Kinder bei uns bereits in

■ Spielecke

den ersten Tagen. Falls ein Kind einmal nicht darauf reagiert, kann sich das andere Kind die Hilfe eines Erwachsenen holen. Wichtig ist, dass die Kinder nicht nur lernen, die Grenzen der anderen zu akzeptieren, sondern auch lernen, selber Grenzen zu setzen. Sie lernen, dem anderen zu vermitteln, z.B. nicht mehr

■ Rollenspielbereich   ■ Besprechungsort Hortgruppe

kämpfen zu wollen. Aber wenn Kinder mit Klötzen aufeinander losgehen, schreiten wir sofort ein.

Kann die offene Arbeit überall praktizieren werden?

Ja, denn das Konzept hat in erster Linie etwas mit der Einstellung und der Kreativität, mit den Menschen, die es praktizieren, zu tun. Die Ausstattung der Räume und die Materialien sind nicht vorgeschrieben. Sie werden vielmehr von dem jeweiligen Team individuell entwickelt.

Welche Kommunikationsstrukturen haben Sie in Ihrer Einrichtung?

Vor ca. einem Monat haben wir das Kinderparlament eingeführt. Zwei Kinder aus jeder Stammgruppe kommen als Vertreter zu mir und können sowohl ihre Wünsche, aber auch ihre Kritik anbringen. Die Kinder dürfen beispielsweise sagen, was ihnen am Verhalten der Erwachsenen nicht gefällt. Für die täglichen Dinge, für die Angebote in den Gruppen haben wir die Morgen- und Abschlussrunden.

Auch hier können die Kinder ihre Wünsche und ihren Ärger anbringen. Und hier erfahren sie, was in ihrer Stammgruppen stattfinden wird. Neben diesen strukturgebenden Besprechungen versuchen wir, den Kindern gegenüber immer eine offene Haltung zu haben. Es muss immer gewährleistet sein, dass ein Kind sieht, dass es mit seinen Wünschen und Problemen zu einem Erwachsenen seiner Wahl gehen kann. Für Besprechungen sind zwar bestimmte Orte und Zeiten festgelegt, aber es muss immer genug Raum für die kleinen Gespräche vorhanden sein. Die Kinder brauchen das Gefühl, gehört zu werden. Sie müssen wissen: da kann ich hin, da bin ich willkommen. Sie bestimmen den Ort, die Zeit und die Person für ihre Gespräche selbst. Das eine Kind will morgens zuerst zu seiner Lieblingserzieherin, das andere Kind wählt einen ganz bestimmten Raum, in dem es ins Gespräch kommen möchte.

Welche Rolle spielt die Weiterbildung?

Weiterbildung ist für uns ein wichtiger Bestandteil der Arbeit. Wir haben in Duisburg ein tolles Fortbildungsprogramm mit sehr vielen Angeboten. Dazu gehören auch Themen wie „Das Kind vor mir spricht das Kind in mir an". Wir entscheiden im Team, welche Kolleginnen welche Schwerpunkte innerhalb der Fortbildung wählen. In der Regel kann jede Kollegin und jeder Kollege zweimal im Jahr an einer internen Fortbildung teilnehmen. Aber auch externe Fortbildungen können gewählt werden.

Welche Rolle hat eine Erzieherin oder ein Erzieher in der offenen Arbeit?

Wir sind in erster Linie Beobachterinnen und Unterstützerinnen. Wir sehen uns Erwachsene, genau wie die Kinder, als Lernende. Das Voneinander-lernen zu unterstützen, die Kinder von den Erwachsenen, die Erwachsenen von den Kindern, ist eine der wichtigsten Aufgaben.

Gibt es bei Ihnen besondere Raumgestaltungselemente?

In Bezug auf die Räume und das Material legen wir Wert auf ein breites Angebot. Neben der Verschiedenartigkeit müssen beide, die Räume und die Materialien, einen hohen Aufforderungscharakter haben. Sie sollen zum Spielen und zum Verweilen ebenso einladen, wie den Kindern die Möglichkeit der Entfaltung bieten.

Die Räume und Materialien müssen deshalb den Kindern die Möglichkeit geben, dass sie sie verändern können. Starre Möbel sind wenig geeignet, auch die Einrichtungsgegenstände müssen von den Kindern selbst bewegt werden können. Die Räume müssen darüber hinaus klar strukturiert sein, um den Kindern Orientierung zu bieten.

Was ist das Besondere an Ihren Möbeln?

Das Besondere ist, dass unsere Möbel beweglich sind. Statt der sonst üblichen Kindermöbel benutzen wir Möbel, die wir eigens zusammen mit Firmen ent-

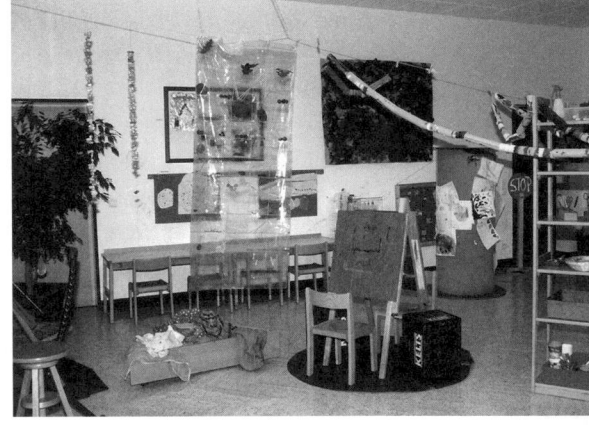
■ Atelier

wickelt haben. Wir haben z. B. Bühnenwürfel, Trapeze, große Bauklötze, Stellwände, ovale Tische oder solche in Blütenform. Das sind Möbel, die die Kinder selber bewegen können. Sie können ohne die Hilfe der Erwachsenen die Räume selber einteilen und müssen nicht immer fragen. Die Raumgestaltung kann sich so aus dem Spiel heraus entwickeln.

Werden die Kinder bewusst an der Raumgestaltung beteiligt?

Ja. Die Kinder sollen selber entscheiden, wie sie einen Raum abteilen möchten. Mit den beweglichen Möbeln ist das kein Problem. Ähnliches gilt auch für die sonstige Raumgestaltung, sie wird mit den Kindern abgesprochen. Konkret heißt das beispielsweise: Wenn ein Kind etwas im Kreativraum gemalt oder gebastelt hat, entscheidet nicht der Erwachsene, wo es hinkommt, sondern das Kind. Es entscheidet, ob es sein Werk mit nach Hause nehmen möchte oder ob es beispielsweise in den Flur kommt, wo es alle sehen können. Das Kind entscheidet, ohne dass wir Erwachsenen unsere ästhetischen Maßstäbe anlegen. Das Kind hat einen Grund, warum es das so möchte und das wird von uns akzeptiert.

■ Kletterbereich

Wieviel Zeit brauchen Sie als Team für die Raum- und Materialpflege?

Diese Frage ist schwer zu beantworten, da wir das mit den Kindern gemeinsam tun. Die Kinder sollen sich mit dem Haus identifizieren. Es ist ihr Haus, sie sollen es erleben, und dazu gehört auch die Reinigung der Räume und die Pflege des Materials. Bei uns gibt es die Bereichspflege. Die Bereiche werden, soweit es die Kinder können, von ihnen selbst gereinigt. D. h. die Kinder wischen Staub, machen die Fenster sauber oder saugen. Es gibt sogar spezielle Tage, an denen wir mit den Kindern aufräumen, denn Aufräumen und Putzen ist Teil des Lebens.

Welche Rolle spielen die Eltern in Ihrer Einrichtung?

Wir wollen das spontane Gespräch. D. h. die Eltern können uns jederzeit ansprechen, nicht nur wenn es um Probleme und Notlagen geht. Die Eltern haben aber sehr unterschiedliche Bedürfnisse in Bezug auf Austausch. Deshalb haben wir eigene Elterngruppen eingerichtet. Diese Gruppen treffen sich einmal im Monat. Hier werden bestimmte Themen oder auf Wunsch auch individuelle Probleme aufgegriffen. Darüber hinaus gibt es einen Elternrat. Er ist eine Art Bindeglied zwischen Eltern und Team. Eine wichtige Regel, die unsere Zusammenarbeit gestaltet, lautet: „Nicht über uns, sondern mit uns reden". Und das wird von allen Beteiligten beherzigt. Deshalb gibt es bei uns auch keine umständlichen Elternfragebögen, sondern einen direkten Kontakt mit den Eltern. Das ist uns sehr wichtig.

Würden Sie sich wieder für eine solche Einrichtung entscheiden?
Unbedingt.

STÄDTISCHE KINDERTAGESEINRICHTUNG UND FAMILIENZENTRUM

Geeststraße 1
47229 Duisburg
Tel.: 0 20 65 – 9 41 44
Fax: 0 20 65 – 89 01 94
Leitung: Kerstin Kropp
Trägerschaft: Stadt Duisburg
Art der Gruppen: Kindergartengruppen, Hortgruppe
Anzahl der Gruppen: 4
Alter der Kinder: 3 – 12 Jahre
Anzahl der Kinder 95

LITERATUR ZUM WEITERLESEN

Becker-Textor, Ingeborg / Textor, Martin (Hrsg.) (1996): Der offene Kindergarten – Vielfalt der Formen. Freiburg im Breisgau: Herder
Huppertz, Norbert (Hrsg.) (1999): Waldkindergarten, lebensbezogener Kindergarten, Montessori-Kindergarten, offener Kindergarten. Oberried bei Freiburg: PAIS-Verlag
Regel, Gerhard / Kühne, Thomas (Hrsg.) (1996): Erlebnisorientiertes Lernen im offenen Kindergarten. Hamburg: E. B.-Verl. Rissen
Regel, Gerhard / Wieland, Axel Jan (Hrsg.) (1993): Offener Kindergarten konkret. Hamburg: E. B.-Verl. Rissen 1993

3.4 Der Waldkindergarten

3.4.1 Allgemeine Betrachtung

Die heutige Kindheit ist durch eine zunehmende Entfremdung von der natürlichen Umwelt geprägt. Das pädagogische Konzept des Waldkindergartens will diesem Trend durch vielfältige Möglichkeiten zur unmittelbaren Naturerfahrung entgegenwirken. Es wurde vor ca. 45 Jahren in Dänemark entwickelt und Anfang der 1990er Jahre auch in Deutschland eingeführt.

Ort des pädagogischen Handelns ist der Wald, aus dessen Gegebenheiten und Bedingungen sich auch das pädagogische Angebot ergibt. Ziel des Waldkindergartens ist es, den Kindern ein Gegengewicht zur heutigen Kindheit zu bieten, die weitgehend entsinnlicht und abstrakt erfahren wird. Die Kinder sollen die Natur kennen und lieben lernen, sie als schützenswert ansehen und behutsam mit ihr umgehen. Das Konzept des Waldkindergartens wird als sinnvolle Alternative bzw. Ergänzung zum Regelkindergarten gesehen.

3.4.2 Begriffsklärung Waldkindergarten

Hinter dem Begriff Waldkindergarten verbirgt sich eine besondere Form dänischer Kindergartenpädagogik, die seit ca. zehn Jahren auch in Deutschland zunehmend an Popularität gewinnt. Waldkindergärten gibt es in unterschiedlichen Ausprägungen, der klassischen und der integrierten.

Der **klassische Waldkindergarten** verfügt über kein festes Gebäude. An fünf Tagen in der Woche sind die Kinder unter freiem Himmel, im Winter drei Stunden und im Sommer vier Stunden. Jeder Waldkindergarten verfügt über eine sogenannte Schutzhütte, die bei extremen Wetterbedingungen aufgesucht werden kann und als Aufbewahrungsort für Materialien dient.

Hinter dem Begriff **integrierter Waldkindergarten** verbergen sich Gruppen von Regelkindergärten, die turnusmäßig mit wechselnden Kindern in den Wald gehen. Diese Form ist in Deutschland kaum verbreitet (vgl. www.waldkindergarten.de).

3.4.3 Entwicklung

Die Idee des Waldkindergartens entstand vor ca. 45 Jahren in Skandinavien. Im dänischen Sollerod ging Ella Flatau, „Urmutter" des Waldkindergartens, täglich mit ihren Kindern zum Spielen und zu Naturbeobachtungen in den Wald. Da Kindergartenplätze zu jener Zeit knapp waren, fanden auch andere Eltern Gefallen an dieser Idee und gaben ihre Kinder in die Obhut von Ella Flatau. Gemeinsam gründeten sie schließlich eine Elterninitiative, aus der der erste „Skovbornehaven" (dänisch: Waldkindergarten) entstanden ist (vgl. Miklitz 2007, S. 7).

Zu Beginn der 1990er Jahre wurde diese Idee auch in Deutschland aufgenommen. 1993 eröffneten zwei Erzieherinnen in Flensburg den ersten deutschen staatlich anerkannten Waldkindergarten. Schon während ihrer Ausbildung 1991 wurden Kerstin Jebsen und Petra Jäger über den Artikel einer Fachzeitschrift auf dieses Konzept aufmerksam. Motiviert durch eigene, positiv besetzte Naturerfahrungen in der Kindheit, fanden sie hier ihre Vorstellungen von einer alternativen Kindergartenpädagogik verwirklicht. Nach Hospitationen in dänischen Waldkindergärten folgte die Entwicklung einer eigenen Konzeption, worauf 1993 schließlich der erste deutsche „Kindergarten ohne Türen und Wände" eröffnet wurde (vgl. Waldkindergarten Flensburg, www.waldkindergarten.de).

Begleitet von zum Teil kontroversen Diskussionen der pädagogischen Fachpresse, wurden Mitte der 1990er Jahre vor allem in Süddeutschland weitere Waldkindergärten gegründet. Allen Einrichtungen gemeinsam ist, dass die Gruppen den größten Teil des Tages in der freien Natur verbringen und keine Räumlichkeiten zur Verfügung stehen, in denen eine sinnvolle, pädagogische Arbeit mit Kindern über längere Zeit möglich ist. Der eigentliche Kindergarten ist der Wald. Nur für extreme Wetterverhältnisse stehen Unterstände in Form von Schutzhütten, umgebauten Wohnwagen etc. zur Verfügung (vgl. MFJFG 2000, S. 4).

3.4.4 Rahmenbedingungen für Waldkindergärten

Der Waldkindergarten ist wie jede Kindertageseinrichtung auch „[...] eine sozialpädagogische Einrichtung und hat neben der Betreuungsaufgabe einen eigenständigen Erziehungs- und Bildungsauftrag als Elementarbereich des Bildungssystems" (§ 2 Abs. 1 GTK). Sein Ziel ist es, die Kinder zu selbstbewussten, interessierten, umweltfreundlichen und sozial kompetenten jungen Menschen zu erziehen.

Um das Konzept des Waldkindergartens in die Palette der klassischen Kindertageseinrichtungen einordnen zu können, müssen neben den in den Kindertagesstättengesetzen oder Bildungsplänen der Bundesländer vorgegebenen Bildungszielen auch bestimmte formale Rahmenbedingungen erfüllt werden, die den Vorgaben des Kinder- und Jugendhilfegesetzes entsprechen.

Setzte der juristische Begriff der Einrichtung „Kindergarten" bisher das Vorhandensein eines festen Gebäudes voraus, mussten für den Waldkindergarten in den 1990er Jahren neue Kriterien zur Erteilung der Betriebserlaubnis entwickelt werden. Heute wird der Waldkindergarten als Einrichtung der Jugendhilfe nach § 45 des Kinder- und Jugendhilfegesetzes anerkannt, sofern eine Schutzhütte als Notunterkunft vorhanden ist. Die Betriebserlaubnis wird vom zuständigen Landesjugendamt erteilt (vgl. Hilke 2000, S. 271 ff.). Der monatliche Elternbeitrag entspricht dem eines Regelkindergartens.

Der Waldkindergarten findet in einem fest umgrenzten Waldgebiet mit der Nutzungsberechtigung durch den Eigentümer und der zuständigen Forstbehörde statt. Ein pädagogisches Konzept hinsichtlich Zielsetzung, Tagesablauf, Aktivitäten sowie eines Ersatzprogramms bei schlechter Wetterlage muss vorliegen. Zudem müssen ein mobiles Telefon und ein Erste-Hilfe-Kasten mitgeführt werden. Vorsorgemaßnahmen für die Gesundheit und das Einhalten von Hygienemaßnahmen, wie Schutzimpfung oder Beseitigung von Fäkalien, müssen durchgeführt werden. Der Versicherungsschutz ist über den Träger gewährleistet. Auf die Ausrüstung der Kinder mit geeigneter Kleidung, Sitzunterlage und Verpflegung sollte sorgfältig geachtet werden. Des Weiteren müssen räumliche Möglichkeiten für Elternabende sowie eindeutigen Vorgaben bezüglich des organisatorischen Tagesablaufs bestehen (vgl. Miklitz 2007, S. 149 f.).

3.4.5 Das pädagogische Konzept des Waldkindergartens

Allgemeines

„Kinder, denen Zeit und Raum gelassen wird für die Verwirklichung ihrer Bedürfnisse und Interessen, können ihre Individualität in Freiheit entwickeln und haben die Chance, als autonome, verantwortungsbewusste und selbstbewusste Persönlichkeiten zu leben" (Mühler 1997, S. 34). Diese These beschreibt Ziel und Ausgangspunkt eines Konzeptes, dessen Grundprinzip es ist, den Kindern einen großen Freiraum für ihre persönliche Entwicklung zu geben und ihnen das Ausleben ihres natürlichen Bewegungsdranges zu ermöglichen. Natürliche, differenzierte und lustvolle Bewegungsanlässe fördern die Motorik der Kinder und geben ihnen die Möglichkeit, sich „auszuspielen". Solche Kinder haben in der Schule seltener Schwierigkeiten sich zu konzentrieren. Durch den Besuch des Waldkindergartens entwickeln sie zudem eine natürlich gewachsene, liebevolle Beziehung zu ihrer Umwelt (vgl. ebd.).

Das Erleben der jahreszeitlichen Rhythmen und Naturerscheinungen ermöglicht den Kindern Primärerfahrungen, die die Sinneswahrnehmungen fördern und vielfältige Anlässe zum ganzheitlichen Lernen bieten. Körperliche Grenzen sind ebenso zu erfahren wie Momente der Stille.

In einer Zeit, in der die kindliche Lebenswelt einer zunehmenden Entfremdung von der Natur unterliegt, erleben die Kinder im Waldkindergarten Pflanzen und Tiere in ihren originären Lebensräumen. Sie werden sensibilisiert für ökologische Zusammenhänge und lernen die Lebensgemeinschaft des Waldes sowie des Lebens generell wertschätzen. In der Regel arbeiten die Waldkindergärten nach den Prinzipien des Situationsansatzes (vgl. Miklitz 2007, S. 19).

Das Bild vom Kind im Naturraum

Dem pädagogischen Konzept des Waldkindergartens liegt ein Menschenbild zugrunde, das von der Vorstellung vom Kind als Mängelwesen Abstand nimmt und Kindheit als eigene Daseinsform betrachtet. Demnach haben Kinder eigene Ausdrucksformen, eigene Empfindungen, ein eigenes Zeit- und Raumgefühl, eigene Konfliktlösungsstrategien, ein eigenes Bedürfnis nach Unabhängigkeit ebenso wie nach Sicherheit und Orientierung.

Kinder haben einen eigenen Bezug zur Natur. Dieser Sichtweise trägt die Pädagogik des Waldkindergartens Rechnung, indem sie die Naturbegegnung als zentrales Element für die kindliche Entwicklung betrachtet. Denn Kinder im Vorschulalter „ [...] stehen auf einer Stufe mit der Natur, durchdringen sie und begreifen sich als mittendrin, als dazugehörig. [...] Sie beseelen die Natur. Die Erfahrungen sind elementar und meist positiv besetzt" (Nedden 1997, S. 12 f.). Folglich braucht das Kind einen „[...] natürlichen Spielraum, in dem es Teile der menschlichen Entwicklungsgeschichte im wahrsten Sinn des Wortes begreifen kann" (ebd., S. 11).

Kindliches Lernen im Waldkindergarten

Die Erziehung im Waldkindergarten ist ganzheitlich orientiert. Mit Kopf, Herz und Hand werden die Kinder sozial, emotional, intellektuell, schöpferisch und körperlich gefördert. Durch die eigenaktive Auseinandersetzung mit Gegenständen, Mitmenschen, Tieren und Situationen sammeln sie selbständig wichtige Erfahrungen und erwerben auf diese Weise den größten Teil ihres Wissens.

Damit berücksichtigt die Waldkindergartenarbeit die individuellen Lernvoraussetzungen des Kindes, die sich grundlegend von denen des Erwachsenen unterscheiden. Kinder müssen zunächst sehen, anfassen und erleben, bevor sie

Fragen stellen, um Wissen aufnehmen zu können. Sie besitzen generell die Fähigkeit, sich direkt auf eine Situation einlassen zu können (vgl. Börsch 1998, S. 29).

„Ein Lernprozess, der die Lebewesen in der Natur nicht aus ihren natürlichen Zusammenhängen reißt, sondern in ihrem Umfeld lässt und dort erfahrbar macht, bekommt für die Kinder eine andere Qualität. Die Echtheit von Primärerfahrungen, das Angesprochen-sein mit allen Sinnen schafft emotionale Bezüge, die Anlass sein können, Fragen zu stellen" (Miklitz 2007, S. 50). Hier liegt der Ausgangspunkt für Sachinformationen. Denn Kinder brauchen nicht erst motiviert zu werden, sich mit der Natur zu beschäftigen. Sie erkennen das Besondere und können ihre volle Konzentration darauf lenken. Diese Fähigkeit versetzt sie in die Lage, die Natur unmittelbar und intensiv zu erleben. Der Wald als Erfahrungsraum kann somit in idealer Weise wirken.

3.4.6 Die pädagogische Praxis des Waldkindergartens

Der Wald als Erfahrungsraum

Der Wald stellt sich für Kinder als offener Raum dar, der nicht extra für sie geschaffen wurde und auch ohne sie weiterbesteht. Es ist ein Ort, der allen Wetterlagen ausgesetzt ist und viel Möglichkeiten bietet, sich auszuprobieren, eigene Kräfte und Selbstsicherheit zu entwickeln. Wind und Wetter sowie der Wechsel der Jahreszeiten verändern den Ort ständig und machen ihn so immer wieder neu und interessant. Ein solcher Ort hat auf Kinder eine beruhigende, ausgleichende Wirkung (vgl. MFJFG 2000, S. 14).

Abseits von der reiz- und konsumüberfluteten Alltagsumgebung können die Kinder hier eigene Interessen, Vorlieben und Bedürfnisse entdecken und (aus-) leben. Das Spielmaterial ist vielfältig und veränderbar. Es drängt sich nicht auf, sondern gewinnt erst durch die kindliche Phantasie seine individuelle Funktion. Lärm und Ruhe sind nebeneinander möglich. Denn für das einzelne Kind gibt es keine Rückzugsmöglichkeiten, wenn es Ruhe braucht oder seine Gefühle ausleben will. Somit sind die Kinder in der sozialen Gemeinschaft aufeinander angewiesen. Sie lernen, Rücksicht zu nehmen und Konflikte zu lösen, erfahren aber auch Sicherheit, Geborgenheit und Anregung durch die Gruppe (vgl. Mühler 1997, S. 34).

Weiterhin ermöglicht das Leben im Wald ein prozesshaftes Erfahren von Naturgegebenheiten mit allen Sinnen. „Die Sinneskost ist abwechslungsreich: Den

Geruch des Waldes in Abhängigkeit von Witterung und Jahreszeit wahrnehmen, die Laute von Tieren oder Windgeräusche hören, die Früchte des Waldes schmecken, die Bäume, Pflanzen und Tiere in ihrer Vielfalt beobachten, den Boden des Waldes in seiner Unterschiedlichkeit spüren, auf Bäume klettern und balancieren [...]" (ebd.).

Durch das Wahrnehmen dieser Sinneseindrücke werden die Regeln und Gesetze deutlich, die an den jeweiligen Orten Bedeutung haben. Diese Regeln sind für die Kinder konkret begreifbar und tragen zu einem umfassenden Regelverständnis bei (vgl. MFJFG 2000, S. 14). Im Erfahrungsraum Wald lernen sie sich selbst und ihr direktes Umfeld immer wieder zu erforschen und zu erproben. Sie nehmen die Gegebenheiten des jeweiligen Ortes an und messen sich an seinen Herausforderungen.

Indem die Kinder lernen, Situationen und eigene Fähigkeiten richtig einzuschätzen, nimmt ihre Selbstsicherheit und Handlungskompetenz stetig zu. Zudem führen die täglichen Erfahrungen im Wald zu emotionaler Stabilität. Die Kinder bilden wichtige Lebenskompetenzen aus, die in unserer Konsumgesellschaft nicht ohne weiteres erfahrbar sind (vgl. Mühler 1997, S. 34).

Strukturierende Elemente im Waldkindergarten

Kein Waldkindergarten gleicht dem anderen. Landschaftstypische Gegebenheiten, die spezielle Flora und Fauna sowie sich ständig verändernde Witterungsverhältnisse bilden einen autonom strukturierten Naturraum, in den sich der Waldkindergarten einfügen muss. Im Folgenden seien die wichtigsten strukturierenden Elemente genannt, die den Alltag des Waldkindergartens bestimmen und ihn in der Praxis vom Regelkindergarten abgrenzen.

„Raum:
Die Raumgröße ist durch die Erzieherin eingegrenzt und veränderbar, die Raumgestalt und -form sind durch die Geländestruktur des Waldkindergartenplatzes gegeben.

Raumelemente:
- Pflanzen, Sträucher, Bäume mit Früchten / Samen
- Tiere
- Tierbauten
- Steine
- Totes Holz
- Pfützen, Rinnsale, Tümpel
- Pfade, Wege.

Raumübergreifende Elemente:
- Jahreszeiten
- Naturerscheinungen
- Nicht ortsgebundene Tiere
- Himmel mit Himmelskörpern, Wolkenbilder und eventuell Flugzeugen
- Licht und Schatten
- Temperaturschwankungen
- Bäche" (Miklitz 2007, S. 24).

Zu beachten ist jedoch, dass Waldgebiete heute kaum mehr in ihrer ursprünglichen Form bestehen, sondern meist von Menschen intentional strukturiert worden sind. Durch die Bewirtschaftung nach Wirtschaftlichkeitsgesichtspunkten entsteht eine Einseitigkeit, beispielsweise in Form einer Fichtenmonokultur, die die Aktionsmöglichkeiten der Kinder einschränken kann. Doch die Fülle unabhängiger Einflussfaktoren gestaltet den Aufenthalt im Naturraum immer wieder spannend und einmalig. Denn hier bestimmen die Kinder selbst, was wann mit welcher Sinngebung und für welchen Zeitraum zum Gegenstand ihres Interesses wird. Dies geschieht in einem klar definierten Handlungsrahmen, der die kindlichen Aktivitäten lenkt „[...] durch:
- Regeln und Rituale
- Gruppenspezifische Zeitstrukturen
- Vom Team gesetzte strukturierende Elemente wie Garderobenbaum, Toilettenplatz, Vesperplatz
- Strukturierende Aktivitäten [...]" (ebd., S. 25).

Durch die engen kulturellen Zwänge und vorgegebenen Strukturen des Alltags fällt es den Erzieherinnen jedoch häufig schwer, das Unkultivierte und Unberechenbare im Naturraum zuzulassen. Sie neigen dazu, ihre Alltagspraxis im Wald intentional zu strukturieren, indem sie beispielsweise markierte Wege und Spielbereiche anlegen, die Spielbereiche mit Kochgeschirr ausstatten oder ihnen statischen Charakter durch den Aufbau stabiler Spielhütten verleihen. Ausgehend vom pädagogischen Konzept des Waldkindergartens, sollten jedoch Art und Maß des Eingriffs in den autonom strukturierten Naturraum sorgfältig gewählt bzw. möglichst gering gehalten werden. Denn: „Der Wald berührt unser unbewusstes, wahres Selbst, ein Selbst, vor dem wir vielleicht zurückschrecken, das uns beunruhigt und verunsichert. Öffnen wir Körper und Seele für die sinnlichen Liebkosungen der Natur, die uns einlädt auf Entdeckungsreise in uns selbst zu gehen und uns zu dem beruhigenden Gefühl einer Seelenverwandtschaft führen kann" (ebd., S. 30).

Greift der Mensch ordnend und schaffend in den Naturraum ein, nehmen die Vorteile dieser ungestörten, autonomen Struktur im gleichen Maße ab. Um dies zu vermeiden, sollte jede Walderzieherin über ein differenziertes Repertoire an Methoden der bewussten und sinnvollen Strukturierung verfügen.

Die Rolle der Erzieherin

Ausgehend vom Umfeld Wald baut sich zwischen Erzieherin und Kindern ein Gefüge von Wechselwirkungen auf, welches das Rollenbild der Erzieherin im Waldkindergarten entscheidend prägt. Sie ist Begleiterin im Sinne einer teilnehmenden Beobachterin, aber auch Mithandelnde, geleitet vom eigenen Interesse (vgl. ebd., S. 47).

Die Erzieherin im Naturraum ist der Mittelpunkt für die Kinder, der ihnen Orientierung in einem offenen Raum bietet und zu dem sie ständig zurückkehren können. In ihrer Vorbildfunktion bezüglich des Verhaltens im Wald legt sie die Spielregeln für die Nutzung des Ortes sowie für den Umgang miteinander fest. Die Kinder sollten ihre Erzieherin dabei als authentische Identifikationsfigur erleben, die es zu achten und schätzen gilt und deren Verhalten ihnen auf moralischer Ebene Orientierung sein kann.

Getragen vom Wunsch, die Kinder zu verstehen, ihre Interessen und subjektiven Bewältigungsformen wahr- bzw. anzunehmen, begleitet sie sie in der Bereitschaft, Zeit und Zuwendung zu geben, wenn ein Kind dies braucht. In einer solchen Atmosphäre ist es möglich, Räume zu gestalten, in denen Nähe und Geborgenheit, aber auch das Ausleben von Aggressionen möglich ist (vgl. MFJFG 2000, S. 14).

Gemeinsam mit den Kindern werden die täglichen Spielgebiete ausgesucht und Antworten auf die auftretenden Fragen zur Flora und Fauna gesucht. Dabei arbeitet die Erzieherin meist situationsorientiert und lässt sich von der Persönlichkeit der Kinder leiten. Ihre Aufgabe ist es nicht, die kindliche Erkundungsbereitschaft zu steigern, sondern im individuellen Einzelfall lediglich Hilfestellung zu leisten. „Stolpersteine auf dem Weg zu einer Erkenntnis sollen die Kinder möglichst selbst oder zusammen mit dem Erziehenden aus dem Weg räumen. Das Vertrauen in die eigenen Kompetenzen kann so am ehesten gefördert werden" (Miklitz 2007, S. 48).

Auf diese Weise entstehen ein festes Zusammengehörigkeitsgefühl, gegenseitige Verlässlichkeit und eine Atmosphäre der Ruhe, die Gelegenheit zur Kommunikation und zum Gedankenaustausch bietet. Da für die Erzieherin kein eigener Personalraum zur Verfügung steht, fällt die organisatorische Arbeit zeitlich nicht mit der pädagogischen Tätigkeit zusammen, wodurch eine intensive Konzentration auf die Kinder möglich ist. „So entstehen viele gemeinsame Erlebnisse, die eine intensive Beziehung zueinander und das Vertrauen wachsen lassen" (MF-JFG 2000, S. 14).

Die geringe Gruppenstärke ermöglicht es der Erzieherin, sich intensiv mit jedem Kind beschäftigen zu können. So gewinnt sie Einblicke in die einzelnen Charaktere, die es ihr ermöglichen, Situationen im Miteinander der Kinder richtig einzuschätzen, um nur bei Bedarf einschreiten zu müssen. Auf diese Weise gewonnene positive Erfahrungen bezüglich der Eigenständigkeit der Kinder lassen ein großes Vertrauen in deren Fähigkeiten wachsen. „Der Wald spricht den Menschen tief an, so dass an diesem Ort auch besonders intensive Beziehungen entstehen können" (ebd.).

Pädagogische Schwerpunkte

Naturerfahrung

„Naturnahe Erziehung und Bildung versuchen, dem jungen Menschen einen Zugang zur Natur zu schaffen, indem sie diese als etwas Interessantes und Schönes erfahrbar machen; sie erschließen Natur in der Weise, dass Kinder und Jugendliche diesen Bereich der Wirklichkeit zu ihrer täglichen Erfahrungswelt gehörig empfinden, als einen Lebensbereich, in dem sie sich erholen und stets Neues beobachten und erleben können" (Göpfert 1994, S. 9).

Damit versucht die Pädagogik des Waldkindergartens einem Trend entgegenzuwirken, der in Folge der veränderten Kindheit eine zunehmende Entfremdung zwischen Kindern und ihrer natürlichen Umwelt bewirkt. Sie hält gerade Naturerfahrungen im kindlichen Alltag für unverzichtbar, da junge Menschen nur über das Nachspüren der natürlichen, menschlichen Wurzeln auch ihren eigenen Wurzeln nahe kommen können (vgl. Nedden 1998, S. 13).

Im Waldkindergarten haben die Kinder Gelegenheit, jene Naturerfahrungen zu machen, die für ihre Entwicklung von großer Bedeutung sind. Hier können sie sich als Teil eines natürlichen Systems erleben, dessen Regeln sie unterworfen sind und in das sie sich einfügen müssen, ohne es zu zerstören oder grundsätzlich zu verändern. Die Kinder lernen aus den Anforderungen, die die Umgebung an sie stellt. Es ist demnach die pädagogische Kraft der Natur selbst, die den Handlungsrahmen im Waldkindergarten bietet (vgl. Rudolph 1998, S. 9). „Naturnahe Erziehung und Bildung zielen [...] auf emotional-ganzheitliche Naturbegegnung. Sie ermöglichen sinnhafte, ganzheitliche Naturerfahrung, damit sich der junge Mensch auch als Naturwesen begreifen, der Natur zugehörig verstehen lernt und in ihr sich geborgen fühlt" (Göpfert 1994, S. 11).

Die Wahrnehmung von Naturphänomenen mit allen Sinnen ermöglicht den Kindern, individuelle Erfahrungen zu sammeln und einen persönlichen Zugang zu diesem Lebensraum aufzubauen. Darüber werden ihnen dann auch Sachkenntnisse über Flora und Fauna vermittelt. Durch Hinweise der Erzieherin erhalten die Kinder während eines Waldtages Einblicke in die Artenvielfalt und lernen Zusammenhänge zwischen Klima, Jahreszeit und Wachstumsprozessen kennen (vgl. Arbeiterwohlfahrt 1996, S. 9). Dabei hat das Riechen und Fühlen eines Moospolsters natürlich eine ganz andere sinnliche Qualität als seine reine Betrachtung anhand einer Abbildung.

Darüber hinaus ist die Ruhe im Naturraum eine Erfahrung, die Kinder in heutiger Zeit nur noch selten machen. In einer solchen Atmosphäre bemerken sie Dinge, die ihnen vorher nicht bewusst waren, z. B. das Rauschen des Windes oder durchs Laub krabbelnde Käfer. Diese Ruhe prägt auch das Sozialverhalten der Kinder untereinander. Aggressionen und Konflikte treten hier nur selten auf (vgl. Sandhof/Stumpf 1998, S. 6).

Erfahrungen haben gezeigt, dass der tägliche Aufenthalt in der freien Natur sich vielfach auch positiv auf die Gesundheit der Kinder auswirkt. Ihr Immunsystem wird gestärkt, zudem können sich in der Weite des Raumes Infektionen nicht so schnell ausbreiten wie in geschlossenen Räumen. Waldkindergartenkinder sind nicht selten gesünder und widerstandsfähiger als Kinder aus hausgebundenen Regeleinrichtungen (vgl. www.waldkindergarten.de).

Fortbewegung und Spiel auf dem unebenen Waldboden fördern die Koordinationsfähigkeit der Kinder. Die räumlichen Gegebenheiten im Wald rufen ständig neue Situationen hervor, deren Bewältigung den Kindern ein Gefühl der räumlichen Kontrolle gibt und zum Aufbau ihres Selbstbewusstseins beiträgt.

„Ein steil abfallender Hang, im Weg liegende Äste und der unebene Waldboden stellen für sie Herausforderungen dar. Diese werden nicht von Anfang an optimal bewältigt, sondern nach ersten Erfahrungen neue Möglichkeiten ausprobiert und die alten entsprechen modifiziert. Auf diese Weise schulen die Kinder ihre motorischen Fähigkeiten ohne eine speziell dafür konstruierte Bewegungsstätte. Gleichzeitig hat das Kind die Möglichkeit, Vertrauen zu seinen Fähigkeiten zu entwickeln und kann ein erweitertes Verständnis von sich selbst in Verbindung mit seiner umgebenden Umwelt aufbauen, das ihm Sicherheit im Umgang mit ihr gibt" (Sandhof/Stumpf 1998, S. 6).

In der freien Natur, ohne vorgefertigtes Spielzeug, dafür mit vielfältigem natürlichem Material, wird die Phantasie und Kreativität der Kinder in hohem Maße angeregt. Immer wieder neue Rollenspiele, Aktivitäten und Basteleien machen jeden Tag einzigartig. Da wird schnell mal eine Buchecker zur Zwergenkratzbürste oder ein moosbewachsener Baustamm zur Miniaturparklandschaft umfunktioniert (vgl. Arbeiterwohlfahrt 1996, S. 7). Die Kinder werden dadurch zum eigenaktiven Handeln angeregt, der herrschenden Konsumhaltung wird so entgegengewirkt. Insgesamt entsteht durch die täglichen Naturerfahrungen eine positive emotionale Bindung zur Natur, die die Grundlage zu einem späteren bewussten Umgang mit ihr und den Mitmenschen legt.

Soziales Lernen

Wie in jeder Regeleinrichtung, lernen auch die Kinder im Waldkindergarten im Umgang mit anderen Kindern soziale Verhaltensweisen kennen. Das soziale Lernen im Kindergarten umfasst allgemein folgende Bereiche:
- Gegenseitige Hilfe
- Rücksichtnahme aufeinander und Verständnis haben füreinander
- Eigene Interessen erkennen und gegen andere vertreten
- Einander zuhören
- Die eigene Rolle innerhalb der Gruppe finden
- Konfliktlösungsstrategien entwickeln (vgl. Börsch 1998, S. 30).

Das Sozialverhalten und der Gemeinschaftssinn in der Gruppe können durch den Aufenthalt im Wald durchaus positiv beeinflusst werden. Schon allein die geringe Gruppenstärke von ca. 15 Personen macht es den Kindern einfacher, die Gruppe zu überschauen. Die Kontaktaufnahme mit anderen Kindern fällt leichter, Konfliktsituationen können konstruktiv gelöst werden. „Die veränderte Umgebung fordert andere bzw. neue Verhaltensweisen und Kooperationen untereinander heraus. Absprachen sind notwendig und die Vorteile des gemeinsamen Handelns werden erkannt" (Sandhof/Stumpf 1998, S. 7).

So zählt beispielsweise beim Bau eines Waldsofas nicht die Fähigkeit, den längsten und schwersten Ast herbeizuschleppen, sondern die Erkenntnis, dass gerade dünne und kurze Zweige besonders gut geeignet sind. Jedes Kind hat Gelegenheit, seine persönlichen Stärken konstruktiv in die Gruppenaktivitäten mit einzubringen und sie so zu einem positiven Gemeinschaftserlebnis zu machen – nicht zuletzt deshalb, weil das Ergebnis am Ende von allen gemeinsam genutzt werden kann.

Ruhe, genügend Bewegungsraum und fehlende Reizüberflutung haben dazu geführt, dass der Waldkindergarten von Erzieherinnen als eine der „streit- bzw. aggressionsärmsten" Einrichtungen im Elementarbereich empfunden wird (vgl. www.waldkindergarten.de). Hier haben die Kinder die Möglichkeit, ihre aktuellen Emotionen auszuleben. Vorn mitlaufen, träumend allein schlendern, vertieft im Spiel in der Mitte wandern – die Praxis der Waldpädagogik birgt unendlich viele Möglichkeiten, den Bedürfnissen der individuellen Stimmung jedes Kindes gerecht zu werden.

Weiterhin gibt es im Waldkindergarten kein vorgefertigtes Spielzeug. Aggressionen, ausgelöst durch Reizüberflutung, Neid oder Streit um Materialien, werden so vermieden. Jedes Spiel muss von den Kindern zunächst geplant werden. Spielregeln und -inhalte müssen immer wieder neu definiert werden (vgl. ebd.). Dabei lernen die Kinder rasch, dass sie aufeinander angewiesen sind und soziale Beziehungen wichtiger sind als Spielwaren. Sie sprechen viel miteinander, entwickeln Respekt füreinander und gehen oft höflich und liebevoll miteinander um.

Positiven Einfluss auf das Sozialverhalten der Kinder im Waldkindergarten nimmt auch ihr ausgeprägtes Regelverständnis. Die hier aufgestellten Regeln sind für die Kinder einsichtig, da sie mit dem Erleben unmittelbar verbunden sind. Aus eigener Anschauung erfahren sie Notwendigkeit und Sinn bestimmter Regeln, so dass sie im Bedarfsfall auch in der Lage sind, diese aus dem eigenen Verständnis heraus zu erklären bzw. zu begründen (vgl. Börsch 1998, S. 38).

Persönlichkeitsentfaltung

Hinsichtlich des Aufbaus von Selbstwertgefühl als Grundlage für eine gelungene Persönlichkeitsentwicklung sind Kinder im Vorschulalter in hohem Maße von körperlichen Erfahrungen abhängig. Das Selbstbild des Kindes entsteht über die Erfahrung, dass es selbst in der Lage ist, durch Bewegung und Aktivität seine Umwelt verändern bzw. gestalten zu können (vgl. Kühne u. a. 1988, S. 207 ff.).

Der Wald als offener, sich ständig verändernder Erlebnisraum, bietet diesbezüglich vielfältige Möglichkeiten zur Körpererfahrung sowie zur Entfaltung der kindlichen Phantasie und Aktivität. Im Naturraum haben Kinder die Möglichkeit, ihre Umgebung mit allen Sinnen wahrzunehmen. Beim Klettern, Balancieren oder Überwinden von Hindernissen können sie ihre eigenen Fähigkeiten erproben, was zu mehr Selbstsicherheit und Handlungskompetenz führt (vgl. Börsch 1998, S. 30).

„Heutige Kinder wachsen in einer konsum- und leistungsorientierten Welt auf. Der Waldkindergarten kann helfen, wieder das ‚Einfache und Lineare' zu leben" (Köllner/Leinert 1998, S. 14). Im Waldkindergarten ist man bemüht, diesen Phänomenen der veränderten Kindheit entgegenzuwirken. „Ein Kind soll nicht nach dem beurteilt werden, was es besitzt, was es kann oder leistet, sondern es soll ein inneres Gleichgewicht entwickeln im Sinne von ‚Denken, Fühlen, Handeln', das seine Selbständigkeit und Selbstwertigkeit stärkt" (ebd.). Kinder verspüren in der Regel einen inneren Drang zum aktiven Handeln. Durch sinnerfülltes

Spielen und Nachahmen wollen sie sich ihre Umwelt und die Erwachsenenwelt Stück für Stück aneignen.

„Wenn sie sich da sicher und gehalten, geführt und frei fühlen und am positivem (Erzieher-)Vorbild orientieren dürfen, bietet der Wald für die ersten sieben Lebensjahre hin zu Schulreife den bestmöglichen Entwicklungs- und Entfaltungsrahmen, der letztlich mitprägend für ein Leben in Selbstvertrauen ist, wenn Erziehung meint, sie solle das Kind dazu befähigen, eines Tages ‚sein‘ Leben selbst zu gestalten" (ebd.).

Tagesablauf

Während eines Waldtages sind die Kinder von einer Fülle von Material umgeben, das zum Spielen anregt und die Phantasie beflügelt. Aus dieser Fülle schöpfen sie täglich neue Ideen für Rollenspiele, Basteleien und Aktionen, so dass sich jeder Tag anders gestaltet. Kinder im Vorschulalter benötigen jedoch, neben dieser Freiheit, auch feste Strukturen, die ihnen Sicherheit geben. So ist auch der Waldkindergarten durch einen gewissen Rhythmus geprägt, der sich beispielsweise im Tagesablauf widerspiegelt. Die Grundstruktur eines Waldtages gibt dabei einen Rahmen vor, in den wechselnde Aktivitäten eingefügt werden können (vgl. Sandhof/Stumpf 1998, S. 14). Der Tagesablauf kann wie folgt aussehen:
- Morgenkreis
- Gemeinsames Frühstück
- Tägliche Wanderung
- Geschichten
- Freispiel
- Entdeckungen
- Wechselnde pädagogische Angebote
- Vorlesen
- Sing-, Kreis-, Regelspiele
- Bearbeitung von Sachthemen
- Bastelaktivitäten
- Abholsituation (vgl. MFJFH 2000, S. 5).

Im Morgenkreis findet die Begrüßung der Kinder sowie die Klärung organisatorischer Fragen statt. Das Frühstück wird in allen Waldkindergärten gemeinsam eingenommen. Auf ihrer täglichen Wanderung legen die Kinder im Laufe eines Morgens ca. 2 km zurück. Dabei werden die Entdeckungen der Kinder durch Spiele, Basteleien und Sachinformationen aufgegriffen. Die themenbezogene Arbeit ergibt sich aus jahreszeitlichen Aspekten und den Entdeckungsschwerpunkten der Kinder. Abgeschlossen wird jeder Waldtag wieder am Treffpunkt. Hier haben die Eltern Gelegenheit zum Informationsaustausch mit den Erzieherinnen (vgl. ebd., S. 5 f.).

3.4.7 Schulfähigkeit

Häufig muss sich der Waldkindergarten die kritische Frage gefallen lassen, inwieweit die Waldpädagogik auch die für die Schulfähigkeit relevanten Voraussetzungen fördert. Ideale Bedingungen bietet der Waldkindergarten hier im Hinblick auf die körperlichen und gesundheitlichen Voraussetzungen der Kinder. „Im Gegensatz zu den häufig einengenden Bedingungen der Regelkindergärten bieten Waldkindergärten vielfältige Bewegungsanlässe und -möglichkeiten, auch für Bewegungen raumübergreifender Art, so dass die psychomotorische Entwicklung optimale Anreize erhält" (Miklitz 2007, S. 126).

Auch kognitive Voraussetzungen, wie z. B. die Wahrnehmungsfähigkeit, die Sprach- und Merkfähigkeit oder das Mengenverständnis, werden in alltäglichen Aktivitäten, wie Beobachtung und Benennung von Tieren und Pflanzen bzw. Sammeln und Ordnen von und Experimentieren mit Naturmaterialien, hinreichend gefördert. Nicht zuletzt wird im Waldkindergarten auch großer Wert auf die Förderung motivationaler und sozialer Fähigkeiten gelegt. Das vielfältige Umfeld des Waldes regt die primäre Motivation der Kinder an, sich durch Entdecken, Sammeln und Experimentieren aktiv mit ihrer Lernwelt auseinander zu setzen. Dabei werden grundlegende soziale Erfahrungen gemacht. Denn gerade im Wald haben junge Menschen die Möglichkeit, die weitreichende Bedeutung von Regelgefügen, gegenseitiger Hilfe und angemessenen Konfliktlösungsstrategien zu erfahren (vgl. Gorges 2000, S. 62).

„Grundsätzlich ist es nicht Aufgabe des Waldkindergartens, die Kinder schulfähig zu machen. Das Kinder- und Jugendhilfegesetz formuliert als zentrales Ziel die Förderung der Entwicklung des Kindes zu einer eigenverantwortlichen und gemeinschaftsfähigen Persönlichkeit. Dieses Ziel steht [...] bei Waldkindergärten [...] im Mittelpunkt" (Miklitz 2007, S. 127). Als Kompetenzen, die dieses Konzept möglicherweise vernachlässigt, wären Folgende zu nennen:
- Umgang mit vorgefertigten Vorschulmaterialien wie Arbeitsblättern oder didaktischen Materialien
- Praktische Erfahrung im Umgang mit Schere, Malstiften und anderen Materialien
- Übung in der Fähigkeit stillzusitzen sowie auf begrenztem Raum zu spielen, ohne andere zu stören oder sich stören zu lassen
- Umgang mit Sekundärerfahrungen.

„Die Konzeptionen der Waldkindergärten setzen Schwerpunkte in der Förderung von Basiskompetenzen, sowohl der körperlichen und geistigen als auch der emotionalen und sozialen Entwicklung. Damit werden für die Schulfähigkeit relevante Voraussetzungen und Kompetenzen entwickelt" (ebd.).

3.4.8 „Der Wald bietet eine andere Dimension": das Praxisbeispiel der Waldgruppe in Sprockhövel

Die Waldgruppe der Elterninitiative Bullerbü in Sprockhövel besteht seit Dezember 1999. Sie ist Teil einer dreigruppigen Einrichtung. Konzeptionell hat die Tageseinrichtung mit zwei Hausgruppen begonnen. Um der räumlichen Enge entgegenzuwirken – das Haus ist sehr klein – sind die Erzieherinnen häufig in den nahe gelegenen Wald gegangen und haben schnell gemerkt, dass das den Kindern gut tut. Die Eltern und das pädagogische Team waren so begeistert, dass sie die Waldgruppe ins Leben riefen. Zu Beginn stand also nicht die Idee der Waldpädagogik im Vordergrund, sondern die Enge und die Erfahrung, dass das Draußensein gut für die Kinder ist. Die großen und kleinen Leute aus Bullerbü wissen jetzt, dass der Wald viel mehr zu bieten hat, als nur frische Luft.

Das Interview wurde mit Natascha Fichtel, der Leiterin der Waldgruppe, geführt.

Frau Wischermann, wie sind Sie zum Waldkindergarten gekommen?
In meiner Ausbildung habe ich zum ersten Mal etwas über Waldkindergärten gehört. Über das Internet habe ich mir dann ein Konzept besorgt und schließlich in anderen Waldkindergärten hospitiert. Ich fand die Ziele, die mit diesem Konzept erreicht werden sollen, gut. Und ich bin selber ein sehr naturverbundener Mensch, der gerne viel draußen ist.

Was sind aus Ihrer Sicht die wichtigsten Grundprinzipien der Waldpädagogik?
Für uns ist es wichtig, den Kindern wieder einen Zugang zur Natur zu verschaffen. Der Wald bietet den Kindern viel. Er spricht vor allem die Sinne an. Die Kinder bekommen Lernerfahrungen aus erster Hand. Wenn die Kinder im Wald sind und dort mit Ästen, Blättern und Steinen spielen, dann fördert das die Kreativität und Phantasie. Sie haben hier viel Zeit. Zeit, um Freundschaften zu schließen.

■ Lehmbrunnen

■ Gebaute Hütte

Das sind alles Dinge, die viele Kinder heute nicht mehr kennen. Es sind aber sehr wichtige und für Kinder notwendige Erfahrungen. All das wollen wir ihnen wieder mitgeben, vor allem, dass sie ihre eigenen Lernerfahrungen machen können.

Die Stärken des Ansatzes sind die Erfahrungsmöglichkeiten der Kinder. Gibt es noch weitere Vorzüge?
Die Stärken sind tatsächlich die Lernerfahrungen aus erster Hand. Das Besondere am Wald ist, dass immer mehrere Sinne angesprochen werden. Ich kann dazu ein Beispiel geben: Es riecht sehr modrig im Wald und es beginnt zu dampfen. Der Dampf legt sich vielleicht auf die Haut der Kinder. Daraus entsteht bei den Kindern die Frage: „Warum ist das so?" Aus dieser Frage ergibt sich aber mehr, z. B. die Frage nach dem Wasserkreislauf. An dieser Stelle können wir die Erfahrungen der Kinder durch Hintergrundwissen vertiefen und mithelfen, ihnen neue Erkenntnisse mit auf den Weg zu geben. Die Kinder haben selber das Interesse zu lernen.

Eine weitere positive Sache ist, dass es im Wald keine vorgefertigten Dinge gibt. Die Kinder müssen viel mehr miteinander reden und in sozialen Kontakt treten, um ein Spiel überhaupt aufbauen zu können. Das fördert die sozialen Kompetenzen der Kinder. Dadurch, dass kein Spielmaterial vorhanden ist, wird die Phantasie und Kreativität angeregt. Stöcke werden zu Menschen oder aus Stöckchen und Blättern entstehen kleine Häuschen. Aber dazu müssen die Kinder erst einmal die Initiative ergreifen.

Wo liegen Ihrer Einschätzung nach im Vergleich zu anderen Ansätzen die Schwächen?

Die Schwäche würde ich darin sehen, dass wir Erzieherinnen sehr aufpassen müssen, dass gerade wildere Kinder lernen, draußen die Grenzen einzuhalten. Die wilderen Kinder dürfen uns nicht „entflutschen". Der Wald bietet keine räumlichen Grenzen. Wenn die Kinder sich auspowern wollen, haben sie Gelegenheit dazu. Und das ist gut. Normalerweise schaffen sie es so, wieder zur Ruhe zu finden. Nur das ist auch das Schwierige. Wir müssen sehr genau darauf achten, dass sie es auch wirklich tun, und sie ansonsten zur Ruhe führen. Im Endeffekt stoßen die Kinder im Wald nirgendwo an. Wir könnten sie einfach laufen lassen. Nur müssen sie später, wenn sie in die Schule kommen, auch mit Grenzen und Ruhe umgehen können.

Sie sprechen damit die Rolle der Erzieherin an. Wie würden Sie diese beschreiben?

Meine Rolle ist es, die Kinder mit ihren Bedürfnissen wahrzunehmen und darauf mit den Möglichkeiten, die ich im Wald habe, einzugehen. Bei wilderen Kindern ist es meine Aufgabe, mit sehr vielen Geschichten – wir machen im Sommer sehr gerne Meditationen mit den Kindern – den unruhigen Kindern zu helfen, zur Ruhe finden. Wichtig ist, dass wir die Kinder mit ihren Bedürfnissen sehen. Kinder haben sehr unterschiedliche Bedürfnisse oder auch Schwächen, auf die wir eingehen müssen. Und die Bedürfnisse der Kinder im Wald unterscheiden sich nicht wesentlich von denen der Kinder im Haus. Im Wald stehen uns nur andere Materialien zur Verfügung.

In anderen Einrichtungen wird teilweise sehr viel Zeit darauf verwendet, das Haus sauber zu halten, die Räume zu gestalten, das Material zu pflegen. Wie ist das im Wald?

Wir haben einmal pro Woche ein bis zwei Stunden Zeit, um unsere Materialien zu säubern, zu sortieren, instand zu setzen und zu gucken, was wir noch brauchen. Werkzeuge müssen teilweise geölt werden, wie z. B. die Zangen. Dafür brauchen wir schon Zeit, aber nicht die Zeit, wie sie in anderen Kindergärten benötigt wird. Wir müssen beispielsweise keine Legos in Kisten räumen. Wir dürfen unsere Sachen – die Stöcke, das Gebaute – liegen lassen. Die Spielmaterialien, die wir mitbringen, wie z. B. Seile, Werkzeuge, müssen wieder mitgenommen und gesäubert werden, ansonsten würden sie kaputt gehen.

Gibt es eine Möglichkeit, etwas davon unterzustellen? Gibt es ein Gartenhäuschen oder einen Bauwagen?

Nein, eine Möglichkeit, im Wald etwas unterzustellen, haben wir nicht. Wir haben aber im Haus einen Notraum, der bei Gewitter und Sturm genutzt werden darf. Wenn es anfängt, im Wald gefährlich zu werden, gehen wir dahin.

Und was nehmen Sie an Materialien mit in den Wald?

Je nachdem, was für Angebote wir mit den Kindern durchführen, oder was im Moment für die Kinder interessant ist, wählen wir die Materialien aus. Wir nehmen nie alles mit. Ich kann Ihnen aber sagen, was wir mitnehmen könnten: Einmal haben wir Werkzeuge. Dazu gehören Zangen, Sägen und Feile. Weiter haben wir ein Fernglas und Becherlupen zum Beobachten von kleinen Tieren und Erde. Wir besitzen Seile, aus denen sich die Kinder z. B. Klettergerüste bauen. Wenn wir die von einem Baum zum anderen spannen, können wir klettern oder schaukeln. Wir haben sogar eine Seilbahn, die sich sehr gut an Kuhlen aufbauen lässt, so dass wir von der einen zur anderen Seite fahren können. Das lieben die Kinder sehr. Ich glaube an Spielmaterialien ist das zunächst einmal alles. D. h., wir packen auch Bilder- und Sachbücher ein. Und es gibt Materialien, die wir für besondere Situationen mitnehmen, wie z. B. Pappe oder Farben. Daraus bauen wir Webrahmen. Aber das sind alles Besonderheiten, wie auch der Kleister, mit dem wir Kleisterbilder erstellen, z. B. mit Walderde und Blättern. Oder wir nehmen Kleber und Papier oder wie kürzlich Folien mit, um Drachen zu bauen.

■ Aufgehängte Hölzer

Das ist einiges. Sind Sie nicht sehr beladen, wenn Sie losgehen?

Ja, aber wie ich bereits sagte, wir nehmen nie alles mit. Wir haben zwei Rucksäcke und packen das Material nach Bedarf ein. Dazu kommt noch die Notfallausrüstung, wie z. B. ein Handy, Wechselwäsche für den Bach. Und ganz wichtig unser Sanipack, also Pflaster und Verbandsmittel und Klopapier und Klappspaten. Das ist unsere Grundausrüstung.

Und wie schwer ist der Rucksack?

Es geht so. Und wir müssen ihn nicht den ganzen Tag tragen. Irgendwann kommen wir an eine Spielstation und bleiben mit den Kindern dort.

Nehmen die Kinder auch etwas mit?

Die Kinder nehmen ihre eigenen Sachen mit und wir die Spielmaterialien für die Kinder.

Warum benutzen Sie keinen kleinen Bollerwagen?

In unserem Wald gibt es viele Hänge. Und es ist viel unangenehmer, einen Bollerwagen einen steinigen Hang hochzuziehen, als einen Rucksack zu tragen.

Kritisiert wird, dass die Kinder im Waldkinderarten nicht schulfähig werden, sie würden nicht an Räume, Materialien, Ruhe und Disziplin gewöhnt.

Ich weiß, dass es dieses Vorurteil gegenüber den Waldkindergärten gibt. Wir haben bisher aber nur positive Rückmeldungen von den Schulen und sogar von einem Schulkindergarten bekommen. Ich weiß, dass es eine allgemeine Sorge bei den Eltern gibt, weil wir keine Scheren und Stifte wie im traditionellen Kindergarten haben. Ich weiß um die Sorge der Eltern, dass diese Erfahrungen den Kindern fehlen könnten. Aber sowohl unser Waldkindergarten als auch die in unserer Nachbarschaft haben bislang nur gute Rückmeldungen erhalten.

Liegt der Waldpädagogik ein eigenständiger pädagogischer Ansatz zugrunde?

Wir arbeiten wie die meisten Waldkindergärten nach dem situationsbezogenen Ansatz. Das gilt für unsere gesamte Einrichtung, also die Waldgruppe und die beiden Hausgruppen. Aber wir greifen auch Elemente der Waldorfpädagogik auf. Für einige Räume der Hausgruppen haben wir anthroposophische Farben ausgewählt. Und uns ist der Jahresrhythmus sehr wichtig. Entsprechend gestalten wir die Räume bewusst.

Gibt es ein besonderes Menschenbild?

Die Waldpädagogik sieht die Kinder als eigenständige Wesen, die eine eigene Sicht von der Welt haben. Aber bevor sie die Dinge verstehen, müssen sie die Dinge erst erleben und erfahren. Der Wald ist deshalb so wichtig, weil die Erfahrungen hier sehr elementar sind.

Die Kinder sind in gewisser Weise genauso ursprünglich wie die Natur. Und im Wald sind sie mittendrin und können sich nach Herzenslust bewegen. Und Kinder brauchen viel Bewegung.

Kann die Waldpädagogik überall praktiziert werden?

Nicht unbedingt. Zunächst einmal muss ein Wald in der Nähe sein. Das ist das Wichtigste. Der Wald sollte auf jeden Fall erforscht sein. Es muss klar sein, welche Gefahrenquellen es dort gibt. Außerdem

■ Brücke

■ Tipi

■ Mandala

muss man wissen, was man mit den Kindern spielen kann: Gibt es z. B. einen Bach oder einen Hang. Wo findet man die Materialien, die man zum Basteln gebrauchen kann? Man braucht ein genaues Bild von dem, was man dort tun kann und tun will, kurz: ein klares Konzept.

Außerdem ist es wichtig, die richtige Kleidung zu haben. Es gibt kein falsches Wetter, es gibt nur falsche Kleidung. Die Kinder haben zum Beispiel im Winter Schneeanzüge an und darüber noch eine Gummihose. Das macht sie ein bisschen pummelig, aber sie frieren nicht. Und das ist sehr wichtig, übrigens auch für die Erzieherinnen. Sie müssen selbst der Überzeugung sein, dass es in Ordnung ist, wenn sie bei jedem Wetter draußen sind und auch selber dreckig werden. Das ist nun mal so. Auch als Erzieherin kann man nicht sauber bleiben. Spätestens wenn ein Kind auf den Boden fällt und weint, nehmen wir es so wie es ist in den Arm und trösten es. Aber auch in Spielsituationen sind wir bereit, den Dreck zu vergessen. Ich denke, dass kann nicht jeder.

Provokant gefragt: Reicht nicht ein großer Garten als Erlebnisraum?

Wenn der Garten so groß ist wie ein Wald, gut! Aber ein Garten ist von den Kindern schnell erforscht. Er spricht die Sinne bei weitem nicht so an wie ein Wald. Der jahreszeitliche Rhythmus zeigt sich im Wald anders, viel intensiver.

Gestalten Sie den Ort, an dem Sie mit den Kindern bleiben?

Ja, in gewisser Weise gestalten wir unsere Spielstation. Wir haben z. B. kleine Tipi-Zelte gebaut, die den Kindern Rückzugsmöglichkeiten bieten, die sie manchmal brauchen. Dann haben wir zwei Kuhlen und einen Sinnespfad, d. h. ein Trittbeet für die Füße, gebaut. Und gelegentlich legen wir ein riesengroßes Mandala auf den Boden. Das sind einige unserer Gestaltungsmöglichkeiten.

Bleiben die gestalteten Dinge stehen oder werden sie wieder abgebaut?
Unser Angelegtes und Gebautes lassen wir stehen, was manchmal etwas schade ist! Der Wald ist für alle zugänglich. Er gehört uns nicht, und leider wird oftmals etwas von anderen zerstört.

Wie ist die Rolle der Eltern definiert: Haben sie besondere Mitbestimmungsmöglichkeiten?
Dadurch dass wir eine Elterninitiative sind, werden die Eltern stark in die Arbeit mit einbezogen. Unsere pädagogischen Vorhaben werden mit ihnen besprochen.

Ich denke, es ist sehr wichtig, dass die Eltern hinter dem Konzept der Waldpädagogik stehen und nicht nur aus der Not heraus — in Sprockhövel fehlt es an Kindergartenplätzen — sagen: Ich bringe mein Kind zur Waldgruppe. Wenn die Eltern hinter dem Konzept nicht stehen, hat das Kind nicht viel Freude am Wald. Die Eltern verstehen und würdigen die Dinge nicht, die ihr Kind aus dem Wald mitbringt. Sie sehen vielleicht nur, dass es schmutzig nach Hause kommt. Für Eltern und Kinder wird es dann stressig.

Haben die Eltern eine Mitsprache bei der Auswahl der Projekte? Können sie entscheiden, was Sie mit den Kindern tun?
Vorschläge von Seiten der Eltern, z. B. ob ich den Förster einlade, sind willkommen. Aber die Eltern können nicht sagen: „Das musst du jetzt tun!" Es gibt formal für die Eltern keine Entscheidungsmöglichkeit, aber wir sprechen unsere Aktionen mit ihnen ab.

Haben Sie besondere Kommunikationsstrukturen, um diesen Austausch sicherzustellen?
Für die Eltern gibt es Elterntage, die Eltern-Kind-Nachmittage und Elternabende. Die Eltern erfahren dabei etwas über den Kindergarten und ihr Kind. An den Elterntagen begleiten uns die Eltern tagsüber in den Wald und erleben mit uns einen Vormittag. Sie können sich ein Bild von dem machen, was wir mit den Kindern tun. Genauso ist es mit den Eltern-Kind-Nachmittagen, die auch im Wald stattfinden. Wir unternehmen dann mit den Eltern und Kindern gemeinsam etwas. Uns ist es sehr wichtig, dass die Eltern immer etwas von unserem Tun mitkriegen, da sie vieles von unserer Arbeit nicht vor Augen haben können. Deshalb haben wir auch Fotoalben und ein kleines Gruppenbuch, in dem Geschichten über die Kinder, das was sie gemacht haben, stehen. Die Bücher sind den Eltern jederzeit zugänglich.

Welche Bedeutung kommt in Ihrer Arbeit den Fortbildungen zu?

Ich besuche im Moment nur die Fortbildungen, die für mich in Bezug auf die Gruppe hilfreich sind. Wir hatten z. B. sehr unruhige Kinder in der Gruppe, und genau dazu wurde gerade eine Fortbildung angeboten. Dann gab es eine Fortbildung zum Thema Teletubbies. Ich fände es natürlich auch interessant, wenn einmal eine Fortbildung zum Thema Wald angeboten würde. Ansonsten habe ich bisher das Internet genutzt, um interessante Weiterbildungsmöglichkeiten zu finden. Und wir haben Kontakt zu einem Waldkindergarten in der Nachbarschaft. Hier geht es dann um einen waldspezifischen Austausch. Interessieren Sie auch unsere Kommunikationsstrukturen im Hause?

Ja.

Wir haben einmal in der Woche eine Teamsitzung. Hier haben wir Zeit, um pädagogische Belange, wie Kinderbeobachtungen oder Vorhaben zu besprechen. Dann habe ich, bevor ich in den Wald gehe, und am Nachmittag, wenn ich mit den Kindern zurück komme, noch Zeit, mich mit den übrigen Kolleginnen im Haus und meinen Kolleginnen aus der Waldgruppe, auszutauschen. Im Wald selber sind wir immer per Handy erreichbar und können auch die anderen erreichen, sowohl die Eltern als auch unsere Kolleginnen im Haus. Das ist sehr wichtig! Wenn irgend etwas mit einem Kind ist, können wir die Eltern sofort informieren. Das gilt auch für den Fall eines Notrufes, den ich aber glücklicherweise noch nie machen musste.

Was sind Ihre häufigsten Themen im Team?

Wir tauschen uns sehr viel über unsere Beobachtungen und unsere pädagogischen Vorhaben und Projekte aus. Und wir haben immer Zeit, um persönliche Probleme in Bezug auf die Arbeit zu besprechen.

Würden Sie sich wieder für diese Einrichtungsform entscheiden?

Ja! Ich würde auf keinen Fall tauschen wollen!

ELTERNINITIATIVE BULLERBÜ

Brinkerstraße 33
45549 Sprockhövel
Tel.: 0 23 24 – 7 70 27
Fax: 0 23 24 – 68 31 53
Leiter der Einrichtung: Britta Sante-Bötzel
Leiterin der Waldgruppe: Natascha Fichtel
Trägerschaft: Elterninitiative

Art der Gruppen: altersgemischte Tagesgruppe, Kindergartengruppe, Wald-
gruppe
Anzahl der Gruppen: 3
Alter der Kinder: 4 Monate bis 6 Jahre
Anzahl der Kinder: 60 (davon 20 in der Waldgruppe)

LITERATUR ZUM WEITERLESEN

Berthold, Margrit / Ziegenspeck, Jörg W. (2002): Der Wald als erleb-
nispädagogischer Lernort für Kinder. Lüneburg 2002
Huppertz, Norbert (Hrsg.) (1999): Waldkindergarten, lebensbezogener
Kindergarten, Montessori-Kindergarten, offener Kindergarten. Oberried
bei Freiburg: PAIS-Verlag
Lutz, Erich / Netscher, Michael (1996): Handbuch ökologischer Kinder-
garten. Kindliche Erfahrungsräume neu gestalten. Freiburg im Breisgau:
Herder
Miklitz, Ingrid (2007): Der Waldkindergarten – Dimensionen eines pädago-
gischen Ansatzes. Berlin, Düsseldorf, Mannheim: Cornelsen Scriptor
Miklitz, Ingrid; Schwede, Joachim (Hrsg.) (2003): Naturpädagogik in Kinder-
tageseinrichtungen. (KiTa spezial Sonderausgabe Nr. 3/2003). Kronach:
Link
Österreicher, Herbert / Prokop, Edeltraud (2006): Kinder wollen draußen
sein. Natur entdecken, erleben und erforschen. Seelze: Friedrich

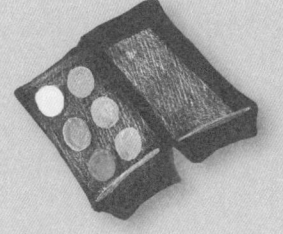

4 Pädagogische Ansätze und Konzeptionsentwicklung

Zu Beginn dieses Buches wurde die Ausgangsthese vorgestellt und begründet, dass pädagogische Ansätze einen wichtigen Beitrag zur Sicherung pädagogischer Qualität in Kindertageseinrichtungen leisten können (s. o. S. 12 ff.). Gegenstand des folgenden Kapitels ist die Frage nach den Umsetzungsstrategien dieser Ansätze. Die vorgestellten Beispiele zeigten, dass Einrichtungen in der Regel über einen längeren Zeitraum einem elementarpädagogischen Ansatz verpflichtet sind. Waldorf-Kindergärten und Montessori-Kinderhäuser sind meist schon mit der Festlegung auf einen pädagogischen Ansatz gegründet worden. Ähnlich verhält es sich mit den seit den 1990er Jahren initiierten Waldkindergärten.

Der Situationsansatz wurde dagegen meist — entsprechend den Empfehlungen von Trägern und Politik — in bereits bestehenden Kindertageseinrichtungen schrittweise umgesetzt. Auch die Offene Kindergartenarbeit oder die Reggio-Pädagogik wurden überwiegend im Rahmen von Prozessen der pädagogischen Umorientierung eingeführt. Das verlangte von den Mitgliedern des jeweiligen Teams zum Teil schmerzhafte Vorgänge des Loslassens von Gewohnheiten und Gewissheiten der täglichen Arbeit.

Ein hilfreiches Instrument für eine solche pädagogische Um- und Neuorientierung ist die Erstellung einer Konzeption. In der Konzeption dokumentiert das Team einer Einrichtung den eigenen Prozess der pädagogischen Verständigung und macht die Ergebnisse dieses Prozesses nach innen und außen sichtbar.

4.1 Zum Begriff der Konzeption

Seit der Verabschiedung des Kinder- und Jugendhilfegesetzes (KJHG) im Jahr 1991 ist für viele Kindertageseinrichtungen das Erstellen einer Konzeption als Spiegel ihrer Arbeit und der gemeinsamen pädagogischen Grundüberzeugungen im Team zu einer Selbstverständlichkeit geworden. Nicht wenige Teams arbeiten schon an der zweiten oder sogar dritten Generation ihrer Konzeption. Die Gründe hierfür können vielfältig sein, z. B. weil
- Das Kita-Gesetz des Bundeslandes es so vorschreibt (wie beispielsweise in Niedersachsen)
- Teams sich in Arbeitsweisen und Ansprüchen weiterentwickelt haben
- Teams ihre erste Konzeption noch nicht als ein authentisches, ehrliches Arbeitsdokument empfinden
- Teams gravierenden Veränderungen im Personal (z. B. in Leitungsfunktionen) ausgesetzt waren und sie die Notwendigkeit sahen, in der neuen Personalzu-

sammensetzung auch einen neuen Versuch zu unternehmen, professionelles Selbstverständnis schriftlich zu fassen.

Der für den erstellten Text verwendete Begriff, der vom lateinischen concapere (= zusammenfassen, zusammennehmen) abgeleitet wurde, ist allerdings schillernd. Viele Teams sprechen zumindest alltagssprachlich vom Konzept. „Konzept heißt ‚erste Niederschrift' – ‚erste Fassung' oder ... der ‚Plan einer Sache' (Wahrigs Deutsches Wörterbuch). Demnach bedeutet Konzept die Niederschrift einer Idee, eines Gedankens oder Einfalls und zwar in einer vorläufigen Form. Es kann einem Arbeitspapier gleichgesetzt werden, was noch bearbeitet und stets aktualisiert werden muss." (Küfler 1994, S. 7).

Eine Konzeption ist dagegen etwas Verbindlicheres. Amin Kreuz definiert sie so: „Eine Konzeption ist eine schriftliche Ausführung aller inhaltlichen Schwerpunkte, die in dem betreffenden Kindergarten/einer Kindertagesstätte für die Kinder, die Eltern, die Mitarbeiterinnen selbst, den Träger und die Öffentlichkeit bedeutsam sind. Dabei spiegelt die Konzeption die Realität wider und verzichtet auf bloße Absichtserklärungen. Jede Konzeption ist damit individuell und trifft in ihrer Besonderheit nur für diese spezifische Einrichtung zu, um das besondere Profil zu verdeutlichen und unverwechselbar mit anderen Institutionen zu sein. Ihre Aussagen sind für alle Mitarbeiterinnen verbindlich" (Krenz 1996, S. 13 f.). Stärker den Prozesscharakter betont Ludger Pesch: „Unter einer pädagogischen Konzeption verstehe ich den Zusammenhang von Aussagen über Erziehungsziele, pädagogische Standards und Umsetzungsmaßnahmen, der eine ideelle Grundlage für das Handeln in der Einrichtung bildet. Die notwendige Transparenz, aber auch die Überprüfbarkeit und die Möglichkeit der Weiterentwicklung erfordert dabei eine schriftliche Fassung – in irgendeiner Form" (Pesch 1996, S. 174).

Die Idee, pädagogische Arbeit, ihre Begründungen und Ziele in Text (und Bildern) zu dokumentieren und damit nach innen und außen transparent zu machen, stammt aus der Reggio-Pädagogik. In Reggio begann man um 1970 die Fülle von Ideen und Erfahrungen, die in den noch „jungen" kommunalen Kindertagesstätten gesammelt wurden, zu verschriftlichen, zusammenzufassen und damit für das eigene Team, für Eltern, den Träger und alle Interessierten als Spiegel des Erreichten und als Programm für die Weiterentwicklung fest zu halten. Über das an der Reggio-Pädagogik besonders interessierte Schweden gelangte die Idee knapp zwei Jahrzehnte später nach Deutschland.

Widerstände

Zahlreich sind allerdings die Einrichtungen, die bis heute noch keine Konzeption vorgelegt haben (vgl. Pesch 1996, S. 14 f.).

Auch hierfür gibt es ganz verschiedene Motive:
- Jahrzehntelang ging es ohne Konzeption; warum soll es nicht auch weiterhin ohne sie gehen?
- Warten wir noch ein paar Jahre, dann ist auch der Modetrend Konzeption ausgestanden!
- Wir haben im Team unsere gemeinsamen pädagogischen Überzeugungen. Das müssen wir nun nicht auch noch aufschreiben!
- Wir arbeiten situationsbezogen, wobei jeder von uns seine Stärken einbringt. Ein festgeschriebenes Konzept würde uns in unserer Arbeit unnötig einengen.
- Die Konzeption würde uns zur gläsernen Einrichtung machen, die vom Träger und vor allem von den Eltern ständig kontrolliert wird.
- Wir leiden ständig unter Zeitmangel. Den Luxus intensiver Diskussionen über Punkt und Komma solcher Texte wie der Konzeption können wir uns einfach nicht leisten.

Solche und andere Vorstellungen verbinden sich häufig auch mit der Meinung, Konzeption wäre ein Thema der 1990er Jahre gewesen, das von der Diskussion um den Bildungsauftrag und die Qualitätsentwicklung in Kindertageseinrichtungen abgelöst worden sei.

4.2 Konzeption und pädagogische Qualität

Eine solche Einschätzung übersieht die enge Verknüpfung aller drei Themen. Der Bildungsauftrag, dessen Diskussion durch die Pisa-Studie weiter intensiviert wurde, lässt sich in der einzelnen Einrichtung nur umsetzen, wenn das Team der Einrichtung
- Aufgaben und Ziele seiner Arbeit aus der diffusen Bereitschaft, für die Kinder da zu sein, herauspräpariert und – vielleicht nach schwierigen Diskussionen – definiert hat
- Die qualitativen Bedingungen für die Erledigung von Aufgaben und das Erreichen von Zielen kritisch geprüft hat
- Nach neuen Wegen sucht, um eine bessere Übereinstimmung zwischen Zielen und deren Realisierungsbedingen herzustellen.

Die wesentlichen Momente, die gerade heute dafür sprechen, (wieder) an der Konzeption zu arbeiten, sind ihre Wirkungen in Hinblick auf
- Qualitätsorientierung
- Prozessorientierung
- Verbindlichkeit
- Transparenz
- Verbesserung von Motivation und Arbeitszufriedenheit.

Die *Qualitätsorientierung* der Konzeption ergibt sich vor allem aus der Klärung von Aufgaben, Zielen, deren Umsetzungsbedingungen und Beurteilungskriterien, zu der das Team bei der Konzeptionsentwicklung präzise gelangt. Qualität der Arbeit ergibt sich nur in Ausnahmefällen als Produkt unreflektierten Handelns (Hauptsache die Kinder fühlen sich wohl und die Eltern sind zufrieden). Qualität ist orientiert an Ziel- und Aufgabendefinitionen sowie Bewertungsmaßstäben (vgl. Kamiske/Brauer 1999, S. 160 ff.) Oft bildet die Arbeit an der Konzeption die erste Möglichkeit, in der sich Teammitglieder der Bedeutung und der Prinzipien qualitätsvoller Arbeit bewusst werden. Sie tun dies, indem sie die persönlichen, meist unbewussten und in der Regel auf Krisenfälle bezogenen pädagogischen Überzeugungen und Wertvorstellungen artikulieren, kommunizieren und einer Diskussion unterziehen, um einen Konsens zu finden.

4.3 Konzeptionsentwicklung als Prozess

Konzeptionsentwicklung ist vor allem als Kommunikations- und Reflexionsprozess zu sehen, an dem alle Mitarbeiterinnen der Einrichtung und im Idealfall auch die Vertreter der Eltern beteiligt sind. Bestandteile dieses Prozesses sind Innen- und Außenschau; denn es geht in ihm darum, die heimlichen Theorien des pädagogischen Handelns sichtbar und kommunizierbar zu machen und genau hinzuschauen auf die meist nicht hinterfragten Strukturen und Produkte alltäglichen Handelns.

Das geht in der Regel nicht ohne Konflikte und Krisen. Krisen können aber heilsam sein. In ihnen kann gelernt werden, dass es nicht um „richtig" oder „falsch" geht, sondern um die Suche nach den Ressourcen und Potenzialen im Team und um die Suche nach einer Basis gemeinsamer Überzeugungen, die das Team nach innen und außen stark machen kann (vgl. Knauf 2003, S. 245 ff.).

Organisationsentwicklung

Eine der wichtigsten Strategien zur Förderung pädagogischer Qualität und damit auch der Konzeptionsentwicklung ist die Organisationsentwicklung (OE). Der OE-Ansatz hat seine wichtigste Wurzel in den sozialpsychologischen Forschungen und Experimenten Kurt Levins in den 1940er und 1950er Jahren am Massachusetts Institut of Technology. Schon in dieser frühen Phase der Entwicklung des Ansatzes kristallisierten sich folgende Leitvorstellungen der Organisationsentwicklung heraus:

- Eine Organisation, deren Leistung auf der Zusammenarbeit von Menschen beruht, kann ihre Effektivität dann verbessern, wenn all ihre Mitglieder in einen gemeinsamen und demokratischen Prozess der Überprüfung und Neubewertung von Handlungszielen und Arbeitsweisen der Organisation eintreten.
- Dieser Prozess kann zwar von externen Beratern oder Moderatoren angestoßen bzw. begleitet werden, er ist aber im Wesentlichen ein innerer Prozess der kritischen und zugleich konstruktiven Auseinandersetzung mit Gewohnheiten und nicht hinterfragten Konventionen im Arbeitsprozess.
- Dieser Prozess kann als Selbstreflexionsprozess bezeichnet werden, der die Organisation zur lernenden Organisation macht.
- Der Prozess hat eine klare Phasenstruktur, die sich in der einfachsten Version darstellt als Abfolge von
  - Situationsanalyse
  - Neudefinition von Zielen
  - Handlungsplanung
  - Umsetzung.

Diese Abfolge von Aktionsschritten sollte sich regelmäßig wiederholen, so dass eine fortwährende Erneuerung der Organisation ermöglicht wird. Die Situationsanalyse wird dann zur Evaluation des vorangegangenen Prozessverlaufs.

Organisationsentwicklung versucht die Effektivitätsverbesserung von Organisationen mit der Entwicklung von Arbeitszufriedenheit der Organisationsmitglieder und der Verbesserung des Kooperationsklimas zu verbinden.

In Anschluss an das Konzept der Organisationsentwicklung sind speziell für die Konzeptionsentwicklung Schrittfolgen des gemeinsamen Handelns entworfen und erprobt worden (vgl. Erath 1996, S. 148 ff.; Hollmann / Benstetter 2000, S. 94 ff.). Dabei wird eine externe Prozessbegleitung oft als sehr hilfreich eingeschätzt, weil sie neutraler und gezielter die notwendigen Schritte initiieren und stützen kann (vgl. basiswissen kita, S. 38 ff.; Pesch 1996 a, S. 175 f.). Ziel ist es dabei, die Grundsätze der Transparenz der Arbeit, der Verbindlichkeit der beschriebenen Arbeitsprinzipien und der Verbesserung von Berufsmotivation und Arbeitszufriedenheit sicher zu stellen und zu verknüpfen.

Inhalte und formale Gestaltung der Konzeption

Die Orientierung an den Prinzipien Dialog und Diskussion birgt Gefahren, wenn Ziele und Inhalte aus dem Blick geraten. Daher ist die frühzeitige Stoffsammlung und Ordnung der möglichen Inhalte für den Konzeptionsentwicklungsprozess ebenso wichtig wie eine gut strukturierte, großformatige Visualisierung der (Zwischen-)Ergebnisse. Inhalte der Konzeption könnten dann sein:

- Die „Visitenkarte" (Name, Anschrift, Träger, Personen, Räume, Zeitstruktur)
- Pädagogische Ziele und Prinzipien (unser Bild vom Kind, unsere Vorstellung von Bildung, vor allem eben auch die *Orientierung an pädagogischen Ansätzen*)
- Pädagogische Handlungselemente (Eingewöhnung, Tagesrhythmus, Freispiel, Projekte, Bewegung, Mahlzeiten, Feste, Gesundheitsförderung, Schulvorbereitung ...)
- Erzieherinnenrolle
- Pädagogische Raumgestaltung und Öffnung der Einrichtung
- Zusammenarbeit mit Eltern
- Vernetzung in der Gemeinde (Einrichtungen, jahreszeitliche Aktivitäten ...).

Die Menschen, die in den Einrichtungen arbeiten und leben, sollten stolz auf *ihre* Konzeption sein können. Daher ist auf ihre äußere Gestaltung, ihre Ästhetik wert zu legen. Der Text sollte übersichtlich, nie überstrukturiert sein. Er sollte mit Kinderzeichnungen und Fotos illustriert und durch Zitate und Gedichtausschnitte bereichert sein.

Adressaten

Die schön gestaltete Konzeption wird zu mehr als einer Visitenkarte. Sie ist gehaltvoll und kostbar, auch wenn ihre Wirkzeit auf maximal vier bis sieben Jahre beschränkt ist. Sie soll Eltern ansprechen, aber nicht den Eltern aufgedrängt werden. Sie ist wichtig für den Träger, der sich oft auch um eine zusammenfassende Trägerkonzeption oder um eine Abstimmung der Konzeptionsgestaltung der einzelnen Einrichtungen bemüht (vgl. z. B. die Städte Braunschweig, Moers oder Recklinghausen). Auch für Bewerberinnen auf vakante Stellen, Sponsoren oder Kolleginnen aus anderen Einrichtungen sind Kenntnisnahme und Studium der Konzeption bedeutungsvoll.

4.4 Konzeption und pädagogische Identität der Einrichtung

Zwei Aspekte sollten in der Konzeption im Vordergrund stehen:
- Das Deutlich-machen der pädagogischen Grundüberzeugungen, auf die sich das Team – im Idealfall mit dem Träger und den Eltern – verständigt und geeinigt hat
- Die konkreten Schritte im Leben der Einrichtung, mit denen diese Grundüberzeugungen alltagstauglich und verlässlich umgesetzt werden.

Diese beiden Aspekte gehören zusammen. Pädagogische Überzeugungen können verstanden werden als die Glaubenssätze einer Sinn vermittelnden „Erziehungsphilosophie", die professionellem Handeln Orientierung gibt (vgl. Tietzes Begriff der Orientierungsqualität). Eine solche professionelle Philosophie hat aber nur dann einen Wert, wenn sie in den kleinen Elementen des alltäglichen Berufshandelns ihre Umsetzung findet. Beispiele für die Zusammengehörigkeit von Erziehungsphilosophie als Gesamtheit pädagogischer Überzeugungen und der Konsequenz bei der Umsetzung alltagspädagogischer Details hat für den Grundschulbereich vor drei Jahrzehnten Michael Rutter in exzellenter Weise beschrieben und analysiert (vgl. Rutter 1978).

Für den Elementarbereich machen vor allem Montessori-, Waldorf-, aber auch Reggio-Einrichtungen darauf aufmerksam, dass der Kern einer Erziehungsphilosophie sich auch in den kleinen Dingen pädagogischen Arbeitens deutlich und sinnfällig macht: im Montessori-Kinderhaus etwa in der Ordnung der vorbereiteten Umgebung mit dem sorgfältig ausgewählten Sinnesmaterial, im Waldorf-Kindergarten in der besonderen naturnahen Ästhetik, in der Reggio-Einrichtung in den Dokumentationsformen der sprechenden Wände.

An diesen Beispielen kann auch aufgezeigt werden, dass sich Qualität pädagogischer Arbeit nicht einfach dadurch erzielen lässt, dass aus den verschiedenen pädagogischen Ansätzen das jeweils vermeintlich Beste herausgezogen und miteinander verknüpft wird. Das ist zwar eine verbreitete und häufig in pädagogische Konzeptionen einfließende Ansicht. Die Praxis zeigt aber in der Regel bald zwei Schwachstellen dieser so einleuchtend erscheinenden Strategie. Den aus unterschiedlichen Zusammenhängen stammenden (Theorie- und Praxis-)Elementen fehlt eine gemeinsame Erziehungsphilosophie; pädagogische Grundüberzeugungen bleiben ohne inneren Zusammenhalt. Leicht entstehen dann im Team auch Auslegungsprobleme und Reibungspunkte bei der „richtigen" Interpretation der einzelnen vermeintlich so klug zusammengefügten Leitgedanken für die pädagogische Arbeit. Es fehlt so etwas wie die Seele des pädagogischen Leitbildes.

Die Qualitätssicherung einer aus heterogenen Elementen zusammen gesetzten Konzeption ist besonders schwierig, denn es fehlen die eindeutigen, in grundlegender Literatur zusammengefassten Bezugspunkte ebenso wie die gelungenen und dokumentierten Praxisbeispiele, auf die man sich berufen kann.

Und schließlich: Zu den meisten pädagogischen Richtungen gibt es Organisationen, in denen sich engagierte Anhänger zusammengeschlossen haben, um
- Regelmäßigen Erfahrungs- und Diskussionsaustausch zu ermöglichen
- Tagungen und Fortbildungen, zum Teil auch Beratung und Coaching anzubieten
- Kriterien und Prinzipien für die pädagogische Arbeit nach dem jeweiligen Ansatz zu sichern und weiterzuentwickeln.

Solche als gemeinnützige Vereine geführten Organisationen nehmen Einzelpersonen und Einrichtungen als Mitglieder auf und bieten ihnen jeweils auch einen besonderen Service an (vgl. zum Beispiel für die Reggio-Pädagogik: Knauf 2004c). Über die folgenden Internetadressen kann man weitergehende Informationen bekommen:
- Für die Montessori-Pädagogik: www.montessori-gesellschaft.de
- Für die Waldorf-Pädagogik: www.waldorfkindergarten.de
- Für die Freinet-Pädagogik: www.freinet-kooperative.de
- Für die Reggio-Pädagogik: www.dialog-reggio.de
- Für den Situationsansatz: www.ina-fu.org/ista/
- Für die Offene Kindergartenarbeit: www.uni-oldenburg.de/fb1/ew2/wieland/
- Für die Waldpädagogik: www.waldpaedagogik.de.

Die Entscheidung eines Teams für einen elementarpädagogischen Ansatz kann am ehesten gelingen, wenn das Team auf unterstützende Netzwerke zurückgreifen kann, zum Beispiel auf Organisationen, die Adressen, Termine, regionale Austauschmöglichkeiten für Gleichgesinnte und Interessierte anbieten. Die Grundlage für pädagogische Entscheidungen ist zum einen die Auseinandersetzung mit der entsprechenden pädagogischen Fachliteratur, zum anderen der Erfahrungsaustausch und das unmittelbare in Augenscheinnehmen dessen, wie andere die Entscheidung für eine bestimmten Ansatz konkret umsetzen.

Literatur

Arbeiterwohlfahrt Bundesverband e. V. (Hrsg.) (1996): Waldkindergärten in Bergisch Gladbach. Bonn

Barz, Heiner (1984): Der Waldorfkindergarten. Geistesgeschichtliche Ursprünge und entwicklungspsychologische Begründung seiner Praxis. Weinheim

Basiswissen Kita (o. J.): Konzeptionsentwicklung (Sonderheft der Zeitschrift „Kindergarten heute". Freiburg im Breisgau

Baumann, Adolf (1986): ABC der Anthroposophie. Bern

Becker-Textor, Ingeborg; Textor Martin (Hrsg.) (1993): Handbuch der Kinder- und Jugendbetreuung. Neuwied

Becker-Textor, Ingeborg; Textor, Martin (Hrsg.) (1997): Der offene Kindergarten – Vielfalt der Formen. Freiburg im Breisgau

Beek, Angelika (2001): Der Raum als 3. Erzieher. In: PÄD Forum 3/2001, S. 197–202

Beins, Hans-Jürgen (1999): Viel Bewegung auf wenig Raum. In: Klattenhoff, Klaus; Pirschel, Reinhard; Wieland, Axel Jan (Hrsg.): Das Kind zur Rose machen. Zur Philosophie des offenen Kindergartens. Varel, S. 193–203

Börsch, Andrea (1998): Der Waldkindergarten aus der Sicht einer Erzieherin. In: Arbeitsgemeinschaft Natur- und Umweltbildung e. V.; Sozialpädagogisches Institut des Landes NRW e. V.; Verband für Umweltberatung NRW e. V.; Jugendamt der Stadt Bergisch Gladbach (Hrsg.): Waldkindergärten in Nordrhein-Westfalen. Dokumentation der Fachtagung am 17. September 1997. Köln, S. 26–46

Cambi, Francesco (1990): Rodari pedagogista. O. O. (Rom)

Colberg-Schrader, Heidi; Krug, Marianne (1982): Lebensnahes Lernen im Kindergarten: Zur Umsetzung des Curriculum Soziales Lernen. 2. Aufl. München

Colberg-Schrader, Heidi (1995): Das Bild vom Kind – Das Bild vom Lernen. In: Kindergarten heute 9/1995, S. 3–13

Colberg-Schrader, Heidi u. a. (1999): Arbeitsfeld Kindergarten. Pädagogische Wege, Zukunftsentwürfe und berufliche Perspektiven. In: klein&groß 2/1999, S. 7–14

Dietrich, Ingrid (1982): Politische Ziele der Freinet-Pädagogik. Weinheim

Dietrich, Ingrid (1993): Célestin Freinet und die nach ihm benannten Schulen. In: Winkel, Rainer (Hrsg.): Reformpädagogik konkret. Hamburg, S. 53–69

Dietrich, Ingrid (Hrsg.) (1995): Handbuch Freinet-Pädagogik. Weinheim

Dreier, Annette (2004): Raum als Dritter Erzieher. In: Lingenauber, Sabine (Hrsg.): Handlexikon der Reggio-Pädagogik. Bochum, S. 135–141

Dreier, Annette (2007): Was tut der Wind, wenn er nicht weht? Begegnung mit der Kleinkindpädagogik in Reggio Emilia. Berlin, Düsseldorf, Mannheim

Erath, Peter (1996): Ein Modell zur Konzeptionsentwicklung in Kindertageseinrichtungen. In: Kita aktuell MO 7–8/1996, S. 147–151

Esser, Barbara; Wilde, Christiane (1989): Montessorischulen. Zur Grundlage und pädagogischen Praxis. Hamburg

Freinet, Célestin (1980): Pädagogische Texte. Mit Beispielen aus der Arbeit nach Freinet. Reinbek

Freinet, Célestin (1998): Pädagogische Werke Teil 1. Paderborn

Frey, Karl (1996): Die Projektmethode. 2. Aufl. Weinheim

Frey, Karl (1998): Die Projektmethode. Der Weg zum bildenden Tun. 8. Aufl. Weinheim

Fried, Lilian (2007): Einführung in die Pädagogik der frühen Kindheit. Berlin, Düsseldorf, Mannheim

Fthenakis, Wassilios E. (1998): Erziehungsqualität: Operationalisierung, empirische Überprüfung und Messung eines Konstrukts. In: Fthenakis, Wassilios E.; Textor, Martin R. (Hrsg.): Qualität von Kinderbetreuung. Konzepte, Forschungsergebnisse, internationaler Vergleich. Neuwied, S. 52–74

Fthenakis, Wassilios E. (1999): Die Qualität von Bildung und Erziehung von Kleinkindern. In: Bremische Evangelische Kirche, Landesverband Evangelische Tageseinrichtungen (Hrsg.): Zwischen Markt und Menschlichkeit. Qualität für Kinder. Seelze-Velber, S. 47–59

Fthenakis, Wassilios E. (Hrsg.) (2003): Elementarpädagogik nach PISA. Freiburg im Breisgau

Fthenakis, Wassilios E.; Textor, Martin R. (Hrsg.) (1998): Qualität von Kinderbetreuung. Konzepte, Forschungsergebnisse, internationaler Vergleich. Neuwied

Fthenakis, Wassilios E.; Textor, Martin R. (Hrsg.) (2000): Pädagogische Ansätze im Kindergarten. Weinheim

Gänzel, Hartmut (1995): Das Wort geben. In: Dietrich, Ingrid (Hrsg.): Handbuch Freinet-Pädagogik. Weinheim, Basel, S. 31–45

Glaserfeld, Ernst von (1997): Einführung in den radikalen Konstruktivismus. In: Watzlawick, Paul (Hrsg.): Die erfundene Wirklichkeit. Beiträge zum Konstruktivismus. München, S. 16–38

Göhlich, Michael (1993): Reggio-Pädagogik – Innovative Pädagogik heute. Zur Theorie und Praxis der kommunalen Kindertagesstätten von Reggio Emilia. 5. Aufl. Frankfurt a.M.

Göhlich, Michael (1997): Reggio-Pädagogik – Innovative Pädagogik heute. Zur Theorie und Praxis der kommunalen Kindertagesstätten von Reggio Emilia. Frankfurt a.M.

Göpfert, Hans (1994): Naturbezogene Pädagogik. 3., erg. Aufl. Weinheim

Gorges, Roland (2000): Vernachlässigt der Waldkindergarten die Schulfähigkeit? In: KiTa aktuell BY 3/2000, S. 59–63

Groot-Wilken, Bernd u.a. (2001): Qualität ist ...? In: klein&groß 7–8/2001, S. 6–13

Großmann, Wilma (1987): Kindergarten. Eine historisch-systematische Einführung in seine Entwicklung und Pädagogik. Weinheim

Gruber, Rosemarie; Ibisch, Annemarie; Krieg, Elsbeth (1993): Das Bild des Kindes. Grundlagen der Reggio-Pädagogik. In: Krieg, Elsbeth (Hrsg.): Die hundert Welten entdecken. Essen

Grunelius, Elisabeth von (1991): Wie ein Kind zu Handlungen veranlaßt wird. In: Krügelgen, Helmut (Hrsg.): Plan und Praxis des Waldorfkindergartens. 11. Aufl. Stuttgart

Harms, Gerd (1998): Bildung in der Diskussion. In: klein&groß 5/1998, S. 7–10

Harms, Thelma (1999): Qualitätssicherung in außerschulischen Betreuungseinrichtungen. In: Bremische Evangelische Kirche; Landesverband Evangelischer Tageseinrichtungen für Kinder (Hrsg.): Qualität für Kinder . Zwischen Markt und Menschlichkeit. Seelze-Velber, S. 139–151

Hebenstreit, Sigurd (1999): Maria Montessori. Eine Einführung in ihr Leben und Werk. Freiburg im Breisgau

Hellmich, Achim; Teigeler, Peter (Hrsg.) (1995): Montessori-, Freinet-, Waldorfpädagogik. 3. Aufl. Weinheim, Basel

Helming, Helene (1992): Montessori-Pädagogik. Freiburg im Breisgau

Hemleben, Johannes (1963): Rudolf Steiner. Hamburg

Hermann, Gisela (2001): Spuren reggio-orientierter Pädagogik in Deutschland am Beispiel Berlins. In: PÄD Forum 3/2001, S. 203–206

Hermann, Gisela; Wunschel, Gerda (2002): Erfahrungsraum KITA. Anregende Orte für Kinder, Eltern und Erzieherinnen. Weinheim

Hilke, Andreas (2000); Der Waldkindergarten als (Tages-)Einrichtung der Kinder- und Jugendhilfe. In: ZfJ 7/2000, S. 271–273

Hollmann, Elisabeth; Bensteller, Sybille (2000): In sieben Schritten zur Konzeption. Seelze

Holtstiege, Hildegard (1994): Modell Montessori. Grundsätze und aktuelle Geltung der Montessori-Pädagogik. Freiburg im Breisgau

Holtstiege, Hildegard (1997): Freigabe zum Freiwerden. Interpretationen zur Montessori-Pädagogik. Freiburg im Breisgau

Hurrelmann, Klaus; Ulrich, Dieter (Hrsg.) (1980): Handbuch der Sozialisationsforschung. Weinheim, Basel

Huschke-Rhein, Rolf (1998): Systematische Erziehungswissenschaft Pädagogik als Beratungswissenschaft. Weinheim

Jaffke, Freya (1991): Erziehung in der altersgemischten Gruppe. In: Krügelgen, Helmut (Hrsg.): Plan und Praxis des Waldorfkindergartens. Stuttgart, S. 44–48

Jaffke, Freya (1996): Waldorfpädagogik. In: Kindergarten heute 2/1996, S. 3–8

Jörg, Hans (1998): Anmerkungen des Übersetzers. In: Célestin Freinet: Pädagogische Werke Teil 1. Paderborn

Jörg, Hans (1998): Das Leben und Wirken Freinets und seine Beziehungen zur deutschen Pädagogik. In: Freinet, Elise (Hrsg.): Erziehung ohne Zwang. Stuttgart, S. 170–188

Kamsike, Gerd F.; Brauer, Jörg-Peter (1999): Qualitätsmanagement von A bis Z. München

Kautter, Hansjörg (1988): Das Kind als Akteur seiner Entwicklung. Heidelberg

Kazemi-Veisari, Erika (1996): Offene Planung im Kindergarten. Freiburg im Breisgau

Keupp, Heiner (1999): Qualität durch Partizipation und Empowerment. In: Peterander, Franz; Speck, Otto (Hrsg.): Qualitätsmanagement in sozialen Einrichtungen. München, S. 289–298

Klattenhoff, Klaus u. a. (Hrsg.) (1999): Das Kind zur Rose machen. Zur Philosophie des offenen Kindergartens. Varel

Klein, Lothar; Vogt, Herbert (1998): Freinet-Pädagogik in Kindertageseinrichtungen. Freiburg im Breisgau

Knauf, Tassilo (1995): Freiräume schaffen – Spielräume entdecken. Orte für Kinder in Reggio-Emilia. In: klein&groß 11–12/1995, S. 18–23

Knauf, Tassilo (1996): Pädagogik und die Kategorie Raum. In: Bundeszentrale für gesundheitliche Aufklärung (Hrsg.): Lernwelten. Zur Gestaltung schulischer Räume. Bensberg (Thomas-Morus-Akademie), S. 14–30

Knauf, Tassilo (1997): Schule entwickeln wollen und wissen wie. In: Deutsche Lehrerzeitung 37–38/1997, S. 17–19

Knauf, Tassilo (1998): Ein Vergnügungspark für Vögelchen. Annäherung an Theorie und Praxis des Projektlernens in Reggio Emilia. In: Welt des Kindes 6/1998, S. 6–11

Knauf, Tassilo (1998): Wir erziehen Kinder nicht, wir assistieren. Die Rolle der Erzieherin in der Reggio-Pädagogik. In: Welt des Kindes 4/1998, S. 13–19

Knauf, Tassilo (1999): Pädagogische Richtungen und Konzeptionsentwicklung. In: Kita aktuell MO 4/1999, S. 81–83

Knauf, Tassilo (2000): Reggio-Pädagogik. Ein italienischer Beitrag zur konsequenten Kindorientierung in der Elementarerziehung. In: Fthenakis, Wassilios E.; Textor, Martin R. (Hrsg.): Pädagogische Ansätze im Kindergarten. Weinheim

Knauf, Tassilo (2001): Projekte in der Reggio-Pädagogik. In: PÄD Forum 3/2001 (Sonderheft Reggio-Pädagogik), S. 15–19

Knauf, Tassilo (2003): Der Einfluss pädagogischer Konzepte auf die Qualitätsentwicklung in Kindertageseinrichtungen. In: Fthenakis, Wassilios E. (Hrsg.): Elementarpädagogik nach PISA. Freiburg im Breisgau

Knauf, Tassilo (2004): Atelier. In: Lingenauber, Sabine (Hrsg.): Handlexikon der Reggio-Pädagogik. Bochum

Knauf, Tassilo (2004 a): Dialog Reggio e. V. In: Lingenauber, Sabine (Hrsg.): Handlexikon der Reggio-Pädagogik. Bochum, S. 9–14

Knauf, Tassilo (2007): Konzeption und Konzeptionsentwicklung. In: Pousset, Raimund (Hrsg.): Handwörterbuch für Erzieherinnen und Erzieher. 1. Aufl. Berlin, Düsseldorf, Mannheim, S. 229–232

Knoll, Michael (1995): Wie entstand die Projektmethode. In: Grundschule 7–8/1995, S. 12–13

Köllner, Sabine; Leinert, Cornelia (1998): Waldkindergarten. 2., erw. Aufl. Augsburg

Krenz, Arnim (1996): Die Konzeption – Grundlage und Visitenkarte einer Kindertagesstätte. Freiburg im Breisgau

Krieg, Elsbeth (Hrsg.) (1993): Hundert Welten entdecken. Die Pädagogik der Kindertagesstätten in Reggio Emilia. Essen

Krieg, Elsbeth (1997): Zum Transfer des reggianischen Ansatzes in deutsche Kindertagesstätten und Grundschulen. In: Göhlich, Michael (Hrsg.): Offener Unterricht, Community Education, Alternativschulpädagogik, Reggioschulpädagogik. Weinheim, S. 209–219

Krieg, Elsbeth (Hrsg.) (2004): Lernen von Reggio. 2. Aufl. Lage

Kubina, Christan; Vaupel, Dieter (2001): Schulprogrammarbeit als Qualitätsentwicklung. In: Dies. (Hrsg.): Qualitätsentwicklung von Schule. Neuwied, S. 151–155

Küfler, Walter (1994): Konzepterstellung – Mode oder Notwendigkeit. In: Treffpunkt Kindertagesstätte – Forum Sozialpädagogik. 6/1994, S. 7–8

Kühne, Norbert u. a. (Hrsg.) (1988): Psychologie. 4. Aufl. Köln

Küppers, Horst (2004): Geschichte. In: Lingenauber, Sabine (Hrsg.): Handlexikon der Reggio-Pädagogik. Bochum, S. 53–63

Lammer, Anke; Mikulka, Elfriede (1999): Arbeiten nach dem Modell der Handlungsforschung. In: Klattenhoff, Klaus; Pirschel, Reinhard; Wieland, Axel Jan (Hrsg.): Das Kind zur Rose machen. Zur Philosophie des offenen Kindergartens. Varel

Lienen, Beate von (1993): Von der Akteurin für Kinder zur engagierten, lernenden und gewährenden Begleiterin – Was muß ich aufgeben, was gewinne ich dazu. In: Regel, Gerhard; Wieland, Axel Jan (Hrsg.): Offener Kindergarten konkret. Hamburg, S. 390

Lindemann, Holger (1999): Das Kind als Akteur seiner Entwicklung – Grundlage der Arbeit im offenen Kindergarten? In: Klattenhoff, Klaus; Pirschel, Reinhard; Wieland, Axel Jan (Hrsg.) Das Kind zur Rose machen. Zur Philosophie des offenen Kindergartens. Varel, S. 237–246

Lingenauber, Sabine (2002): Einführung in die Reggio-Pädagogik. Kinder, Erzieherinnen und Eltern als konstitutives Sozialaggregat. 2. Aufl. Bochum

Lingenauber, Sabine (2004): Kompetente Eltern. In: Dies. (Hrsg.), Handlexikon der Reggio-Pädagogik. Bochum, S. 44–48

Lingenauber, Sabine (2004 a): Kompetente Erzieherin. In: Dies. (Hrsg.), Handlexikon der Reggio-Pädagogik. Bochum, S. 49–52

Ludwig, Harald (1997): Erziehen mit Montessori. Freiburg im Breisgau

Malaguzzi, Loris (1984): Zum besseren Verständnis der Ausstellung: 16 Thesen zum pädagogischen Konzept. In: Dokumentation der Ausstellung und Fachtagung „Kleinkinderzeihung in Reggio nell'Emilia". Berlin

Messner, Rudolf (2001): Schulen in Bewegung. In: Kubina, Christian; Vaupel, Dieter (Hrsg.): Qualitätsentwicklung von Schule. Neuwied, S. 9–25

MFJG (Ministerium für Frauen, Jugend und Familien und Gesellschaft des Landes NRW) (Hrsg.) (2000): Neue Wege der Umwelterziehung. 2. Aufl. Düsseldorf

Miklitz, Ingrid (2007): Der Waldkindergarten. Dimensionen eines pädagogischen Ansatzes. Berlin, Düsseldorf, Mannheim

Montessori, Maria (1979): Spannungsfeld Kind – Gesellschaft – Welt. Hg. von Schulz-Benesch, Günter. Freiburg im Breisgau

Montessori, Maria (1990): Ausgewählte Texte. München

Montessori, Maria (1992): Grundlagen meiner Pädagogik. In: Großmann, Wilma (Hrsg.): Kindergarten und Pädagogik. Weinheim, Basel, S. 140–151

Montessori, Maria (1999): Kinder richtig motivieren. Hg. von Becker-Textor, Ingeborg. Freiburg im Breisgau

Montessori, Maria (2000): Das kreative Kind. Freiburg im Breisgau

Mühler, Ursula (1997): Der Waldkindergarten. Die Natur als Erlebnis- und Erfahrungsfeld für Kinder. In: klein&groß 4/1997, S. 32–34

Municipality of Reggio Emilia (Hrsg.) (1996): The municipal infant-toddler centers and preschools of Reggio Emilia. Reggio Emilia

Naumann, Sabine (1998): Hier spielt sich das Leben ab. Kinder im Spiel die Welt begreifen. Ravensburg

Nedden, Rolf (1998): Waldkindergärten – eine Chance für die Natur. In: Arbeitsgemeinschaft Natur- und Umweltbildung e. V.; Sozialpädagogisches Institut des Landes NRW e. V.; Verband für Umweltberatung NRW e. V.; Jugendamt der Stadt Bergisch Gladbach (Hrsg.): Waldkindergärten in Nordrhein-Westfalen. Dokumentation der Fachtagung am 17. September 1997. Köln, S. 11–20

Pesch, Ludger (1996): Konzeptionsentwicklung geschieht nicht im Schlaf. In: Welt des Kindes 5/1996, S. 13–17

Pesch, Ludger (1996 a): Konzeptionsentwicklung und -umsetzung als gemeinsamer Prozess. In: Kita aktuell MO 9/1996, S. 174–176

Piaget, Jean (1972): Theorien und Methoden der modernen Erziehung. Wien

Regel, Gerhard (1993): Bedürfnisorientierung – Geben und Nehmen in der Beziehung zu Kindern. In: Regel, Gerhard; Wieland, Axel Jan (Hrsg.): Offener Kindergarten konkret. Hamburg

Regel, Gerhard (1993): Psychomotorische Bausteine für das Kindergartenkonzept. In: Regel, Gerhard; Wieland, Axel Jan (Hrsg.): Offener Kindergarten konkret. Hamburg, S. 91–111

Regel, Gerhard (1993): Offen sein als Prinzip – Voraussetzungen für das Gelingen der pädagogischen Weiterentwicklung im Elementarbereich. In: Regel, Gerhard; Wieland, Axel Jan (Hrsg.): Offener Kindergarten konkret. Hamburg, S. 160–167

Regel, Gerhard (1996): Der offene Kindergarten, eine unendliche Geschichte pädagogischer Akteure. In: Kühne, Thomas; Regel, Gerhard (Hrsg.): Erlebnisorientiertes Lernen im offenen Kindergarten. Hamburg

Regel, Gerhard (1999): Strukturelemente offener Kindergartenarbeit. In: Klattenhoff u. a. (Hrsg.): Das Kind zur Rose machen. Zur Philosophie des offenen Kindergartens. Varel, S. 261–274

Regel, Gerhard; Wieland, Axel Jan (Hrsg.) (1993): Offener Kindergarten konkret. Hamburg

Reggio Children (Hrsg.) (1998): Ein Ausflug in die Rechte von Kindern. Aus der Sicht der Kinder. Neuwied

Reggio Children (Hrsg.) (1998 a): Die Kinder vom Stummfilm: Fantasiespiele zwischen Fischen und Kindern in der Krippe. Neuwied

Reggio Children (Hrsg.) (2007): Hundert Sprachen hat das Kind. Das Mögliche erzählen. Kinderprojekte der städtischen Krippen und Kindergärten von Reggio Emilia. Berlin, Düsseldorf, Mannheim

Rijn, Hennie van (1999): Change over – Ein internationales Programm zur Qualitätsentwicklung in sozialen Einrichtungen. In: Peterander, Franz; Speck, Otto (Hrsg.): Qualitätsmanagement in sozialen Einrichtungen. München, S. 157–168

Rodari, Gianni (1992): Grammatik der Fantasie. Leipzig

Rollf, Hans-Günther; Zimmermann, Peter (1997): Kindheit im Wandel. 5. Aufl. Weinheim

Rosenstiel, Lutz von (1999): Die „lernende Organisation" als Ausgangspunkt für Qualitätsentwicklung. In: Peterander, Franz; Speck, Otto (Hrsg.): Qualitätsmanagement in sozialen Einrichtungen. München, S. 41–62

Rudolf, Mario (1998): Waldkindergärten – eine Chance für die Natur. In: Arbeitsgemeinschaft Natur- und Umweltbildung e. V.; Sozialpädagogisches Institut des Landes NRW e. V.; Verband für Umweltberatung NRW e. V.; Jugendamt der Stadt Bergisch Gladbach (Hrsg.): Waldkindergärten in Nordrhein-Westfalen. Dokumentation der Fachtagung am 17. September 1997. Köln, S. 8–11

Rutter, Michael (1978): Bindung und Trennung in der frühen Kindheit. München

Sandhof, Kathrin; Stumpf, Brigitta (1998): Mit Kindern in den Wald. Münster

Schäfer, Gerd E. (1999): Frühkindliche Bildungsprozesse. In: Neue Sammlung 2/1999, S. 213–226

Schwarz, Britta (1992): Der offene Kindergarten – Theoretische Grundgedanken und Ansätze die uns leiten. In: Büchenschütz, Joachim; Regel, Gerhard (Hrsg.): Mut machen zur gemeinsamen Erziehung. Zeitgemäße Pädagogik im offenen Kindergarten. 2. bearb. Aufl. Hamburg, S. 70

Seitz, Marielle; Hallwachs, Ursula (2000): Montessori oder Waldorf? 4. Aufl. München

Siebert, Horst (1999): Pädagogischer Konstruktivismus. Eine Bilanz der Konstruktivismusdiskussion für die Bildungspraxis. Neuwied

Sommer, Brigitte (1988): Dokumentation der Ausstellung und Fachtagung „Reggio: Kleinkinderziehung in Reggio nell'Emilia – Wie Kinder wahrnehmen, denken und gestalten". Berlin

Speth, Martin (1997): John Dewey und der Projektgedanke. In: Bastian, Johannes u. a. (Hrsg.): Theorie des Projektunterrichts. Hamburg, S. 19–37

Spitzer, Manfred (2002): Lernen: Gehirnforschung und Schule des Lebens. Heidelberg

Steiner, Rudolf (1953): Mein Lebensgang. Hg. von Rudolf-Steiner-Nachlaßverwaltung Dornach

Steiner, Rudolf (1958): Rudolf Steiner in der Waldorfschule. Ansprachen für Kinder, Eltern und Lehrer 1919–1924. Hg. von Rudolf-Steiner-Nachlaßverwaltung Dornach

Steiner, Rudolf (1977): Erziehung und Unterricht aus Menschenerkenntnis. Dornach

Steiner, Rudolf (1982): Allgemeine Menschenkunde als Grundlage der Pädagogik. Dornach

Steiner, Rudolf (1982): Die Erziehung des Kindes vom Gesichtspunkt der Geisteswissenschaften. In: Abendroth, Walter (Hrsg.): Rudolf Steiner und die heutige Welt. Ein Beitrag zur Diskussion um die menschliche Zukunft. Frankfurt a. M., S. 61–86

Steiner, Rudolf (1983): Praktizierte Anthroposophie. Beiträge für ein humanes Leben. Hg. von Becker, Kurt E.; Schreiner, Hans-Peter. Frankfurt a. M.

Stenger, Ursula (2001): Grundlagen der Reggio-Pädagogik: Ein Bild vom Kind. In: PÄD Forum 6/2001, S. 181–186

Strätz, Rainer u. a. (2007): Qualität für Schulkinder in Kindertageseinrichtungen – Ein nationaler Kriterienkatalog. Berlin, Düsseldorf, Mannheim

Tenorth, Heinz-Elmar (2004): Bildungsziele, Bildungsstandards und Kompetenzmodelle. In: Diskowski, Detlef; Hammes Di Bernado, Eva (Hrsg.): Lernkulturen und Bildungsstandards. Baltmannsweiler, S. 105–115

Thesing, Theodor (1999): Leitideen und Konzepte bedeutender Pädagogen. Freiburg im Breisgau

Tietze, Wolfgang (1998): Wie gut sind unsere Kindergärten? Eine Untersuchung zur pädagogischen Qualität in deutschen Kindergärten. Neuwied

Tietze, Wolfgang (1999): Wie kann pädagogische Qualität in Kindertagesstätten gesichert und entwickelt werden? In: Bremische Kirche, Landesverband Ev. Tageseinrichtungen für Kinder (Hrsg.): Qualität für Kinder – Zwischen Markt und Menschlichkeit. Seelze-Velber: Kallmeyer, S. 153–167

Tietze, Wolfgang (2001): Elementarbereich. In: Arbeitsstab Forum Bildung in der Geschäftsstelle der Bund-Länder-Kommission (Hrsg.): Qualitätsentwicklung und Qualitätssicherung im internationalen Wettbewerb. Vorläufige Empfehlungen und Expertenbericht. Bonn, S. 52–62

Tietze, Wolfgang (2007): Pädagogische Qualität entwickeln – Praktische Anleitung und Methodenbausteine für Bildung, Betreuung und Erziehung in Tageseinrichtungen für Kinder von 0–6 Jahren. Berlin, Düsseldorf, Mannheim

Tietze, Wolfgang u. a. (2007): Kindergarten-Einschätzskala (KES). Berlin, Düsseldorf, Mannheim

Tietze, Wolfgang; Viernickel, Susanne (2007): Pädagogische Qualität in Tageseinrichtungen für Kinder – Ein nationaler Kriterienkatalog. Berlin, Düsseldorf, Mannheim

KONTAKT

Prof. Dr. Tassilo Knauf
Universität Duisburg – Essen
tassiloknauf@aol.com

Nach Pikler arbeiten

Grundlagen und Beispiele der Pikler-Pädagogik

Edith Ostermayer
Pikler

Emmi Pikler steht für eine achtsame Haltung dem Kind gegenüber: Es soll sich geistig und körperlich in seinem eigenen Zeitmaß und seinen eigenen Interessen entsprechend entwickeln können. Wichtige Aspekte sind dabei die aktive Bewegungsentwicklung und das eigenständige Spiel. Das Buch geht auf die Grundlagen ein – etwa beziehungsvolle Pflege oder methodische Planung – und verdeutlicht die Arbeit nach Pikler am Beipiel einer Kita.

Pädagogische Ansätze für die Kita

Pikler

Edith Ostermayer

Cornelsen

Ostermayer, Edith
Pikler
Pädagogische Ansätze für die Kita
80 S., kartoniert
978-**3-589-24780-6**

www.cornelsen.de/fruehe-kindheit